VASCO

LA BIOGRAFIA

Questo libro è per mia moglie Marina e per i miei figli Lucia e Tommaso, vere rockstar e protagonisti assoluti della mia biografia. E anche per Sabrina, Mauro e Danil, che la Forza sia con voi...

Nota

I virgolettati riferiti a Vasco Rossi nel corso del libro, laddove non sia indicata la fonte, sono frutto di interviste dell'autore tenute tra il 2003 e il 2004, precedentemente pubblicate su «Tutto Musica», «Donna Moderna», «Vanity Fair», «Corriere Adriatico» e nei libri *Vasco. Per sempre scomodo* (Mondadori 2003) e *Vasco chi?* (Marco Tropea Editore 2004).

0

A UN MINUTO DALLA FINE
(DI QUESTO LIBRO)

Il celeste non è uniforme.

Non è neanche esattamente celeste, a dirla tutta. È più che altro un mix di colori, come la tavolozza di un pittore che sta sperimentando nuove varianti, nel vano tentativo di trovare una sfumatura precisa del cielo in certe sere di fine estate. Qualcosa a metà strada tra il celeste e il grigio, qualcosa che non ha un nome preciso. Ma che sta lì, gigantesco.

In mezzo ci sono come delle pagliuzze di verde, quasi impercettibili, tanto che non si riesce bene a capire se siano reali o semplicemente un difetto del megaschermo, pixel impazziti tra milioni di pixel sani.

Non si riesce a capire... In ogni caso, dubito che in questo preciso momento qualcun altro si stia ponendo il mio stesso dubbio sul reale colore degli occhi di Vasco Rossi e sull'efficienza del sistema di maxischermi che stanno supportando l'ultima data del suo live 2007, qui allo Stadio del Conero di Ancona.

Gli altri oltre quarantamila presenti, immagino, saranno più presi dal concerto in sé, dalla «Santa Messa del Rock» che Vasco sta celebrando per i suoi fedeli, accorsi in massa, come a un'udienza del mercoledì.

Lui, unico capace, insieme al Santo Padre, di radunare

folle sterminate: il popolo del Blasco, nel suo caso, i Papa-boys, nell'altro.

Ma se io mi perdo dietro congetture del genere la causa non è da imputare a Vasco, né al fatto che questo è ormai l'en-nesimo suo concerto a cui assisto. La routine è un concetto che non esiste quando si tratta di rock'n'roll, tanto più se il rocker in questione è il signor Vasco Rossi da Zocca, l'unica vera rockstar nata e cresciuta sul suolo italiano.

No, il concerto è di quelli che non ti scordi, in cui sudi, ti dibatti seguendo il ritmo e canti in coro. Se sono distratto dal colore degli occhi di Vasco è per motivi diversi, tutti validi.

Primo, i maxischermi sono in effetti giganteschi e, credo, sono stati messi lì, ai lati, apposta per essere guardati dal pub-blico, specie da quello che, come me, non è esattamente sot-to il palco (l'età si fa sentire, ahimè, e non sono più fatto per conquistarmi a suon di spintoni le prime file...). Oggi ce ne sono addirittura dieci, sparsi per tutto il palco in metallo scu-ro, intricato come una foresta metropolitana. Quindi li guar-do, e se un cameraman decide di fare una zoomata su uno de-gli occhi celesti di Vasco è normale, almeno credo, che io ci faccia caso, tanto per non rendere vano il suo lavoro.

Secondo, nonostante il rock sia il rock, una forma di co-municazione tra le più immediate esistenti in natura, infe-riore forse solo al sesso, io sono qui per lavoro, e non voglio farmi distrarre da particolari insignificanti come la musica (si fa per dire). Voglio, ancora una volta, lasciarmi andare alla scaletta e ai suoni che la band riesce come poche altre a cava-re fuori dagli strumenti, è ovvio, ma al tempo stesso voglio avere sempre costantemente sotto gli occhi quello che accade altrove, tra la gente che assiste al concerto. Un po' come l'at-teggiamento di chi, nel fare sesso, vuole lasciarsi andare alla passione, ma al tempo stesso concentrarsi sui singoli istanti, notando i particolari, voyeur di se stesso.

Terzo, ho letto poche settimane prima di venire qui ad

Ancona che Vasco, dovendosi identificare in un fumetto, lo farebbe con Bob Rock, della premiata ditta Il Gruppo TNT *di Alan Ford, creature mitiche di Max Bunker e Magnus, creature mitiche a loro volta.*

Non so se avete presente: il tipo piccoletto e col nasone ingombrante, perennemente vestito con mantella impermeabile in tartan a cappello abbinato, come un novello Sherlock Holmes, al fianco di Alan Ford, e sempre incazzato come una bestia per il suo aspetto non proprio da Adone (sorte toccata, appunto, al bell'Alan).

Bene, a vederlo lì, sul megapalco (nel caso di questi raduni rock tutto diventa mega o maxi, provare per credere…), Vasco tutto sembra fuorché Bob Rock. Sì, il personaggio della premiata ditta Bunker-Magnus è fumantino e viscerale, e Vasco ha il suo bel carattere, però Bob Rock è prevalentemente uno «sfigato», non gliene va mai bene una, sta sempre lì a calpestare il suo cappello per la rabbia, con i disegnini delle imprecazioni a stazionare fisse dentro i suoi balloon. Vasco, invece, in questo preciso momento è un vero leader, un vincente a capo di una «generazione di perdenti senza più né santi né eroi» (lui Vasco è sicuramente cambiato, e lo vedremo nel corso del libro, ma il suo popolo, generazione dopo generazione, rimane sempre quello). Tutte le persone presenti pendono dalle sue labbra. Sono davvero un esercito pronto a seguirlo anche in capo al mondo, al limite anche a gettarsi da una scogliera, come una valanga impazzita di lemming. A vedere quei giganteschi occhi celesti (quel colore là, insomma…), correre da una parte all'altra del maxischermo, come alla ricerca di un'improbabile via di fuga, quasi sempre in basso a sinistra, fa venire in mente un altro personaggio dei fumetti, Wolverine.

Ecco, Vasco in questo preciso momento, mentre Maurizio Solieri e Stef Burns cominciano il familiare giro di chitarra di Vita spericolata, *tutto chorus e delay, sembra il mutante Lo-*

gan, meglio noto come Wolverine. E lo sembra nonostante le evidenti differenze fisiche tra il rocker di Zocca e l'attore Hugh Jackman, colui che ha dato corpo al Wolverine hollywoodiano. Lo sembra nonostante la statura non esattamente da supereroe, la pancetta che si nota sotto la maglietta nera e il giubbotto di pelle rosso, contrapposti agli addominali da tartaruga e alle braccia da Pastamatic del supereroe canadese. Lo sembra nonostante i capelli ormai radi perennemente coperti dall'inseparabile cappello verde di Vasco contrapposti all'ispida chioma, corredata da basettone, di Wolverine. Lo sembra perché anche Vasco, come l'X-Man per antonomasia, è una vera forza della natura. Di più, è una forza sovrannaturale, da fumetto Marvel. E al tempo stesso è anche un mutante, un essere umano fuori dagli schemi: uno non proprio normale, direbbero gli altri. Uno che fa paura, l'ha sempre fatta. Un mutante dal cuore umano, pronto a dare tutto se stesso per i suoi simili, incompresi e spesso tenuti a bordo campo dal resto del mondo.

Vasco in questo momento non è solo Wolverine, ma anche uno strano mix tra il professor Xavier, incarnazione del Bene, e di Magneto, il suo antagonista, il mutato intenzionato a dar guerra agli umani pur di salvare la sua gente contro la cura che potrebbe ricondurli tutti alla normalità.

Vasco: un'intera enciclopedia dei personaggi a fumetti, insomma.

E di fronte a lui oltre quarantamila persone – ultime di circa seicentocinquantamila accorse durante tutte le tappe del tour – che si muovono come un solo corpo e cantano all'unisono ogni sua canzone.

Alle loro spalle, immobile, il monte Conero, splendida cornice per archiviare, almeno per ora, una tournée fortunatissima, anche se partita non proprio nel migliore dei modi. Ricorderete, infatti, che la prima tappa del tour, se si esclude la data zero di Latina, doveva essere la serata conclusiva del-

la decima edizione dell'Heineken Jammin' Festival, per la prima volta di scena presso il Parco San Giuliano di Mestre, invece che a Imola, all'Autodromo Enzo e Dino Ferrari. Poi, nel pomeriggio di venerdì 15 giugno, quando stavano per salire sul palco i Pearl Jam, una violenta tromba d'aria si è abbattuta sulla zona, facendo crollare rovinosamente le torri delle luci. Fortuna che tutto si è risolto con una trentina di feriti, senza vittime: perché in questi casi, la storia del rock lo insegna, eventi del genere possono trasformarsi in vere e proprie catastrofi.

Ovviamente il Festival è stato interrotto, per l'impossibilità della Milano Concerti, organizzatrice dell'evento, di garantire le norme di sicurezza. E quindi la quarta partecipazione di Vasco Rossi al Festival rock italiano per antonomasia è saltata, costringendo decine e decine di migliaia di spettatori già col biglietto in tasca a pazientare, in attesa di una delle date del tour, oppure a rinunciare del tutto.

Per il resto, la tournée è stata quello che tutti si aspettano da Vasco: un continuo bagno di folla, con il «tutto esaurito» praticamente ovunque.

Perché ormai viene dato come una cosa scontata, ma l'idea che un artista italiano riesca a riempire qualsiasi stadio o spazio aperto disponibile per diventare location di un concerto rock – sia esso l'autodromo di Imola o lo Stadio Flaminio, per non parlare di San Siro, vera e propria «casa madre» (o semplicemente casa) del popolo del Blasco – non è impresa di tutti i giorni.

Più di seicentocinquantamila persone che pagano un biglietto di almeno trenta euro sono un'infinità. Ma ormai da Vasco ci si aspetta questo e altro: sempre una nuova impresa degna degli X-Men, appunto.

Dopo aver superato le centotrentamila persone a Imola, in occasione dell'Heineken Jammin' Festival del 1998, e le duecentomila nell'edizione 2001; dopo aver riempito per tre sere di fila il Meazza, per un totale di oltre duecentocinquantamila spettatori nella stessa città, nel luglio del 2003; dopo aver portato la bellezza di quattrocentomila persone a Catanzaro, non esattamente la piazza più centrale e frequentata dai rockettari, nel 2004, qualsiasi record sembra una bazzecola. Compreso quello di riempire gli stadi di mezza Italia nel 2007, con un tour all'altezza dei migliori eventi dal vivo internazionali.

E giusto un evento catastrofico come una tromba d'aria – evento, torno a dirlo, che fortunatamente non ha causato vittime – è stato in grado di impedirgli di riempire in ogni angolo e grado gli oltre 700 ettari del Parco San Giuliano, a pochi passi dalla laguna di Venezia, dove l'Heineken Jammin' Festival avrebbe dovuto festeggiare il suo decimo compleanno con in cartellone il nome più grande della sua storia, quello di Vasco. Wolverine, almeno stavolta, è stato battuto dalla bella Tempesta (interpretata sul grande schermo da Halle Berry, mica chiacchiere).

Trombe d'aria a parte, ancora una volta Vasco ha portato il suo rock in giro per gli stadi italiani, il tutto senza avere ancora fuori un album da promuovere, l'appiglio cui in genere ci si aggrappa per proteggersi di fronte a una marea così vasta di persone.

Vasco non ha bisogno di protezioni o appigli: Vasco è il Wolverine del rock, supereroe che usa le chitarre elettriche e le melodie laddove Logan utilizza i suoi poteri di guarigione e le sue unghie affilate e mortali, figlie di una mutazione genetica.

L'uno frutto della cultura montanara di Zocca e della storia intera della musica italiana, dall'opera fino ai cantautori genovesi; l'altro creato dal genio di Len Wein e Herb Trimpe, con l'aiuto di John Romita jr, nel 1974, e poi accolto nella sgangherata famiglia degli X-Men per volere di Stan Lee, il deus ex machina di casa Marvel.

Vasco. Basta vederlo, ha addirittura lo stesso modo di arcuare le braccia di Wolverine, come se davvero dovesse tirare fuori gli artigli da un momento all'altro.

Vasco, un X-Man con il superpotere di fare il rock come nessun altro in Italia. Roba mica da ridere, se è vero come è vero che in tanti hanno provato, nel corso degli anni, a fregargli il trono, senza sortire risultati degni di nota.

Vasco è il Rock.

Forse è questa la via di fuga che i giganteschi occhi celesti di Vasco stanno cercando dentro i maxischermi dello Stadio del Conero di Ancona. Stanno aspettando ancora una volta che arrivi il Rock, la lingua universale di Vasco e del suo popolo, per poter tirare fuori gli artigli, gonfiare le vene del collo e mostrare al mondo di che pasta sono fatti i mutanti.

1

DA QUALCHE PARTE BISOGNA
PUR COMINCIARE

Una biografia che voglia definirsi tale dovrebbe cominciare dalla nascita del suo protagonista. Così non è, in questo
caso. Licenze poetiche.

Vasco Rossi è nato il 7 febbraio del 1952, per la cronaca. Intorno alle venti e trenta: già sincronizzato, evidentemente, su quel particolare fuso orario cui sono soggette
tutte le rockstar, gente abituata a vivere di notte, a svegliar-
si quando il sole è già bello alto in cielo.

Se siete tra quanti credono allo zodiaco, sappiate che
Vasco è del segno dell'Acquario, con ascendente nella Ver-
gine.

Non è invece necessario dire che Vasco Rossi è nato a
Zocca, sull'Appennino tosco-emiliano, in provincia di Modena. Questo lo sanno praticamente tutti, anche le pietre mi-
liari che costeggiano quella strana versione italiana della
Route 66 che si chiama via Emilia. Zocca, paesino di poco
meno di cinquemila anime, è diventato famoso in tutta Italia proprio per aver dato i natali al rocker dei rocker, Mr.
Vasco Rossi. Un po' la stessa sorte toccata al paese dell'altro Rossi famoso in tutto il mondo, Valentino da Tavullia.
Due giganti partiti dalla provincia più provincia.

I genitori di Vasco sono Novella Corsi, professione casalinga, e Giovanni Carlo Rossi, detto Carlino, di mestiere camionista. Il nome Vasco, dai forti sapori contadini, è un omaggio del padre a un compagno di prigionia in un campo di concentramento tedesco.

Un nome originale messo lì, a fianco a quello che all'epoca viene identificato come il cognome più anonimo (e anche più diffuso) d'Italia.

Vasco Rossi: il destino in un nome.

L'infanzia del piccolo Vasco è quella di quanti vengono su in un paese di montagna, per di più nel periodo della ricostruzione dalle macerie della Seconda guerra mondiale. Molta vita spesa all'aria aperta, in compagnia di amici, mentre i grandi bivaccano al bar del paese, tra un bicchiere di vino e una partita a carte. Non suonasse troppo irriverente, si potrebbe dire che il quadretto sembra uscito dritto dritto da una canzone di Ligabue, del resto nato e cresciuto nella non lontana Correggio, in provincia di Reggio Emilia.

Sarà lo stesso Vasco, in seguito, nel corso di diverse interviste a spiegare com'era la vita a Zocca, a quei tempi.

«Io arrivo da Zocca, dove vivono le teste di zocca» mi ha raccontato Vasco. «Quando vivi in un paese, quando cresci in un paese, hai un rapporto quasi forzato con la gente. Perché poi non è che, se uno ti sta antipatico, allora puoi cambiare compagnia. No, lo devi vedere tutti i giorni. Ti devi abituare a certe facce, perché tanto sono lì, dove vivi tu. E dopo un po' sviluppi delle capacità di convivenza e di provocazione. C'è il gusto della provocazione continua, perché incontri sempre quello che ti sta antipatico e dici sempre quello che pensi davanti a tutti.»

Se avete presente una canzone come *Fegato, fegato spappolato* – brano contenuto nel suo secondo album, «Non siamo mica gli americani» – avete presente di che sta parlando. «*Fegato, fegato spappolato* è un quadretto di paese»

20

conferma Vasco. «Quello che descrive è proprio il sapore paesano, che magari chi sta in città non può capire, ma chi sta in provincia conosce bene, perché lo ha vissuto. Sa di cosa parlo quando descrivo certe situazioni, perché le ha sperimentate sulla sua pelle, e se non le ha vissute in provincia, magari le ha vissute nel suo quartiere o anche solo coi vicini di casa, nel suo condominio…»

Siamo a Zocca, quindi, il paese delle teste di zocca.

Come è facile intuire, Vasco è un bambino sveglio e irrequieto, al tempo stesso vivace e timido, riflessivo ed estroverso. A scuola se la cava bene, non tanto per le ore passate in casa a studiare, mai troppe, ma per le sue notevoli capacità mnemoniche, che gli permettono di ricordare tutte le spiegazioni dei maestri, senza bisogno di ricorrere ai libri di testo.

Oltre che dai genitori e da Vasco, la famiglia Rossi è costituita dalla nonna Nerina, all'anagrafe Ortensia, che spesso si prende cura del nipote, e dalla zia Ivana Lenzi, in realtà non esattamente una parente, ma una cara amica di famiglia. Tanto cara da ospitare i Rossi durante un breve periodo di difficoltà nel dopoguerra.

Mentre gli altri bambini di Zocca passano il tempo libero in interminabili battaglie campali che vedono contrapposte la zona alta del paese, detta «Il Battello», e la zona bassa, detta «La Fondezza», il piccolo Vasco ama passare molte ore in solitaria, a pescare gamberi lungo il corso del fiume Panaro. Poi, sin da piccolissimo, manifesta un interesse singolare nei confronti della musica. Interesse che, per nostra fortuna, la mamma Novella vede bene di coltivare, portandolo a lezioni di canto dal maestro Bononcini di Modena. Siamo nel 1964, e il piccolo Vasco ha appena dodici anni.

Difficile immaginarselo mentre canta l'*Ave Maria* ai matrimoni della parrocchia di Zocca o mentre, nello studio buio del maestro, con le persiane in legno tenute socchiuse per non fare entrare il sole e la calura, intona le scale, con un timbro acuto, non ancora arrugginito dalle sigarette.

Ma le lezioni del maestro risultano efficaci, tanto è vero che a soli tredici anni, nel 1965, Vasco partecipa al concorso «L'usignolo d'oro» (sì, avete letto bene: Vasco Rossi, lo stesso di *Fegato, fegato spappolato* o *Gli spari sopra*, ha partecipato a un concorso che si chiamava «L'usignolo d'oro»…) e vince il primo premio canoro.

Poco conta che il concorso, alla prima edizione, non verrà mai replicato: di fatto, a soli tredici anni, con la canzone *Come nelle fiabe*, scritta per lui dal maestro Bononcini su liriche di Lorenzo Marengo, Vasco Rossi porta a casa il primo trofeo, dopo aver interpretato il brano al Teatro comunale di Modena, in quella che è la sua prima esibizione ufficiale.

Lorenzo Marengo, il primo paroliere storico di Vasco, è un commerciante con un negozio in centro a Modena. Nella vetrina del negozio faceva da anni bella mostra di sé il testo di *Come nelle fiabe*, poesia che aveva scritto senza pensare a farne una canzone. Il maestro Bononcini, incuriosito da quelle belle liriche, decide di scriverci su una musica, ed ecco nata la prima canzone, inedita, mai cantata da Vasco Rossi.

Curioso notare che il negozio di fianco a quello di Marengo è la bottega artigianale Cinquina, che per anni ha realizzato gli stivali e altri oggetti usati dal Vasco Rossi rockettaro durante i suoi primi tour.

Il passo che divide le prime lezioni di canto e la partecipazione a un concorso canoro dal fondare una band con gli altri ragazzini di Zocca è davvero breve. A soli quattordici anni, infatti, Vasco dà vita ai Killer, in seguito diventati i Little Boys, due nomi che sanno tanto di provincia, e che sentiti oggi fanno un po' sorridere.

Il gruppo è composto, oltre che da Vasco, alla voce solista e alla chitarra, da suo cugino Marco Rossi alla batteria, da Alvaro Tebaldi al basso, da Severino Valisi alla chitarra ritmica e da Marco Gherardi alla chitarra solista.

Nonostante le ore passate in sala prove, la band non riuscirà mai a mettere su un repertorio che andasse oltre le due, tre canzoni. Ma sarà la prima esperienza di Vasco con una band, e poco non è.

La favola dei Killer, se così la vogliamo chiamare, dura il tempo di una stagione, quella che divide la fine delle scuole medie dall'inizio delle superiori. I genitori di Vasco, infatti, decidono di mandarlo a studiare presso l'Istituto religioso San Giuseppe di Modena, retto dai padri salesiani. A Zocca, infatti, piccolo paese montano, non ci sono scuole superiori. Vasco abbandona a malincuore gli amici, ma non la chitarra, che lo accompagna nella trasferta modenese. Sarà l'unica ancora di salvezza in un periodo decisamente poco piacevole. Vasco fatica ad ambientarsi nel rigido sistema dei salesiani. Non è molto incline a seguire le regole, come ben si capirà anche in età adulta, e soprattutto non ama la disciplina clericale dell'Istituto.

Per questo, dopo un anno di ambientamento, decisamente fallimentare, all'inizio del secondo anno dell'Istituto per diventare perito tecnico, il 2 ottobre del 1968, Vasco mette in atto il suo progetto di fuga: lasciatosi alle spalle i professori, il dormitorio e i compagni (non proprio bonari nei confronti di questo montanaro fissato con la chitarra), scappa a casa di sua zia a Bologna. Zia che, però, si troverà costretta a vestire i panni della delatrice, consegnando il povero ragazzo nelle mani dei genitori, corsi a riprenderselo per riportarlo all'Istituto San Giuseppe.

Proprio mentre i primi movimenti studenteschi infiammano le barricate parigine e anche italiane, Vasco mette in atto la sua seconda fuga. Sempre con la fida chitarra appresso. Sarà a questo punto che i genitori si convinceranno che i salesiani non fanno per lui e lo iscriveranno all'Istituto di ragioneria Tanari di Bologna. E così, al posto del dormitorio del collegio, adesso c'è un letto accogliente a casa della zia. Una curiosità: è proprio alla zia che Vasco si ispirerà per delineare i tratti di Edwige, la protagonista del brano *La strega*, inserito nell'album «Non siamo mica gli americani», suo secondo lavoro di studio.

Gli anni bolognesi scivoleranno via tranquilli, tra le lezioni di chitarra e lo studio della ragioneria. Unica variante degna di nota, un tentativo da parte di Vasco di farsi arruolare nel corpo dei paracadutisti, tentativo dovuto probabilmente alla precoce fine della prima storia d'amore del nostro, fallito per la giovane età del richiedente.

Nel 1972 arriva il tanto agognato diploma di ragioniere. A questo punto Vasco decide che tornare a Zocca non rientra nei suoi progetti a breve termine e, insieme a un paio di amici, prende una casa in affitto a Bologna.

La zia, che decisamente tende ad assecondare tutti i capricci del nipote, gli trova lavoro a Porretta Terme: vuoi renderti indipendente? Tocca che lavori. Ma Vasco non vuole abbandonare gli studi, e sembra del tutto intenzionato a iscriversi al neonato DAMS di Bologna (corso di laurea in Discipline delle arti, della musica e dello spettacolo). Oltre alla musica, infatti, in questi anni comincia ad appassionarsi sempre di più al teatro alternativo.

L'idea del DAMS, però, viene osteggiata dai genitori, che lo avevano iscritto a ragioneria proprio per dargli un mestiere, e che vedono questo nuovo corso universitario come un non meglio precisato trampolino verso il nulla.

Così, dopo aver passato l'estate del 1972 a Zocca, e aver dato vita con alcuni amici a un locale, il Punto Club, nella vicina frazione di Monteombraro, Vasco torna a Bologna e si iscrive alla facoltà di Economia e Commercio, anch'essa con sede nella mitica via Zamboni. Nel mentre, trova lavoro come supplente presso la scuola media statale di Zocca, dove insegna applicazioni tecniche.

Vasco Rossi professore alle scuole medie: anche questa proprio riesce difficile da immaginare...

Siamo nei primi anni Settanta a Bologna, la stessa Bologna che darà vita al primo movimento studentesco italiano, quello immortalato nei fumetti del gruppo de «Il Male», da Andrea Pazienza a Filippo Scozzari, quella che diventerà di lì a poco la Bologna degli scontri con la polizia in piazza Verdi, con la conseguente morte di Francesco Lorusso, l'11 marzo del 1977, un po' il Carlo Giuliani di quell'epoca.

In un contesto del genere, anche il giovane Vasco Rossi comincia a frequentare ambienti vicini alla sinistra extra-parlamentare. È in questo primo scorcio di vita universitaria che si iscrive al gruppo de «Il Manifesto», anche se è la musica la sua vera passione. Dopo aver scoperto il rock di band come i Rolling Stones e quello ancora più duro dei Deep Purple, Vasco comincia a buttare giù le prime canzoni, ispirato dalle vicende amorose che nel frattempo comincia a vivere.

Nel 1973, al secondo anno di Università, conosce Paola, sua coetanea, una ragazza fortemente influenzata dall'ideologia femminista che si sta diffondendo in quei primi anni Settanta. Dopo essersi visti per un po' di volte a incontri studenteschi e durante le feste organizzate in via Zamboni e piazza Verdi, tra Vasco e Paola nasce l'amore. Questo sarà il primo legame importante di Vasco Rossi, un legame che segnerà buona parte della sua carriera ancora a venire. È Paola la protagonista di *Brava*, brano contenuto in «Siamo solo noi», uscito otto anni dopo. E probabilmente è sempre a Paola che Vasco sta pensando mentre butta giù le liriche taglienti di *La nostra relazione*, contenuta nel suo album d'esordio «Ma cosa vuoi che sia una canzone».

È sempre in questo periodo bolognese che Vasco entra in contatto con la musica di cantautori come Claudio Lolli e Francesco Guccini, entrambi residenti nel capoluogo emiliano.

Altro evento fondamentale di questi anni è il coinvolgimento del nostro nel gruppo teatrale sperimentale «Il Teatro Evento», per il quale firma regie e si cimenta anche come attore.

Nel mentre, la carriera universitaria prende una nuova strada. Non soddisfatto degli studi di Economia e Commercio, a suo modo di vedere troppo distanti dalle sue vere passioni, il teatro e la musica, Vasco cambia e si iscrive a Pedagogia, dove ancora oggi – che è diventato dottore *ad honorem* presso lo IULM – deve discutere otto esami per poter conseguire la laurea. Pedagogia: evidentemente l'idea di diventare un maestro o un professore non gli sembrava poi così strampalata, all'epoca. Lui, che sarebbe poi stato indicato per anni da tutti come il Cattivo Maestro per antonomasia della musica leggera italiana.

Siamo intorno alla fine del 1974, e Vasco abbandona Bologna. Di soldi ne girano pochi, e la vicina Modena sembra più alla portata, con i suoi prezzi più economici. Naufragata in malo modo l'esperienza teatrale, cosa che lo porterà sull'orlo dell'esaurimento nervoso, Vasco incontra nuovamente lungo la sua strada gli amici di un tempo, quelli con cui aveva fondato i Killer. È a questo punto che arrivano i giorni delle radio libere…

2

RADIO DAYS

Luglio 1974: la sentenza n. 225 della Corte Costituzionale dichiara illegittimo il monopolio statale sulle trasmissioni via etere. Da questo atto parte la definizione di una nuova e adeguata normativa relativa al servizio pubblico. Fino a quel momento, in parole povere, in Italia «radio» era stato sinonimo di RAI, ma a partire da questa data nel Paese si crea un vuoto legislativo in cui va a insinuarsi l'iniziativa dei privati: piccole radio nascono ovunque come funghi, salvo essere prontamente denunciate, spente e infine, dopo le sentenze dei pretori che si richiamano al pronunciamento della Corte Costituzionale, riaccese.

Convenzionalmente la nascita della radiofonia privata in Italia viene indicata con il 10 marzo del 1975, data della fondazione di Radio Milano International, poi diventata R101, anche se altre emittenti avrebbero potuto rivendicare la primogenitura del fenomeno.

Radio Bologna è nata il 23 novembre del 1974 e Radio Parma il primo gennaio del 1975, tanto per dire, ma il 10 marzo 1975 viene riconosciuto per prassi come punto di partenza di un fenomeno che ha rivoluzionato il panorama radiofonico nazionale.

È in questo contesto, davvero stimolante, che Vasco comincia a muovere i primi passi nel mondo dell'etere.

Già in precedenza, nel 1972, insieme ad alcuni amici aveva aperto un piccolo locale per giovani, il Punto Club, in via Monte della Croce a Monteombraro, paesino sulle colline modenesi. Locale che si trasformerà poi in discoteca nel 1975.

Nell'estate di quel 1975, in Italia si contavano circa 150 emittenti private, molte delle quali concentrate in Emilia Romagna.

Ad avere l'idea di far nascere Punto Radio Zocca è Marco Gherardi, amico di infanzia di Vasco, ex membro dei Killer, anche lui coinvolto nel giro del Punto Club. Avuto modo di ascoltare Radio Milano International mentre fa il militare nel capoluogo lombardo, viene subito colpito dall'energia emanata da questa prima radio privata.

Così entra in contatto con i ragazzi di Radio Milano International, e proprio grazie ai loro consigli lui e Lucio Serra, altro amico di vecchia data di Vasco, raggiungono il sufficiente *know how* per mettere in piedi, dal nulla, Punto Radio Zocca.

Il primo passo è l'acquisto di un trasmettitore da 10 watt. Per ottenerlo Vasco, che nel frattempo è stato tirato dentro il progetto insieme agli altri amici e soci del Punto Club, dieci in tutto, si autotassa di duecentocinquantamila lire, quota partecipativa pro capite, e insieme agli altri ottiene due fidi da cinque milioni l'uno presso una banca. Cifre che per l'epoca erano anche considerevoli.

Il passo successivo, quello che darà realmente vita alla prima radio dell'Appennino tosco-emiliano, è quello di procurarsi dischi, cuffie, cassette, registratori, giradischi... Insomma, tutto l'occorrente per poter mettere in piedi programmi e palinsesti.

L'ultimo step è quello di costruire una rudimentale antenna, fatta usando avanzi trovati nelle cantine, e finalmente Punto Radio può partire.

Come il locale da cui la radio prendeva il nome, anche Punto Radio comincia a trasmettere non proprio da Zocca, ma da un paesino vicino, Monteombraro. Del resto la posizione è davvero ottimale per coprire una vastissima zona dell'Emilia, anche con un trasmettitore di dimensioni così ridotte.

A gestire la radio è, come già detto, un gruppo di una decina di persone, le stesse che si erano mosse intorno al Club. Tra queste, oltre Vasco, anche il giovanissimo Massimo Riva, appena tredicenne.

Sulla data della messa in onda girano voci discordanti, si va dal 18 al 25 settembre del 1975. In un giorno non meglio precisato di questa settimana prende il via la radio in cui Vasco muove i suoi primi passi.

Come da prassi, anche Punto Radio ha il suo incontro con i sigilli dell'Escopost, un corpo di sorveglianza del ministero delle Poste e Telecomunicazioni. Vasco, che è il responsabile della radio dal punto di vista legale, viene processato a Vignola assieme a Walter Giusti, altro membro dello staff, ma entrambi finiscono assolti. Riescono infatti a dimostrare senza troppi problemi che la radio non è nata con scopi di lucro e che non fa propaganda politica. Essendo arrivati alla nuova situazione da un contesto di monopolio da parte della RAI, questa faccenda della propaganda politica, in un primo tempo, è quella che maggiormente preoccupa le istituzioni.

Ottenuto il permesso di riaprire i battenti, e la sicurezza che la legge non sarebbe più stata un ostacolo, la radio comincia a trasmettere in maniera più organica e professionale e vengono messi in piedi i primi palinsesti veri e propri.

Palinsesti che vedono il giovane Vasco Rossi ricoprire un ruolo centrale. Il futuro rocker, infatti, è uno degli speaker che si alternano nella conduzione delle trasmissioni. Si tratta di primi esperimenti, in un campo tutto da inventare. Con spirito anticipatore dei tempi, i ragazzi di Punto Radio portano i microfoni in strada, tra la gente comune (del resto anche Vasco e soci sono gente comune, di strada) per chiedere opinioni su questo o quel tema. Il tutto rigorosamente dal vivo, senza alcun filtro o censura.

Ma Vasco e gli altri sono anche fra i primi a trasmettere e promuovere la musica alternativa di quegli anni. Come avrebbe raccontato lo stesso Vasco molti anni dopo, durante il programma radiofonico *Notte Vasco*: «Io facevo ascoltare cose che nessuno faceva ascoltare. Mi prendevano per matto i miei stessi amici. I King Crimson? I Boston? Bruce Springsteen? Erano tutti dischi che avevo dai tempi dell'università, che mi arrivavano grazie ad amici perché i negozi di dischi nemmeno sapevano chi erano. E io mandavo di tutto e la gente a chiedermi chi erano... Il punk fu una bella scossa per me. Io, che fino a quel momento mi ero bevuto tutte le menate del femminismo e delle fantasie partitiche dei movimenti studenteschi impegnati, improvvisamente vidi che c'erano un gruppo di ragazzi come me... Che mandavano affanculo... tutto e tutti. Scoprii che c'era gente come Lou Reed e i Sex Pistols che avevano anche il coraggio di sputare in faccia alla Regina e di bruciare interi libri di storia... E decisi di chiudere con tutte le menate a cui mi avevano fatto credere fino a quel momento e di cominciare a dire la mia come volevo. E la radio era un grande mezzo per far sentire la mia voce...».

Considerate che a quei tempi non era poi così scontato che nomi come questi, oggi iscritti di diritto nella Storia del rock, venissero passati per radio. La RAI non era solita dare spazio a questo tipo di musica, ritenuta troppo distante dai gusti del popolo italico e per certi versi portatrice di un messaggio negativo, sovversivo.

I primi programmi di successo di Punto Radio sono soprattutto tre. *Dove arriva quel microfono*, programma del mattino in cui vengono mandate in onda le interviste alla gente comune e in seguito anche a personaggi noti. *Sound On Sound*, programma di musica disco, in onda nel pomeriggio, condotto nei primi tempi da Vasco che, pur non amando particolarmente questo genere, quando trasmette fa di tutto per spingere al massimo il programma. *Spazio aperto*, serale, probabilmente il più conosciuto, quello con il maggior indice di ascolto, vero e proprio «forum» in cui tutti gli speaker della radio, tra cui anche Vasco, dicono la loro sulle tematiche suggerite dalle canzoni dei cantautori.

Negli studi artigianali di Monteombraro prima, e di Zocca poi, presso il Residence Giuliana, in via Bosco degli Estensi, le regole sono diverse da quelle vigenti in precedenza nella radio di Stato. Tutto viene testato per la prima volta, i dieci ragazzi che gestiscono la radio hanno davanti solo fogli bianchi da scrivere, senza canovacci preesistenti da seguire.

Per capire bene lo spirito che albergava in quei giorni in chi per la prima volta si muoveva nel mondo delle radio indipendenti, sono utili le parole che lo stesso Vasco ha detto durante un'intervista con Red Ronnie: «Oggi uno speaker dice, che so, "*Deviazioni* di Vasco Rossi" e via... Parte il pezzo. Allora non c'erano preascolti, agli inizi non c'erano neanche due piatti, ma uno solo, così tu che facevi? Ti regolavi con i solchi del disco, con la coda dell'occhio ti accorgevi che stava finendo e cominciavi a parlare cercando di riempire il vuoto tra un cambio di disco e l'altro... Poi, se il brano da mandare non era il primo o il secondo del disco, ma il quarto ad esempio, dovevi mettere la puntina a casaccio intorno alla fine del terzo brano, intuire in cuffia, mentre parlavi, che stava per partire il quarto, e smettere di parlare al momento giusto... Certo, dopo un poco ti abituavi e ti veniva naturale fare queste cose... Ma all'inizio era davvero una cosa che ti faceva faticare... Però divertente. Quelli sono stati gli anni più belli della mia vita...».

Questo è il mondo di Vasco nella seconda metà degli anni Settanta.

La cosa straordinaria è pensare che ai microfoni di Punto Radio, nata per iniziativa di amici del paese, si sono alternati, alle voci e ai piatti, nomi che poi sono entrati di diritto nella storia della musica leggera italiana, tutti concentrati nello stesso momento e nello stesso posto. Sì, perché, oltre a Vasco Rossi, Punto Radio ha tenuto a battesimo anche Gaetano Curreri, poi divenuto famoso come collaboratore di Lucio Dalla e soprattutto come leader degli Stadio, Maurizio Solieri e Massimo Riva, colonne portanti della Steve Rogers Band, il gruppo che ha accompagnato Vasco al successo nei primi anni di carriera e che poi ha intrapreso una carriera discografica autonoma.

Il coinvolgimento di Massimo Riva, allora tredicenne, non viene inizialmente ben accolto da Vasco. Come lui stesso ha spiegato nel corso di un'intervista: «Va bene che aveva il vocione grosso per la sua età, ma di mettere in radio uno di quattordici anni... Be' non mi fidavo tanto. Ma Massimino, che fino a quel momento era stato solo a guardare, voleva fortemente dimostrare che poteva anche lui fare la radio. E così, una domenica, approfittando del fatto che non c'era nessuno, con la complicità di Bellei, al posto della musica registrata si mise lui ai microfoni e fece la trasmissione...».

È questo il modo in cui convince Vasco e gli altri ragazzi che anche lui è capace di fare un programma, e infatti gli viene affidato lo spazio della domenica pomeriggio che solitamente è libero, in quanto giorno di pausa dei DJ.

Per quel che riguarda Vasco, invece, è proprio l'amicizia con Gaetano Curreri a dargli la spinta definitiva nell'intraprendere la carriera di cantante. Avendo avuto modo di ascoltare la sue prime canzoni, e avendogli più volte consigliato di curare il suo talento e suggerito di pensare ad arrangiamenti un po' più complessi della semplice chitarra acustica, Curreri porta un pianoforte a coda negli studi del Residence Giuliana e fa ascoltare a Vasco un suo arrangiamento per pianoforte di *Jenny è pazza!* dimostrandogli il reale valore della sua canzone.

Nel mentre, visto che quasi tutti i ragazzi del giro di Punto Radio risultano in qualche maniera coinvolti in prima persona nella musica suonata, viene fuori l'idea di creare uno spazio radiofonico tutto dedicato ai cantautori: nasce così «Puntatori», iniziativa seguita dallo stesso Curreri in compagnia di Sergio Silvestri.

«Puntatori» – i Cantautori di Punto Radio – dà spazio sia in radio che dal vivo ai cantautori locali, anche se al dunque, di tutti i ragazzi che frequentano il giro di Zocca, è il solo Vasco a tirarsi costantemente indietro, intimidito dal microfono e dall'idea di far sentire agli altri le sue composizioni.

Nel frattempo il nome della radio comincia a circolare in giro per l'Italia. Al punto che quando il 19 settembre del 1976, ad Alassio, si tiene la finalissima di un concorso indetto dalla rivista «Onda tv» in cui il pubblico vota la sua radio preferita, è proprio Punto Radio a vincere, davanti alla diretta concorrente BBC di Bologna, in cui militano Red Ronnie e il mitico creatore delle *Sturmtruppen*, il fumettista Bonvi.

È durante quella serata che avviene uno degli episodi del giovane Vasco tra i più apprezzati dal suo popolo. Un aneddoto che ha per protagonista il rocker e Red Ronnie, allora giovane giornalista in cerca di una ribalta. Succede che, proprio all'inizio della serata, Vasco attacca, senza farsi vedere, un adesivo di Punto Radio sul giubbotto di pelle di Red Ronnie. Inconsapevole dell'accaduto, il rosso giornalista se ne va in giro per Alassio per ore con questo adesivo sulle spalle, tra le risate dei ragazzi della radio di Zocca presenti alla premiazione. Quando poi finalmente Red Ronnie si accorge dello scherzo tiratogli da Vasco, al danno subentra la beffa: nel tentativo di togliere l'adesivo, infatti, finisce per rovinare irreparabilmente il giubbotto.

Da quel momento Red ce l'ha avuta a morte con Vasco per anni, almeno fino a quando il successo del rocker di Zocca non gli ha fatto capire che era giunto il momento di cavalcare la tigre e sotterrare l'ascia di guerra.

Tornando al premio, la vittoria si rivela una grande spinta emotiva per Vasco e soci, un riconoscimento al loro impegno che in parte compensa la costante mancanza di fondi.

Spinti dall'energia e dall'entusiasmo, i ragazzi di Punto Radio decidono di cogliere la palla al balzo e di far in qualche modo fruttare tanta fama. Sono ormai coscienti che la loro creatura è diventata un fenomeno di massa: tra il 1975 e il 1978, infatti, centinaia di migliaia di giovani hanno cominciato a passare ore e ore sintonizzati sulle frequenze della radio, familiarizzando con le voci e i gusti degli speaker.

È così che si fa strada l'idea di organizzare feste e concerti. Grazie alla cassa di risonanza della radio, questi momenti si impongono tra gli eventi indimenticabili di quegli anni. Chiamate, non a caso, «Le Follie di Punto Radio», le serate si tengono nelle discoteche della zona, posti come lo Snoopy Stream di Modena, il Marabù di Cella, in provincia di Reggio, o il Due Stelle di Reggiolo, via via fino al Patragram di Bazzano e al Jeans Club di Finale Emilia, entrambi in provincia di Bologna.

Vasco comincia a essere molto apprezzato come *disc jockey*, in modo particolare per le serate tenute allo Snoopy Stream di Modena.

Di soldi ne girano davvero pochi, in quei giorni, un po'
perché i ragazzi hanno deciso, eroicamente, di non cedere
spazi pubblicitari ai politici della zona – decisione comune
alle altre radio locali – un po' perché, anche quando si riesce a mettere da parte qualcosa, le spese impreviste sono al-
l'ordine del giorno. Di qui l'idea di creare momenti pubblici, come le feste e i concerti, in grado di «fare cassa».

Col passare del tempo le cose cominciano a migliorare.
Come ormai appare evidente a tutti, Punto Radio è diventata qualcosa di più di una semplice radio locale. Con la
posizione strategica da cui trasmetteva, dall'Appennino
tosco-emiliano, i suoi 1000 watt di potenza, il ponte ripe-
titore a Bormio per la copertura anche della Valtellina,
unica zona del Nord Italia non raggiungibile direttamente, e poi con la radio gemella nata a Fregene prima, e la
collaborazione con una radio di Roma, Punto Radio si
configura come la prima radio privata a poter usufruire di
una copertura a livello nazionale, in anticipo sui tempi della Legge Mammì e della nascita dei Network radiofonici.

I primi segni di reale espansione sono l'apertura di un
ufficio tutto dedicato alla raccolta e gestione della pubblicità, seguito da un altro con sede a Bologna in piazza Roo-
sevelt. Del resto, ormai, intorno alla radio gravitano più di
cinquanta persone, tra soci, dipendenti e collaboratori.

Anche il viavai degli ospiti aumenta col passare del tempo, al punto che, per la prima volta, i ragazzi sono costretti a
organizzare una sorta di agenda, per evitare che gli artisti che
passano da quelle parti per promuovere un singolo o un 33
giri (così si chiamavano gli album ai tempi del vinile) siano costretti in qualche modo a fare sala d'attesa.

Proprio per poter consentire agli ospiti della radio di
mangiare decentemente, in quel periodo nasce nei pressi
del Residence Giuliana un ristorante, che chiuderà i battenti nel 1978, quando la radio verrà trasferita a Bologna. Il

passaggio avviene per intercessione del partito politico più importante della zona, il PCI, e soprattutto grazie ai fondi garantiti da questo rapporto. La sede di Bologna, con i suoi due studi di trasmissione, i suoi quattro studi di registrazione, la redazione con ben tre telescriventi collegate con l'ANSA che sfornano notizie senza sosta, il tutto insonorizzato con gommapiuma antirombo e moquette, è di quelle che qualsiasi radio vorrebbe e dovrebbe avere, anche se questo passo verso il professionismo vero coinciderà con la fine della favola. I fondatori, infatti, cominciano a non riconoscere più la loro creatura e si allontanano per dedicarsi ad altro.

È il caso di Vasco, che intraprende la carriera solista, e dei vari Maurizio Solieri, Gaetano Curreri e Massimo Riva, anche loro impegnati nella musica come professione.

Vasco pubblica il suo primo album, «Ma cosa vuoi che sia una canzone». Finisce una favola, ne comincia un'altra, molto più favolosa...

3

L'ESORDIO: «MA COSA VUOI CHE SIA UNA CANZONE»

È nel 1976, nel bel mezzo del boom di Punto Radio, che Vasco, grazie ai suoi soci, decide di tentare di fare sul serio con le proprie canzoni. Prima fa ascoltare ai ragazzi le sue prime composizioni e le riarrangia con l'aiuto di Gaetano Curreri. Poi, grazie a un contatto con Stefano Scandolara, Vasco – accompagnato da Ricky Portera, cantante che sarebbe andato a finire negli Stadio, e dallo stesso Curreri – si reca a Milano e incide le sue due prime canzoni, *Jenny è pazza!* e *Silvia*.

Una volta ottenute le registrazioni, diventa naturale passare i brani in radio, un po' per sentire come suonano, un po' per capire se la gente li avrebbe apprezzati. In quel momento, come abbiamo visto, Vasco ha già un discreto successo come disc jockey: chiaro, quindi, che intenda anche confrontarsi con il pubblico nelle vesti di cantautore, per decidere se continuare a percorrere la strada delle discoteche, abbastanza sicura, o tentare la nuova via.

I risultati sono più che soddisfacenti, nonostante le registrazioni non siano proprio il massimo dal punto di vista della resa sonora. Di fatto, i due brani diventano tra le canzoni più richieste a Punto Radio.

A questi primi passaggi segue la prima esperienza live di

Vasco. Di lì a breve, infatti, si esibisce in un breve show proponendo i suoi due pezzi alla discoteca Snoopy Stream di Modena. I tempi dell'«Usignolo d'oro» sono lontani anni luce, siamo agli inizi del 1977.

È proprio in questo periodo che Vasco conosce un personaggio che diventerà centrale per i primi anni della sua carriera: Maurizio Solieri. L'incontro avviene alla stazione dei treni di Modena. Da qui scaturirà sia la collaborazione di Solieri con Punto Radio, sia quella dello stesso con Vasco cantautore. Maurizio è infatti un abilissimo chitarrista rock, come ben sanno i tanti fan del Blasco che nel corso degli anni lo hanno visto accompagnare il nostro in centinaia di concerti e di registrazioni, o lo hanno visto al fianco di Massimo Riva nella Steve Rogers Band. Il 15 giugno del 1977, finalmente, esce il primo 45 giri (così si chiamavano all'epoca i singoli, e tenete conto che si sta parlando di vinile, e non di CD) di *Jenny* e *Silvia*.

Un piccolo prodotto di nicchia, con le sue duemilacinquecento copie appena. Una cifra che oggi non soddisferebbe neanche un centesimo delle richieste per un singolo di Vasco.

A pubblicarlo è la Borgatti, etichetta discografica di Paolino Borgatti, specializzata in liscio, valzer e mazurke. Il signor Borgatti, che evidentemente ha la vista lunga, decide di aprire un marchio apposito, la Jeans Record, per differenziare il disco di Vasco Rossi dal resto dei suoi prodotti, diretto al pubblico delle balere.

Il giorno dopo la pubblicazione del 45 giri, Vasco tiene una piccola esibizione presso l'Aula Magna dell'Istituto Corni di Modena, in quello che verrà ricordato come il suo primo concerto live da solista.

Durante l'estate, per promuovere le sue canzoni, Vasco partecipa a due manifestazioni di carattere nazionale: il «Radio Estate Giovani», allo stadio di Crotone, e il «Canta

Veneto», che si tiene nelle città di Treviso, Padova e Asiago. Durante queste esibizioni, oltre alle canzoni contenute nel 45 giri, Vasco eseguirà anche gli altri brani che di lì a breve sarebbero andati a completare la scaletta del suo album d'esordio, «Ma cosa vuoi che sia una canzone».

Un modo intelligente per testare le canzoni, direttamente sotto l'orecchio del pubblico.

A novembre entra in studio di registrazione per lavorare al suo primo LP. A produrre esecutivamente il tutto – leggi: a sganciare i soldi necessari alle registrazioni – c'è la Borgatti, che paga qualcosa come sei milioni di lire per portare a casa l'album. A lavorare sulle canzoni, insieme a Vasco, c'è invece l'amico di vecchia data Gaetano Curreri. I due scelgono insieme le canzoni, e Curreri suona le tastiere e il piano e cura tutti gli arrangiamenti, vestendo i panni di quello che adesso viene chiamato Produttore Artistico.

Con in mano le registrazioni delle canzoni, Vasco e la Borgatti si avvicinano al musicista inglese Alan Taylor, da un po' di tempo trasferitosi a Bologna. Sarà proprio lui a mettere in contatto Vasco con Walter Gurtler e Mario Rapallo, che hanno appena fondato l'etichetta discografica Lotus.

Dopo aver conseguito, nel marzo del 1978, il diploma da compositore melodista presso la SIAE, con una canzone d'ammissione intitolata *L'inverno passerà*, e dopo aver firmato un contratto con la Lotus nel mese di aprile, il 13 maggio esce finalmente nei negozi di dischi (all'epoca non c'erano ancora i megastore, come adesso) «Ma cosa vuoi che sia una canzone», album d'esordio di Vasco Rossi.

Ad accompagnare l'album c'è anche un nuovo 45 giri, con *La nostra relazione* sul lato A, e *…E poi mi parli di una vita insieme* sul lato B.

La busta interna dell'album (corrispettivo dei booklet dei CD) è scritta di proprio pugno da Vasco: «Vasco Rossi: nato a Zocca e cresciuto qua e là! Età? (E chi se ne frega!

Certo che se ne avessi meno ve l'avrei detto.) Mangio poco e fumo molto, e mia madre è sempre in pena! Vorrei dedicare questo album a tutti quelli che mi vogliono bene! (Può sembrare patetico o retorico, ma è sincero!) Non li scrivo perché (per fortuna) tutti non ci starebbero. Uno in particolare, senza il quale non avrei mai fatto niente: Gaetano Curreri. Grazie e ciao a tutti».

Ma, visto che il destino a volte sa essere davvero beffardo, la data d'uscita dell'album coincide anche con l'arrivo della temuta cartolina-precetto di chiamata alle armi. Vasco Rossi deve partire per il militare, allora ancora obbligatorio per chiunque non potesse usufruire del rinvio per motivi di studio o non fosse stato riformato.

È così che, nel giugno dello stesso anno, Vasco parte per prestare il servizio di leva presso la caserma del CAR (Centro addestramento reclute, termine che oggi, in epoca di esercito volontario, suona vintage…) di Salerno. Chiaramente, se uno scappa da un collegio di salesiani perché non riesce a adattarsi alle rigide regole dei religiosi, figuriamoci come si può trovare a fare la vita del militare.

Vasco Rossi da Zocca si dimostra una vera frana nell'affrontare la routine della caserma. Già nell'arco delle prime ore si rivela psicologicamente inadatto ad affrontare tale tipo di vita, al punto da cadere immediatamente in una profonda crisi depressiva. Bastano solo quattro giorni e Vasco viene inviato in osservazione all'ospedale militare di Salerno. Qui, grazie al famoso articolo 29, che contempla l'inadattabilità al servizio militare, gli viene immediatamente comminata la riforma definitiva dal servizio. Il servizio di leva più corto della storia dell'esercito italiano, molto probabilmente.

Vasco può tornare a occuparsi di musica, c'è un album da promuovere.

Ma com'era quel primo lavoro di studio?

Uno tende ad associare Vasco Rossi al rocker dell'Heineken Jammin' Festival, il trascinatore di folle sterminate, sempre in bilico fra sfrontatezza e malinconia. Quello rock di *Ti prendo e ti porto via*, di *Rewind* e di *Come stai*, o al limite quello pensoso di *Albachiara* e di *Sally*. Uno che con poche parole e i soliti tre accordi è in grado di far saltare uno stadio o di far scattare all'unisono decine di migliaia di accendini, come fosse un'opera d'arte di Spencer Tunick, l'artista americano specializzato in nudi di massa, la cosa più naturale del mondo.

Bene, Vasco Rossi nel 2007 è questo qui ma, prima di ammaliare le folle come un novello pifferaio magico, di strada ne ha dovuta fare parecchia, e non sempre in discesa.

Ad ascoltare oggi il suo primo lavoro di studio datato 1978, infatti, c'è da sgranare le orecchie, e a stento si riesce a riconoscere il Vasco Rossi che conosciamo oggi, quello di *Basta poco*. Almeno a livello di scrittura e di interpretazione.

Metteteci che si trattava di un'opera prima, benché non proprio prematura, vista l'età del Vasco non proprio giovanissima. Metteteci che il nostro non era mai stato in uno studio di registrazione. Insomma, le otto tracce di «Ma cosa vuoi che sia una canzone» sembrano composte da un altro cantautore. Un cantautore, appunto, laddove oggi abbiamo un rocker di razza, un cantautore figlio del cantautorato che in quegli anni imperversava in Italia, lo stesso cantautorato che il nostro ha omaggiato negli ultimi anni, dall'interpretazione di *Amico fragile* di De André alla recente cover di *La compagnia* di Lucio Battisti. Questo è il Vasco Rossi degli esordi.

La scena è Bologna, la città dei movimenti studenteschi e delle prime radio libere, Radio Alice in testa. L'anno è il 1978, e il punk sta appena cominciando a dare segni di vita anche dalle nostre parti.

Come abbiamo visto, è proprio dalle radio libere che

41

Vasco muove i primi passi, ed è in una di queste che incontra Gaetano Curreri. È il suo amico Gaetano a spingerlo verso il cantautorato, e sempre a lui si devono anche gli arrangiamenti di tutti e otto i brani incisi in questo primo lavoro. E se allora il tutto doveva suonare quanto mai attuale, in linea con la musica che girava, a riascoltarli oggi, a distanza di quasi trent'anni, quei brani risultano incredibilmente datati: da cantautori anni Settanta, appunto.

Nonostante tutto, però, sotto uno strato di suoni d'altri tempi, si nascondono già delle gemme entrate di diritto nel cuore di tutti i suoi fan. A loro modo dei classici, prove generali di successi ancora a venire. Sin dall'inizio è chiaro che Vasco Rossi da Zocca è un ottimo ritrattista, specie se a essere oggetto delle sue attenzioni sono soggetti femminili. Si pensi a un brano come *Silvia*, in cui Vasco mette in musica i primi turbamenti di una giovanissima ragazza.

Turbamenti di una giovanissima ragazza... Vi dice niente? È chiaro che *Silvia* mette in scena lo stesso fermo immagine che poi esploderà in tutto il suo lirismo in *Albachiara*, la canzone più amata dal popolo del Blasco.

Altra canzone che richiama alla mente un successo del futuro è *Jenny è pazza!*, in pratica *Sally* vent'anni prima. In realtà, a voler distruggere un po' di aura che circonda questa canzone, sembra che l'oggetto del brano altro non fosse che un astioso sfogo del nostro nei confronti del gruppo teatrale con cui aveva lavorato a Bologna nel periodo dell'università. Quello stesso gruppo che lo aveva allontanato dopo un esaurimento nervoso. Ecco svelato chi è la Jenny considerata ingiustamente pazza nel testo della canzone: lo stesso Vasco Rossi.

Un discorso simile si può fare anche per *Ambarabaciccicoccò*, sarcastica presa di posizione contro gli ambienti politicizzati del capoluogo emiliano. Un tema che nel corso degli anni verrà ripreso più volte, con un picco altissimo in

... *Stupendo*, brano contenuto nell'album «Gli spari sopra» del 1993. Nel testo di *Ambarabaciccicoccò* viene citato, debitamente tradotto, un piccolo brano di *God Save the Queen*, canzone manifesto della punk band inglese dei Sex Pistols: «Dio salvi la Regina fascista e borghese».

La stessa *God Save the Queen* verrà ripresa poi musicalmente alla fine di *Fegato, fegato spappolato*, contenuta nel secondo album. È di quel brano il riff che parte proprio mentre la canzone comincia a sfumare.

Pezzi come *La nostra relazione*, ... *E poi mi parli di una vita insieme* e *Tu che dormivi piano (volò via)* hanno una loro autonomia, anche se sono in tutto e per tutto inquadrabili nello stile cantautorale tipico dell'epoca. Le prime due raccontano di una storia d'amore andata a finire male e, visto l'autobiografismo di queste prime composizioni, è facile si tratti di una storia realmente vissuta da Vasco. *Tu che dormivi piano*, invece, racconta la prima esperienza sessuale di Vasco. Un acquerello delicato al posto di tante scene crude che abiteranno i testi delle canzoni del resto della sua carriera.

A parte Gaetano Curreri, l'unico altro nome che tornerà nel resto della carriera di Vasco è quello di Maurizio Solieri, presente con la sua chitarra in *Ed il tempo crea eroi*.

4

VASCO SCOPRE LA SUA ANIMA FRAGILE

Archiviata velocemente la pratica «servizio militare», Vasco torna a concentrarsi anima e corpo sulla sua carriera. Il che significa promuovere il suo album d'esordio, mettere in scena i primi concerti veri e propri e comporre le canzoni per il secondo LP.

Le tre operazioni non sortiscono effetti di pari entità. La promozione di «Ma cosa vuoi che sia una canzone», infatti, benché portata avanti con entusiasmo e voglia di farsi conoscere, non provoca impennate significative nelle vendite. E anche se oggi può realmente suonare incredibile, con quel primo lavoro Vasco ottiene il risultato di diventare una piccola celebrità della sua zona, e poco di più.

Se si considera poi che, grazie al suo lavoro di disc jockey in discoteca, nel frattempo spostatosi da Modena alla vicina Sassuolo, e di speaker per Punto Radio, Vasco è già piuttosto noto nella sua regione, verrebbe da dire che la promozione di «Ma cosa vuoi che sia una canzone» è stata un vero e proprio fiasco.

Un discorso simile si può applicare anche alle prime esperienze dal vivo, non proprio esaltanti. È lo stesso Vasco a ricordare quei primi concerti: «Ci sono dei live che io considero storici, di quelli che non puoi dimenticare mai, anche a distanza di anni e anni. Be', tra questi c'è di sicuro uno dei primi concerti che ho fatto. Un concerto in cui mi tiravano le freccette, invece di dirmi "vattene", di mandarmi a cagare come facevano di solito. Perché le prime volte che salivo sul palco, di solito mi facevano i cori: "Scemo! Scemo!". Sì, appena attaccavo col lento cominciavano i cori e mi mandavano a casa. La gente era lì per ballare, aspettava che arrivasse l'attrazione. Oh, arrivava gente anche da Milano, figurati. E invece, quella volta delle freccette, quella volta lì l'attrazione ero io».

Immaginatevelo per com'era allora, con diversi chili in meno, molti più capelli in testa, la faccia un po' spaesata di chi ancora non è abituato a tenere decine e decine di migliaia di spettatori in pugno.

«Mi sembra fosse a Vicenza, in piazza. Non c'era praticamente più nessuno, quelli che erano arrivati per ballare se ne stavano andando tutti via. Ma in questo bar di fianco al palco c'era un gruppetto di ragazzi. Se ne stavano seduti, facevano le freccette di carta e me le tiravano. Il massimo. Immagina la scena: io che canto schivando le freccette. Era una delle prime volte che salivo sopra un palco, per cui avevo tutto il mio orgoglio, tutta la mia vitalità. E loro lì con le freccette.»

Strano modo di manifestare il proprio affetto, distante anni luce dal lancio di indumenti intimi o peluche, tipico dei concerti di oggi. «Io erano anni che facevo il disc jockey e mi ci trovavo anche benissimo. Potevo tornarmene tranquillamente a casa, per dire. Pensavo: "Se devo fare per tutta la vita come sopra 'sto palco qua… No, non la farei mai, questa vita di merda". Però sono arrivato alla fine della mia esibizione, sempre sotto le freccette, e non so neanch'io come mi hanno fatto uscire dalla piazza in macchina. Ma mentre tornavo a casa è successa una cosa, si è ribaltato un meccanismo nel cervello e mi sono detto: "No, da adesso in poi io, se mentre sono su un palco mi tirano le freccette, scendo e li prendo a botte. È una questione di vita o di morte, qui. Vediamo chi scherza e chi invece fa sul serio. Io faccio sul serio". E a quel punto è scoppiata la guerra che si è trascinata per due o tre anni, una guerra vera. Ho affrontato il pubblico fisicamente, anche facendo a botte. Sul serio. E anche quest'usanza di tirare le lattine, non l'ho mai capita. E allora ogni volta che me ne tiravano una io gliela restituivo, piena o vuota che fosse. Anche se piene facevano più male. Un altro concerto incredibile, fantastico, durante il quale mi tiravano le lattine, credo che fosse a Brescia, dentro un tendone. A un certo punto mi incazzai e dissi al microfono: "Sentite, basta, adesso il prossimo che tira una lattina vado via…". E allora comincio a cantare una canzone e arriva la lattina, *sfiuuuu*, che mi manca di un pelo. E allora prendo e vado via. Poco dopo, però, ero nel camerino e pensavo: "Come cazzo faccio ad andare via così?". Non potevo, lo spettacolo è una cosa seria. E allora torno a vedere il palco ed era tutto pieno di lattine. Era come se mi avessero detto: "Te le abbiamo tirate tutte, torna fuori che non te ne tiriamo più. Anche volendo non ne abbiamo più". Infatti sono salito e ho ripreso il concerto fino alla fine.»

Fortunatamente, se il primo disco non sembra ingranare, e i primi live sono vissuti, per dirla con le sue stesse parole, come una guerra, diverso è il discorso compositivo. Vasco infatti comincia a scrivere le canzoni che andranno a formare la scaletta del suo secondo album, e dalla sua penna (intesa come penna vera e propria e anche come plettro, visto che Vasco scrive da sempre alla chitarra) escono fuori canzoni che entreranno dritte dritte nel cuore dei suoi fan, dal classico *Fegato, fegato spappolato* a *(Per quello che ho da fare) Faccio il militare* o *La strega (La diva del sabato sera)*. Soprattutto, è in questo periodo che scrive quella che

molti indicano come la più bella canzone del suo repertorio, se non addirittura la più bella della musica leggera italiana: *Albachiara*.

Se è possibile e lecito parlare di classici anche nel contesto della musica leggera, quella che i puristi sono soliti li-
quidare rapidamente sotto generici termini come «pop» o
«rock», bene, *Albachiara* è un classico che andrebbe stu-
diato nelle scuole. Nell'arco di una manciata di minuti Vasco riesce a dipingere, rendendolo reale e vivido, un ritrat-
to adolescenziale come tanti psicologi o sociologi non si so-
gnerebbero di fare in libri lunghissimi e dettagliati. E dire
che, ai tempi, la canzone è stata accolta non proprio in modo esaltante: probabilmente era troppo avanti per i gusti vigenti.

È Vasco a raccontarlo: «A Bologna, negli anni Settanta,
c'erano centinaia di gruppi rock, e tutti mi snobbavano
perché io avevo fatto *Albachiara*, una canzone col pianoforte… Non avevano capito che quello che mi stava a
cuore era comunicare con la gente, e il modo migliore per
farlo era unire certe caratteristiche italiane, come la melodia, alle sonorità e all'immediatezza del rock».

Comunque sia, con in mano un pugno di canzoni, appena otto, Vasco entra in studio a fine ottobre del 1978 e
registra, sempre con l'aiuto dell'amico Gaetano Curreri, il
suo secondo album, dal titolo ancora oggi attualissimo
«Non siamo mica gli americani». Album che arriva nei negozi di dischi, sempre per l'etichetta Lotus, il 30 aprile del
1979, con la primavera, come nel caso dell'esordio.

Questo è un lavoro più compiuto, in cui il nostro comincia a prendere in maniera decisa confidenza con la forma canzone, ancora una volta grazie al prezioso supporto
del compagno di mille battaglie Curreri e di quello che tuttora viene considerato dai suoi fan il miglior chitarrista vaschiano di sempre, Maurizio Solieri. È proprio grazie al suo

apporto che la musica di Vasco comincia a scivolare verso il versante più squisitamente rock, seppure con il cantautorato degli anni Settanta, quello di De Gregori e De André, a fare ancora da sfondo.

«Respiri piano per non far rumore...»: basterebbero queste poche parole per spingere chiunque, oggi come oggi, all'acquisto immediato di un album, e lo dimostra il fatto che qualsiasi raccolta sprovvista di inediti che Vasco, o chi per lui, decida di dare alle stampe, immancabilmente vende qualche centinaio di migliaia di copie. *Albachiara* è la canzone che più di ogni altra caratterizza questo album, e non potrebbe essere altrimenti. Un classico è un classico, e non si discute. Ma non tutti sanno, invece, che originariamente il brano era stato composto, con un giro musicale diverso, dall'ancora giovanissimo Massimo Riva e si intitolava *Seveso*.

Sì, quella che è diventata la canzone manifesto del Blasco, e che meglio di ogni altra è stata in grado di raccontare in musica i turbamenti dell'adolescenza, era stata abbozzata come canzone ispirata al disastro ecologico di Seveso dell'estate del 1976 (una nube tossica di diossina, sprigionatasi per un incidente presso un impianto industriale, aveva costretto all'evacuazione gli abitanti della zona).

L'idea viene poi accantonata, e Vasco riprende la canzone, cambia musica e testo, e dà vita alla storia della ragazza timida che con una mano si sfiora.

Ma «Non siamo mica gli americani», ovviamente, non è solo *Albachiara*. È anche *Fegato, fegato spappolato*, per dire, altro manifesto del Vasco-mondo adorato di suoi fan, che si riconoscono in quello sconcertante quadretto di vita di provincia.

La provincia di cui Vasco parla è la sua, e il paese è chiaramente Zocca, ma la bravura del nostro sta proprio nell'universalizzare il proprio vissuto, rendendolo patrimonio di tutti. È anche per questa sua capacità che Vasco, a distanza di trent'anni, continua a conquistarsi l'amore delle nuove generazioni, mantenendo sempre vivo anche quello delle vecchie, perché è uno dei pochi che riesce a dire con parole chiare quello che gli altri vivono ma non sanno esprimere.

Fegato, fegato spappolato parla di Zocca e di uno strampalato personaggio che si aggira un po' malconcio per le vie battute da paesani impiccioni nel giorno della festa: Vasco stesso.

Ospite d'onore del brano è mamma Novella, protagonista di uno dei versi più auto-ironici tra quelli che Vasco abbia mai composto: «Dice mia madre devi andare dal dottore, a farti guardare, a farti visitare, hai una faccia che fa schifo, guarda come sei ridotto, mi sa tanto che finisci male. La guardo negli occhi, con un sorriso strano, neppure la vedo, ma forse ha ragione davvero». E poi, subito dopo: «Già mia madre mi corre dietro con il vestito nuovo». Altra guest star è il compagno di Punto Radio, e poi suo manager personale, Floriano Fini, uno dei suoi migliori amici di sempre. Il verso in cui lo cita è: «Fini si è alzato da poco, e non è ancora sveglio, non è ancora sveglio, ed è talmente scazzato che non riesce a parlare nemmeno».

Nel corso della sua carriera, Vasco omaggerà spesso i suoi amici e compagni di lavoro all'interno delle sue canzoni, come ben sa la sua bodyguard personale, il mitico Roccia, citato con estremo sarcasmo nel brano *Vivere senza te*, contenuto in «Liberi Liberi», accusato di aver abbandonato la baracca per seguire una ragazza.

Tornando a *Fegato, fegato spappolato*, il brano si chiude con il riff di chitarra di *God Save the Queen* dei Sex Pistols, omaggio subliminale fatto verso uno dei gruppi che

Vasco ritiene fondamentali per la sua carriera. Lo dirà lui stesso, a più riprese, nel corso delle interviste che mi ha rilasciato: «Il punk naturalmente m'ha colpito molto, quando mi è apparso dopo i Rolling Stones. Perché era un andare ancora oltre, un osare ancora di più, nella provocazione. Penso proprio a *God Save The Queen* o a *London Calling*, fenomenale. Quando i Clash hanno fatto un concerto a Bologna sono impazzito, si sentiva il basso dalla stazione dei treni».

In realtà, il concerto cui fa riferimento Vasco in questa occasione, ai tempi di «Non siamo mica gli americani» era ancora da venire. Si sarebbe tenuto il primo giugno del 1980, e sarebbe passato alla storia non solo per le decine di migliaia di persone accorse in piazza Maggiore per seguirlo, anche perché era gratis, ma soprattutto per la maglietta con il simbolo delle Brigate Rosse esibita da Joe Strummer, compianto leader della band insieme a Mick Jones. Un vero schiaffo in faccia all'Italia degli anni di piombo.

Altro brano mitico, e per certi versi autobiografico, è *La strega (La diva del sabato sera)*, in cui a essere presa di mira è una tipa che se la tira decisamente troppo (nel caso specifico, vuole la leggenda, omaggio non proprio bonario alla zia che lo aveva ospitato nel suo soggiorno bolognese). Lo stesso tema è al centro di *Va be' (Se proprio te lo devo dire)*.

Visto poi che uno degli eventi più importanti capitati a Vasco nel periodo in cui cominciava a pensare al nuovo lavoro era stata la repentina chiamata alle armi, esperienza altrettanto repentinamente conclusa con il congedo permanente dovuto a problemi di salute, nel nuovo lavoro non poteva mancare una canzone che parlasse di questo. Il brano in questione è *(Per quello che ho da fare) Faccio il militare*, in cui il nostro irride, neanche troppo sottilmente, alla naja. In questa canzone, così come in tutto l'album, è l'ironia a farla da padrona. Quella stessa ironia che caratterizzerà, con alti e bassi, tutta la carriera del Blasco, capace come pochi altri di graffiare col sorriso sulle labbra. All'epoca è stato lui stesso a indicare in Paolo Conte l'ispiratore di questo tipo di composizione, anche se lo stile jazzato dell'avvocato di Asti poco sembra avere a che fare con il rock cantautorale di Vasco.

Sballi ravvicinati del terzo tipo sarà uno dei classici del primo periodo e, nel corso dei trent'anni di carriera, verrà a più riprese riproposta dal vivo, mentre *Quindici anni fa*, in cui l'ironia è interpretata con una certa aggressività, è sempre stato considerato un brano minore.

L'album esce a fine aprile e stavolta le cose sembrano funzionare meglio.

Vasco comincia il suo giro di promozione e il suo nome a questo punto circola a livello nazionale, anche se la fama e il successo sono ben lungi dall'essere arrivati.

In maggio si esibisce per la prima volta in piazza Maggiore, a Bologna, durante un evento cittadino, e il 9 agosto canta per la prima volta dal vivo *Albachiara* – canzone che anche adesso è uno dei punti fermi di ogni sua esibizione live – alla Bussola di Viareggio, uno dei locali più cool dell'epoca (quello dove, proprio pochi mesi prima, aveva cantato in pubblico per l'ultima volta Mina). Presenti all'evento anche alcuni dirigenti RAI, che però non riterranno ancora maturi i tempi per invitarlo ospite in qualche trasmissione.

Sempre durante l'estate del 1979 partecipa anche a un concorso indetto da un circuito di radio private, il «Free Show Estate».

Il 12 ottobre, poi, inizia la sua prima tournée vera e propria, un tour insieme ad altri giovani cantanti e cantautori, dal titolo «Primo Concerto», che toccherà tutto lo stivale.

Insomma, le cose sembrano cominciare a girare per il verso giusto, quando il dramma entra pesantemente nella vita del giovane Vasco, lasciando segni profondi.

Il 31 ottobre, infatti, mentre sta compiendo una manovra al volante del suo camion, il padre Carlino viene improvvisamente colpito da un infarto e muore sul colpo.

La notizia gli viene comunica la sera e Vasco, com'è prevedibile, reagisce con amara disperazione. Abbandona il tour e si chiude in casa per quindici giorni, rifiutandosi di parlare con chiunque, anche con gli amici e i parenti più stretti. Solo la madre gli è vicina in questo momento di dolore. E proprio a lei confida l'intenzione di abbandonare la carriera, forse spinto dal senso di colpa per aver intrapreso un mestiere, quello dell'artista, molto lontano da quello del padre stesso. Del resto la sua famiglia, che non ha mai osteggiato la sua volontà di tentare di campare scrivendo canzoni, era di chiara matrice proletaria, e non ha mai del tutto compreso quelle velleità.

«E tu chissà dove sei, anima fragile, che mi ascoltavi immobile, ma senza ridere.» Vasco sembra accusare il colpo, schiacciato dal dolore.

«E ora tu, chissà dove sei, avrai trovato amore, o come me, cerchi soltanto d'avventure, perché non vuoi più piangere.»

È in questi giorni che confida alla madre Novella di non sapere se tornare o meno in tournée. «Provo a salire sul palco e vedo se mi viene voglia di cantare o di piangere...» dirà, come riferito dalla stessa madre durante un'intervista.

Come è andata quella volta è cosa nota, i fatti sono sotto gli occhi di tutti. Finite le lacrime mentre era chiuso dentro camera sua, Vasco sale sul palco e riprende a cantare, magari con più rabbia di prima, con una tendenza più nichilista, ma quanto meno non appende il microfono al chiodo. Anzi, decide di esorcizzare il lutto scrivendoci sopra.

La prima canzone che dedicherà al padre sarà *Anima fragile*, contenuta nell'album successivo, «Colpa d'Alfredo»:

«… e la vita continua anche senza di noi, che siamo lontani ormai, da tutte quelle situazioni che ci univano, da tutte quelle piccole emozioni che bastavano, da tutte quelle situazioni che non tornano mai, perché col tempo cambia tutto lo sai, e cambiamo anche noi…».

5

TRE È IL NUMERO MAGICO

Mentre è in giro per la promozione di «Non siamo mica gli americani», Vasco Rossi incontra lungo la sua strada Guido Elmi, personaggio che a più riprese lo accompagnerà nel corso della sua carriera. Ancora oggi Elmi riveste il ruolo di personal manager del rocker di Zocca, dopo una lunga pausa intercorsa tra la pubblicazione di «C'è chi dice no» e quella di «Gli spari sopra». È grazie a lui e all'intercessione del futuro tastierista della Steve Rogers Band, Mimmo Camporeale, che Vasco arriva alla sua nuova etichetta discografica, la Targa Records di Mario Rapallo.

Dopo l'incisione in studio di altre otto canzoni, preceduto da un 45 giri contenente *Non l'hai mica capito* nel lato A e *Asilo «Republic»* in quello B, il 3 aprile del 1980 esce «Colpa d'Alfredo», terzo capitolo della saga Vasco Rossi.

Con il nuovo bagaglio umano della perdita del padre, ferita che non mancherà di farsi sentire anche negli anni a venire, Vasco decide di tornare in studio per dar vita al suo nuovo album, convinto che questa sarà la volta buona per uscire dalla nicchia degli autori di culto e diventare semplicemente una delle nuove voci del panorama musicale italiano. Ai tempi mai avrebbe potuto immaginare quello che il destino gli avrebbe riservato.

Alla terza prova solista, finalmente, il rocker Vasco Rossi esce allo scoperto, con un vestito nuovo fatto di giubbotto di pelle e chitarre elettriche, nato sulle ceneri del cantautore in costante ricerca di una propria strada. Se volessimo fare un parallelo con un altro rocker di tutto rispetto, Bruce Springsteen, potremmo dire che se *Siamo solo noi* è il *Born in the* USA di Vasco, «Colpa d'Alfredo» è il suo «Born to Run», primo lavoro in cui il suo stile trova una sua definizione compiuta: il nostro slega i legacci cantautorali che lo tenevano imprigionato nelle prime composizioni per spiccare il volo verso una forma canzone che da questo momento sarà «alla Vasco Rossi».

Brani come *Sensazioni forti* o *Asilo «Republic»* sono passaggi fondamentali di questo cambiamento di pelle. Complici di Vasco sono i ragazzi della Steve Rogers Band, gruppo che nasce proprio intorno a questo progetto. Oltre a Maurizio Solieri alla chitarra solista e Massimo Riva all'acustica, già suoi compagni ai tempi di Punto Radio, la Steve Rogers Band è composta da Roberto Casini alla batteria, Andrea Righi al basso e Mimmo Camporeale alle tastiere. Il binomio Steve Rogers Band e Guido Elmi, produttore dei successivi lavori di studio e dei concerti dal vivo, sarà la chiave di volta del successo del Blasco, sempre più fenomeno a carattere nazionale.

Ancora oggi le canzoni di questo terzo lavoro di studio sono molto amate dal suo pubblico, senza eccezioni.

Ad aprire le danze è il primo singolo, *Non l'hai mica capito*, brano scanzonato e pop, dove l'ironia è tenuta su toni leggeri. Fosse stato per Vasco, in realtà, il singolo di punta dell'album sarebbe stato proprio *Colpa d'Alfredo*, ma i primi feedback da parte delle radio non sono entusiasmanti: questo spinge Mario Rapallo, che proprio con questo album esordisce come discografico con l'etichetta Targa Records, a ripiegare su un brano più tranquillo.

Il problema, affatto campato in aria, è che Vasco con questo brano comincia a usare un linguaggio provocatorio, in netto anticipo sui tempi.

Ma le provocazioni, si sa, si pagano. Le radio decidono che parole come «negro», «troia» o «stronza» non sono adatte al loro pubblico, e mettono in atto una forma di censura che si allarga anche agli altri brani di Vasco. Il che, se da una parte nuoce al rocker, che non può beneficiare del supporto dei suoi ex colleghi, dall'altra lo consacra tra le star maledette tanto amate dal grande pubblico. La regola è semplice: rendi una cosa proibita e immediatamente avrà successo.

Tornando a *Colpa d'Alfredo*, in effetti, è una delle canzoni meglio riuscite di quell'inizio di carriera. Un'ironia tagliente si sposa a una musica semplice e orecchiabile, una sorta di leitmotiv che ritroveremo anche in altre canzoni future.

Già l'attacco è di quelli memorabili, puro Vasco Rossi al cento per cento: «Ho perso un'altra occasione buona stasera, è andata a casa con il negro la troia».

Se consideriamo che siamo agli inizi degli anni Ottanta, quando ancora in televisione non è stata sdoganata neanche una parolaccia, e anche un seno nudo è una chimera difficile da immaginare, possiamo renderci conto di che tipo di polverone sta scatenando Vasco.

Oggi, grazie ai reality show (e si legga quel grazie con una certa ironia), tutto sembra normale, ma allora esisteva ancora un senso della morale piuttosto rigido. Vasco si trova costretto a rendere conto del gergo usato nel brano. Deve così spiegare che per «negro» intende «uno spaccone», mentre è chiaro che il termine «negro» è giustificato dal fatto che la voce narrante della canzone è un ragazzo andato in bianco per l'intervento di un terzo incomodo, il negro di cui sopra.

Per dimostrare di non essere razzista, Vasco compie un gesto eclatante, facendo entrare nello stadio dove tiene un concerto tutti quei venditori ambulanti che di solito si trovano fuori dagli stadi e i palasport. Quelli che vendono il merchandising illegale, e che all'epoca vengono chiamati «vu cumprà» (chi sono poi i razzisti?).

Questa, tuttavia, è solo la prima di una serie di polemiche che lo avrebbero accompagnato per buona parte della sua carriera, diciamo fino a quando la fama non fosse divenuta tale da renderlo in qualche maniera intoccabile, superiore anche ai diktat dei benpensanti.

Il vero caso esplode però il 14 dicembre di quell'anno, quando Vasco e la Steve Rogers Band vengono invitati a partecipare a una puntata in esterna di *Domenica in* (in un momento in cui le televisioni private sono ancora poca cosa e la RAI ha praticamente il monopolio dei programmi televisivi). Vasco e i ragazzi, in collegamento dal Motor Show di Bologna, interpretano una versione di *Sensazioni forti* rimasta nella storia della musica leggera italiana. Il motivo di tanto clamore non è tanto legato alla qualità dell'esecuzione, a dire il vero piuttosto scadente, quanto al resoconto della stessa a opera di un noto giornalista, Nantas Salvalaggio, all'epoca firma di prestigio del settimanale «Oggi».

È lo stesso Vasco a raccontare come andarono i fatti: «Il primo pezzo che mi ha creato casini è stato *Sensazioni forti*, un brano che assolutamente non è stato capito. Io l'avevo scritto in tono provocatorio. "Noi vogliamo godere, godere, godere…". Era nell'album "Colpa d'Alfredo", del 1980, che usciva in un momento in cui gli insegnamenti che ci avevano dato in precedenza, quelli degli anni Sessanta e Settanta, erano di tutt'altro genere. Almeno nel panorama italiano, si usava un altro linguaggio, più familiare, più rassicurante. E io invece me ne uscivo con queste parole, "Sensazioni, sensazioni... sensazioni forti...". Era come dire: "Se la vita sarà breve, preferisco morire adesso, ma non vivere centocinquant'anni di un'esistenza normale". Non è il tempo che uno vive a far la differenza. Ancora oggi sono convinto di questo. È la qualità, quella che conta. Lo stesso concetto sarebbe stato espresso anni dopo in *Vita spericolata*. Poi è chiaro che c'è la paura di morire. Io ho paura di soffrire, non di morire. Io, quando arriverà, la morte mia non la vedrò di sicuro. Vedi sempre la morte degli altri, mai la tua. Voglio vivere una vita vera. Questo diceva *Sensazioni forti*».

In realtà, più che una stroncatura giornalistica, cosa che ci poteva pur stare, quello che Salvalaggio mette in atto è un vero e proprio attacco frontale, un linciaggio morale senza precedenti, al punto che da quel momento Vasco non si staccherà di dosso l'etichetta di tossico per molto tempo.

«*Sensazioni forti* mi ha fatto arrivare quella patente, diciamo così, di tossico, sporco, brutto, ebete e balordo, il tutto grazie a Salvalaggio, Nantas Salvalaggio. Una patente che mi è rimasta sempre impressa anche se, sinceramente, allora era abbastanza scollegata dalla realtà. Anche perché, in effetti, io ai tempi in cui incisi *Sensazioni forti* non sapevo davvero cos'era la droga. La coca non sapevo neanche che cosa fosse. Al limite conoscevo le anfetamine, perché studiavo. Quindi lui mi cucì addosso quei vestiti a partire solo dall'aspetto esteriore e dalle parole della canzone, perché ero andato a *Domenica in*, ero entrato dentro le case degli italiani. Scrisse l'articolo neanche del moralista, ma del bacchettone. Del bacchettone comodo, però, perché fatto con la volontà di colpire uno che non si poteva sicuramente difendere. Non parlava in quel modo di uno affermato, ma parlava così di me, che non ero nessuno. C'era proprio la vigliaccheria del personaggio. Perché mi ha rappresentato con un'immagine che non era affatto la mia. Così, poi, la mia risposta in musica fu *Vado al massimo*.»

L'articolo di Nantas Salvalaggio, pubblicato sul numero 53 di «Oggi» del 1980, è il seguente: «Ma poi, come una manciata di guano in faccia, è apparso un "complessino" che io destinerei volentieri a tournée permanenti in Siberia, Alaska e Terra del Fuoco. Il divo di questo "complesso", che più complessato di così si muore, è un certo Vasco. Vasco de Gama? Ma no, Vasco Rossi... Per descriverlo, mi ci vorrebbe la penna di un Grosz, di un Maccari: un bell'ebete, anzi un ebete piuttosto bruttino, malfermo sulle gambe, con gli occhiali fumé dello zombie, dell'alcolizzato, del drogato "fatto". Unico dubbio, e se fingeva? E se alcolizzato o drogato non era per niente? Eh no: un vero artista, anche quando interpreta uno "zombie", un barbone da suburra, un rottame umano, ci mette quel lievito che ti ripaga dalla bruttura del fango, dell'orrido che contiene il personaggio. Invece, quello sciagurato di Vasco era "orrido-nature", orrido-allo-stato-brado. E non è tutto: era anche banalmente, esplicitamente allusivo. Diceva in parole povere: emozioni forti, sensazioni violente – questo voglio – violente sensazioni, sempre più forti – anche se il prezzo da pagare è la vita... Era una visione così sgradevole, un messaggio talmente abbietto, che lo stesso Baudo, quando il guittone stracotto è riapparso per ricevere gli applausi di rito, ha tagliato corto con un saluto gelidino (mi è parso): un arrivederci freddo... Ma quell'uomo barcollante, sullo sfondo della periferia bolognese, non lasciò presto la mia mente. Continuò a turbarmi in quanto immaginavo le centinaia di migliaia di ragazzini imberbi, succubi, che dalla tivù bevono tutto quello che viene, come fosse rosolio o elisir di vita eterna. Quell'ebete che esalta le emozioni forti, pensavo, in un crescendo da allucinogeno, è il "profeta audace", il "filosofo del nuovo verbo". E intanto mi chiedevo: gente della Tv, della stampa, del governo, ma quando faremo un'indagine seria, un calcolo approssimativo, di tutti i giovani che si sono "fatti", che si sono procurati un passaporto per l'altro mondo, sulle orme dei cantori dell'eroina, come quel tale Lou Reed, che a Milano si pronuncia giustamente Lùrid?

Dicevo, all'inizio, che ci sono mattine in cui provi un bisogno fisico, impellente, di "andare giù piatto". E allora, molto piattamente, io chiedo al programmatore di *Domenica in*, al mio collega Egidio Sterpa che è nella commissione parlamentare di vigilanza della tivù: "Chi ha chiamato quel povero guitto da suburra? Non esiste un dizionario alla RAI?". Oppure: "Quale partito politico, quale vescovo o notabile o senatore, ha raccomandato il Vasco suonato?". A questo punto, temo, "alti lai" si alzeranno da ben noti ambienti industriali: da quelle case discografiche, voglio dire, che si sono da tempo ritagliate questo losco praticello che esalta con psichedeliche suggestioni, il "messaggio", la "ribellione" della droga. "Ecco" inveiranno "ecco l'inquisitore, il cieco reazionario: spara sulla cultura!" Cultura? Eh, già, lettore: è di moda, oggi, chiamare cultura tutto, anche il pernacchio da stadio, anche le scritte nei cessi pubblici. Esiste un sociologo che difende «la cultura della droga». Così va la cultura: mi piacerebbe tanto ascoltare ciò che ne pensano gli illuminati ometti del passato: ma sì, alludo a un Platone, a un Socrate, un Seneca: cosa direbbero del Vasco cotto da periferia?».

Sul momento le durissime parole di Salvalaggio scatenano le risposte arrabbiate del discografico Rapallo, ma presto si capisce che l'eco della polemica non avrebbe fatto altro che aumentare la notorietà del rocker di Zocca, che nel frattempo sta diventando sempre più famoso.

Più sensate sono le parole di mamma Novella, che ovviamente prende le difese del proprio figliolo in più di una intervista: «Mio figlio non è né un santo né diavolo, ma un ragazzo onesto come suo padre, le auguro che sua moglie e sua figlia lo possano pensare di lei». Fine delle trasmissioni.

Ormai noto è il fatto che Vasco si sarebbe tolto la soddisfazione di sbeffeggiare Nantas Salvalaggio nel brano *Vado al massimo*, presentato un paio d'anni dopo al Festival della canzone italiana di Sanremo. È lui, infatti, «quel tale che scrive sul giornale» cui fa riferimento nel testo. E sempre per far capire che di regolamento di conti si tratta, a partire dalla successiva tournée, e per anni, Vasco prenderà l'abitudine di cantare la canzone calzando un cappello come quello portato dai giornalisti americani, nel caso il messaggio non fosse abbastanza chiaro.

Solo negli ultimi anni la rabbia di allora sembra essere sbollita, al punto che Vasco ha ironicamente deciso di sotterrare l'ascia di guerra e ha dedicato al vecchio antagonista un premio alla carriera ricevuto. Del resto è anche grazie a lui se è diventato il rocker maledetto che tutti conoscono.

L'album «Colpa d'Alfredo», in tutti i casi, contiene davvero canzoni di valore, come *Susanna*, forse il primo brano del suo repertorio a indicare la strada in bilico tra rock e punk che Vasco avrebbe intrapreso di lì a poco.

Susanna è tutta giocata su un giro di chitarra molto veloce, quasi hardcore, e le liriche raccontano di come certe ragazze vadano in discoteca vestite come delle santarelline, tipo «tutta casa e chiesa», salvo poi diventare dei demonietti appena il papà che le ha accompagnate se n'è andato.

Lo stesso tema era già stato affrontato da Vasco in *La strega*; i tanti anni passati a fare il disc jockey dovevano aver reso molto familiare al cantante questa tipologia di persone.

E visto che nel lavoro precedente Vasco aveva dedicato una canzone a smontare pezzo per pezzo la vita dei commilitoni dell'esercito e più in generale la naja, in «Colpa d'Alfredo» il nostro passa ad attaccare sarcasticamente il mondo della scuola, da lui ben conosciuto, visto che non solo era stato studente, ma anche insegnante. Laddove prima c'era *(Per quello che ho da fare) Faccio il militare*, stavolta è il turno di *Asilo «Republic»* a dare voce alla tagliente ironia di Vasco. Emblematico il verso in cui il nostro fa riferimento a uno «spino» con cui i bambini preferiscono intrattenersi invece che con un più canonico «dolcino», il tutto su un giro quanto mai punk.

Di *Anima fragile*, ballata pianistica davvero emozionante dedicata al padre da poco scomparso, ho già detto. Qui più che il rocker è il cantautore a farla da padrone, come del resto anche in *Tropico del Cancro*, mentre in *Alibi* il punk apre verso sonorità reggae, del resto vicine al nuovo genere imperante in Gran Bretagna, come dimostravano proprio in quei giorni band come i Clash o i Police.

Se però un aspetto salta decisamente fuori dalle otto tracce di questa terza prova di studio, è che Vasco Rossi è un artista complesso, che infonde almeno un paio di anime nelle sue canzoni. Da una parte l'ironia, spesso sfacciata, tagliente, e dall'altra la malinconia, cupa e blu, sempre in procinto di sfociare nell'amarezza. Aspetti che si riveleranno una costante della produzione artistica del Blasco.

Rispetto alle due prove precedenti, «Colpa d'Alfredo» ingrana meglio, iniziando a dargli quella fama che gli arriverà definitivamente coi due lavori successivi, «Siamo solo noi» e «Vado al massimo». Il 2 giugno del 1980, per iniziativa di Guido Elmi, prende il via la nuova tournée, la prima con la neonata Steve Rogers Band. I concerti di Vasco, benché ancora caratterizzati da forme neanche troppo blande di contestazione, come quelle descritte da lui stesso nei capitoli precedenti, si fanno via via più strutturati. Veri e propri live set degni di questo nome, con la band a tenere su un suono compatto, da allora segno distintivo del Blasco.

Due chicche per i feticisti. Durante tutto il tour, Vasco si esibisce solo alla chitarra acustica, evento più unico che raro, nella cover di *Supermarket* di Lucio Battisti, interpretazione che replicherà diciotto anni dopo, il 22 ottobre del 1998, in occasione del Premio Tenco. Questa cover anticiperà di parecchi anni la pubblicazione di un altro brano di Battisti molto amato dal nostro, *La compagnia*; pubblicazione avvenuta nella tarda primavera del 2007 insieme al singolo *Basta poco*, uno dei brani più «downbadati» della storia della musica leggera italiana.

Sempre durante lo stesso tour, Vasco è solito proporre, all'interno di *Sensazioni forti*, un piccolo brano dall'emblematico titolo *Che cazzo vuoi?*, di cui non esiste una versione di studio.

6

ARRIVA IL PRIMO MANIFESTO,
SIAMO SOLO NOI

I giochi sono fatti. Grazie alle censure dovute al linguaggio troppo sboccato di «Colpa d'Alfredo», e soprattutto grazie alla nomea di rocker maledetto che l'articolo di Nantas Salvalaggio gli ha garantito, il nome di Vasco comincia a circolare con sempre più insistenza nel mondo della musica leggera italiana. Per di più, già con il terzo album il nostro sembra aver trovato uno stile personale, riconoscibile, a metà strada tra il sarcasmo e l'ironia da una parte e la malinconia dall'altra, per quel che riguarda i testi, e in bilico tra furore punk e cantautorialità, per quel che concerne la musica. Insomma, Vasco comincia a dare forma al proprio suono e al proprio personaggio.

E se adesso ama prendere le distanze dal *maudit* che allora era solito mettere in scena, è evidente che ai tempi si era calato completamente nella parte, senza star lì a fare così tanti ragionamenti a tavolino.

Vasco nel 1980 ha un'immagine ben precisa, un suo stile musicale e anche un gruppo di lavoro con cui suonare in giro per l'Italia e in studio. E per di più, finalmente, ha anche trovato un produttore in grado di vestire di rock i suoi brani, quel Guido Elmi che già si era premurato di mettere insieme la Steve Rogers Band.

È sotto la sua guida che Vasco entra in studio per incidere quello che sarà il suo quarto album, «Siamo solo noi». Nel frattempo lui e i ragazzi della band hanno affittato un capannone a Casalecchio di Reno, dove praticamente vivono come in una comune, passando il tempo a provare e a premere sull'acceleratore.

È con questa prova discografica che il modo di fare provocatorio e dissacratorio del nostro diventa un marchio di fabbrica inconfondibile, nonostante il fatto che, a ben vedere, le otto tracce che lo compongono contengano anche momenti di grande romanticismo, come *Brava* e *Incredibile romantica*.

«Siamo solo noi» esce, sempre per l'etichetta Targa Records, il 9 aprile del 1981: come al solito in primavera. Sin dalle prime note della canzone che dà il titolo all'album appare evidente che Vasco è diventato un rocker fatto e finito. La copertina ce lo mostra col chiodo, il giubbotto di pelle, i capelli lunghi e spettinati, gli occhiali da sole, tutte caratteristiche che diventeranno parte integrante del suo look, sia di giorno che di notte. Vasco Rossi ormai è una rockstar vera.

E *Siamo solo noi* è il suo primo brano-manifesto, quello in cui i ragazzi di tutta Italia, quelli che sono «contro» per età e per indole, non possono non riconoscersi.

«Siamo solo noi» è un ottimo album di rock, puro e semplice, diretto come il sano rock sa essere, anche se il termine «sano» sembra lontano anni luce da questo Vasco Rossi.

Gli strumenti sono quelli tipici del genere, quelli essenziali: chitarra elettrica, basso e batteria. Su tutto la voce di Vasco, non ancora resa roca dagli stravizi, ma decisamente sulla buona strada.

Siamo solo noi, dicevo, il primo manifesto dell'universo-Vasco. Questa è la sua prima canzone in grado di abbattere le barriere che dividono solitamente le generazioni. A tutt'oggi, durante i concerti, può capitare di vedere famiglie intere, padri, madri e figli, cantarla in coro: «Siamo solo noi, quelli che non han più santi né eroi».

È lo stesso Vasco a spiegare il segreto di questo suo essere transgenerazionale: «Credo proprio che la gente capisca che sono vero, che non gli racconto palle. Questo la gente lo capisce benissimo. Io sono diretto, uso anche un linguaggio immediato, che arriva a generazioni differenti: il rock. Per dire quello che senti dentro, che ti esce dallo stomaco, non è necessario usare grandi giri di parole. Anzi, secondo me, i concetti devono arrivare subito. Non voglio che chi mi ascolta debba perdere tempo a interpretare quello che gli sto dicendo. Essere diretti con le parole e con la musica, essere rock».

Il rock, quindi, come linguaggio in grado di arrivare alle famiglie? Neanche l'onorevole Mastella sarebbe arrivato a tanto, pensando al suo Family Day...

«Ci sono intere famiglie che seguono sempre la mia musica e i miei concerti. Perché se sei diretto non invecchi, e anche perché quello che dico io va bene sia che sei giovane sia che hai la mia età... E poi, io non sono mai cresciuto, sono passato da essere un post-adolescente a essere un post-post-adolescente...»

Un post-post-adolescente, quindi, allora come oggi. E *Siamo solo noi*, col suo incedere sincopato e il suo testo, che meglio di tanti trattati di sociologia spiega il concetto di «disagio giovanile», è probabilmente la prima canzone del suo repertorio che comincia a raccogliere intorno a sé quel popolo che poi lui stesso chiamerà «la combriccola del Blasco».

Siamo solo noi, ecco come la racconta Vasco oggi: «Sì, siamo solo noi. Cioè, che cosa volete da noi, non ho capito, visto che la vita in gioco è la nostra, sarà meglio che vi facciate tutti i cazzi vostri. Che non è una cosa da poco, anzi, è un concetto fondamentale per come la vedo io. Se tu ti fai i cazzi tuoi, anche se non sei buono è uguale, anzi è meglio. Io preferisco di gran lunga uno che si fa i cazzi suoi alle persone buone a tutti i costi, a quelli che ti vogliono aiutare sempre e comunque. Perché il buono che mi vuole aiutare m'infastidisce, mi violenta, m'innervosisce. Se io chiedo aiuto, allora sì, ma se io non chiedo aiuto, allora devi stare al tuo posto. E c'è un sacco di buoni così in giro. Anzi, tanto per parlare dell'oggi, in *La fine del millennio* l'ho detto chiaramente, sono tutti così. "Tutti preti, tutti dottori, tutti professori…" Vogliono sempre che tu stia bene. Ma lasciami stare, io sto come sto. Mi devo vergognare anche perché sto male? Questo è il punto. Sei stanco, ti devi vergognare, sei grasso, ti devi vergognare, se sei brutto, ti devi vergognare. Devi sempre essere al massimo. E allora vi lamentate se la gente tira della cocaina? Poi c'è stata *Siamo solo noi*, fino ad arrivare a *Vita spericolata*».

Ma «Siamo solo noi» non è solo l'omonima canzone. Vasco è ormai diventato un bravo songwriter, e tutte le tracce dell'album sono di ottima fattura: si va dal rock sporco di *Ieri ho sgozzato mio figlio*, primo brano in cui il nostro esibisce la voce strascicata che tutti conosciamo, voce che intona un testo tra i più stralunati e psichedelici scritti fino a quel momento dal rocker, per arrivare a *Che ironia*, brano in cui, in realtà, l'ironia lascia il posto al feroce sarcasmo: «Che ironia, sentirsi dire che non c'è niente da fare per guarire: non c'è dottore, non c'è dottore».

Con questa traccia il repertorio di Vasco si arricchisce definitivamente di un nuovo genere, appena accennato in precedenza nel brano *Alibi*, contenuto in «Colpa d'Alfredo»: il reggae.

Reggae che ha la sua massima espressione nel brano successivo, *Voglio andare al mare*, che comincia con la tipica rullata reggae alla Stewart Copeland dei Police.

È Vasco stesso a raccontarci come sono nati i suoi brani dal sapore giamaicano: «C'erano i vari linguaggi di quel periodo. A un certo punto andava il reggae, ed ecco com'è nata *Vado al massimo*. Tun-cia, tun-cia... è venuta fuori cercando di fare un ritmo reggae. Era uno scherzo, fatto per cercare di usare altri sistemi. Quando si faceva una canzone ci si metteva lì, con Massimo Riva. Perché quando c'era Riva era tutta un'altra storia. Mi manca molto, Riva. Si suonava la chitarra, e io dicevo: "Fai un reggae, dài!". E allora lui cominciava, tac-tac, e io gli andavo dietro cantando. Mi venivano le canzoni così, su due piedi. Anche *Voglio andare al mare* l'ho scritta così, con lui che suonava la chitarra e io inventavo le parole e le linee melodiche, sempre scherzando. E venivano le canzoni così, capisci, "Voglio andare al mare, quest'estate voglio proprio andare al mare". C'era il rock, il reggae. E poi anche il punk».

Una curiosità legata a questa canzone. Per un errore delle stamperie, il brano *Voglio andare al mare* fu posto sul lato A del singolo *Siamo solo noi*. Così capitava che chi richiamava *Siamo solo noi* nei juke-box, invece di ascoltare l'inno rock, si trovava la demenziale canzone reggae. Ai tempi, infatti, esistevano ancora i juke-box, soprattutto nei bagni al mare. Era proprio in base al gradimento registrato attraverso i juke-box che una volta funzionava il Festivalbar, creatura di Vittorio Salvetti tuttora in voga, anche se adesso vince chi vende più album. Di fatto, l'errore di stampa, e il ritardo nella segnalazione all'organizzazione, costano l'esclusione di Vasco Rossi dalla competizione. Un vero peccato, anche se nel corso degli anni il nostro avrà modo molte volte di rifarsi.

Dopo *Voglio andare al mare* è la volta di *Brava*, un midtempo per pianoforte che racconta di una ragazza che ha usato il protagonista della canzone e poi lo ha gettato via come fosse un giocattolo vecchio e rotto. La ragazza, quella che usa la «logica di calze nere», è Paola, come avrà modo di raccontare lo stesso Vasco nel corso di diverse interviste, la sua compagna ai tempi dell'università. *Brava* è un brano per certi versi disperato, un grido di dolore contro chi gioca con l'amore degli altri.

Segue *Dimentichiamoci questa città*, un classico rock da FM, una storia di fuga, vicina alla poetica di Springsteen, il sesso e l'amore lì, sullo sfondo: «Domattina avrai qualcosa da ricordare…».

Incredibile ma vero, Vasco viene invitato nuovamente a partecipare a *Domenica in*, sempre in collegamento dal Motor Show di Bologna. Il brano scelto per l'esibizione è proprio *Dimentichiamoci questa città*.

La scena che i tanti e tanti telespettatori si trovano di fronte è di quelle che difficilmente si dimenticano, prova generale di quella che nei due anni successivi Vasco darà loro in pasto dal palco dell'Ariston di Sanremo. Vasco arriva davanti alle telecamere a bordo di un TIR, e fin qui ci può anche stare: del resto siamo al Salone dei motori, non dimentichiamolo. Quello che però è decisamente fuori dai canoni è l'atteggiamento di Vasco:, è infatti evidente che il rocker emiliano non è del tutto presente. Per di più ha dalla sua anche un look non esattamente da domenica pomeriggio su RAI 1 – come dire – per famiglie. Vasco ha i capelli lunghi, non proprio lavati di fresco. E porta un paio di occhiali da sole che poco si addicono agli interni della Fiera di Bologna. Parte la canzone ma le cose non girano: Vasco è poco lucido, decisamente scazzato. Per fortuna, Nantas Salvalaggio non è davanti allo schermo, o se c'è sta pensando ad altro, perché stavolta Vasco ha davvero esagerato. Infatti la canzone viene sfumata anzitempo, in una delle esibizioni più brevi della storia della televisione italiana.

Tornando all'album, *Incredibile romantica* è una ballata malinconica, dove Vasco sembra voler dimostrare che, quando vuole, può anche affrontare argomenti seri, senza nascondere ogni cosa sotto chili di ironia o rabbia. Su tutto, anche sul testo, spicca lo stupendo a solo di chitarra di Maurizio Solieri, vero eroe per i fan del nostro.

Ultima tappa nel viaggio verso il successo è *Valium*, blues psichedelico, appoggiato su una batteria lenta e sfilacciata. L'idea è di mettere in musica quello che succede nella testa di qualcuno che abbia abusato dello psicofarmaco che dà il titolo al brano. Vasco Rossi è il rockettaro maledetto, quello che si droga, come ha scritto quel tale sul giornale, Nantas Salvalaggio? Bene, allora da adesso per diversi anni Vasco metterà in scena proprio quello che i media si aspettano, sarà il cattivo maestro che fa paura, quello drogato e contro tutto e tutti. Chiaro che questa lettura dei fatti, presentataci dallo stesso Vasco negli ultimi anni, potrebbe suonare un po' comoda, come un voler giustificare gli eccessi di gioventù, se non addirittura negarli, mascherando gli stravizi con delle pose. Nei fatti, il rocker comincerà a scrivere brani in cui si fa riferimento alla droga e allo sballo, diventando per molti il cantore della «vita spericolata», come lui stesso avrà modo di proclamarsi solo un paio di anni dopo.

Nel testo viene più volte citato, più o meno dichiaratamente, il brano *La gatta*, di Gino Paoli, un modo un po' sghembo da parte di Vasco per rendere omaggio a uno dei massimi esempi di cantautore. Sul momento, però, la cosa viene ovviamente fraintesa, e più che come un omaggio è interpretato come una delle tante provocazioni del nostro, qualcosa di simile a Jimi Hendrix che storpiava l'inno americano a Woodstock. *Valium* è il suo inno sonnolento e stonato agli psicofarmaci, scritto e interpretato da uno che, a ben vedere, proprio per problemi legati al sistema nervoso ha smesso dopo solo quattro giorni di fare il militare. Quando si va a letto la mattina presto con il mal di testa, del resto, bisogna pur correre ai ripari...

7

VASCO VA AL MASSIMO, NON A SANREMO MA IN CLASSIFICA

Se siete tra quanti stavano davanti al televisore, quel 29 gennaio del 1982, non potrete non ricordare vividamente come andarono le cose. Vasco si presentò vestito con pantaloni attillati neri – allora se li poteva permettere, vista la linea perfetta –, maglietta nera e giubbotto di pelle marrone nuovo di pacca e, con fare spavaldo, cominciò a cantare *Vado al massimo*. Era alla sua prima partecipazione a un Festival della canzone italiana, all'epoca, ancor più di oggi, uno dei palchi più importanti per chi vive di musica.

Per inquadrare il tutto nel contesto esatto, quella fu l'edizione vinta da Riccardo Fogli, transfuga dai Pooh, con il brano *Storie di tutti i giorni*. Vasco si presentava cantando un reggae ironico, tanto per cambiare, intitolato *Vado al massimo*, che avrebbe dato il nome anche al suo quinto album di studio.

Il brano parlava in maniera scanzonata del voler vivere una vita di eccessi, godendosi ogni minimo secondo. Un po' una versione giocosa e gioiosa di quella *Sensazioni forti* che gli aveva, involontariamente, procurato la fama di *maudit*. E, non a caso, questa era anche la canzone con cui Vasco si toglieva i sassolini dalla scarpa proprio nei confronti del giornalista che per primo gli aveva dato la patente del tossico, l'ormai più volte citato Nantas Salvalaggio. A lui sono dedicati i versi «meglio rischiare, che diventare come quel tale, quel tale, sì, che scrive sul giornale».

Neanche a dirlo, Vasco si piazzerà all'ultimo posto, inaugurando tutta una serie di grandi nomi della musica leggera italiana che passeranno dal fanalino di coda del Festival per poi esplodere nelle vendite e nel gradimento del pubblico, da Zucchero fino ai Subsonica. Il fatto è che presentarsi sulle assi dell'Ariston barcollando e interpretare la propria canzone fuori tempo non era proprio il massimo, in una competizione ingessata come Sanremo, ma era un'ottima mossa promozionale, se è vero come è vero che da quel momento tutti parleranno di lui.

E dire che solo dieci giorni prima, il 19 gennaio, Vasco aveva ricevuto il premio come rivelazione dell'anno al «13° Premio italiano del paroliere». In quell'occasione Vasco aveva interpretato *Ogni volta*, brano che sarebbe finito a sua volta nell'album «Vado al massimo». Una canzone paragonata dallo stesso autore ad altri classici come *Sally* e *Senza parole*. Anzi, il fatto di considerarle come canzoni «sorelle» farà sì che Vasco non le inserisca mai tutte e tre all'interno della scaletta di uno stesso concerto.

Ogni volta gli vale il premio di rivelazione dell'anno, e la premiazione ha luogo alla discoteca Marabù di Reggio Emilia. Dopo dieci giorni è la volta del Festival della canzone italiana. Molti si chiedono, oggi come allora, perché Vasco non si sia presentato a Sanremo con una canzone forte e sicuramente più «normale» come *Ogni volta*, ma lui stesso confesserà di aver scelto *Vado al massimo* proprio per spirito di provocazione.

«Anche con *Vado al massimo* trovai tutti lì pronti a spararmi addosso» mi racconterà in seguito Vasco, «tutti col fucile puntato contro di me. A quel punto erano casini che mi andavano anche bene. Da quel momento a me andava bene tutto, perché non avevo davvero più niente da perdere. Indietro non potevo tornare, avevo bisogno di arrivare al successo e di guadagnare un sacco di soldi. Io pensavo questo. Anche se con *Vado al massimo* a Sanremo ci fu l'intervento di Nantas Salvalaggio, sempre lui, che si chiedeva come potessi essere finito sul palco dell'Ariston. Come mai uno maledetto come me sceglieva proprio il Festival della canzone italiana, il posto meno trasgressivo del mondo? Ma io ero lì per un discorso mio e volevo servirmi di quel tipo di meccanismo. Perché uno strumentalizza anche per i propri scopi, non è che viene sempre e solo strumentalizzato. E così io ho battuto proprio su quella provocazione, resa ancora più trasgressiva dalla cornice nella quale era stata presentata.»

E sotto il segno della provocazione sarà tutta la sua esibizione, dall'andare fuori tempo all'essere visibilmente sballato. La leggenda narra che Vasco avesse passato la notte prima dell'evento in compagnia di una giornalista musicale che in realtà doveva intervistarlo e che invece era finita a letto con lui. Qualcosa come sei ore di sesso sfrenato. Del resto, oltre che alla nomea di tossico, Vasco si è dovuto ben presto abituare a quella più confortevole di *tombeur de femmes*. Anche a questo proposito, il nostro ultimamente ha avuto da ridire, in questo suo tentativo di revisionismo che lo ha spinto a fare proprio il noto motto di Jessica Rabbit: «Non sono cattiva, è che mi disegnano così».

Ma la vera chicca della serata del 29 gennaio sarà il finale dell'esibizione. Quando il brano si avvia verso la chiusura, non sapendo esattamente come gestire gli ultimi istanti, in cui si sarebbe dovuto trovare sul palco senza aver nulla da cantare, Vasco decide di andarsene, non prima di essersi infilato il microfono in tasca. Microfono che, chiaramente, sprovvisto di un cavo adeguatamente lungo, cade rovinosamente nel percorso che porta Vasco verso il backstage, provocando una sorta di boato non proprio piacevole da ascoltare, e lasciando il povero Christian, che doveva esibirsi dopo di lui, senza nulla con cui cantare.

«Io avevo già cantato, che cazzo me ne fregava dei cantanti dopo di me?» si sarebbe poi giustificato l'indomani in conferenza stampa.

Il mito stava davvero cominciando a diventare realtà.

L'album «Vado al massimo» vedrà la luce come al solito in primavera, il 13 aprile del 1982, questa volta per la Carosello Records.

Con questo quinto disco Vasco presenta al pubblico un lavoro davvero impeccabile, per certi versi vicino alla perfezione. Una perfezione che il nostro avrà modo di superare in altri album che, ancor più di questo, sono diventati dei capisaldi della sua discografia, ma che pur sempre perfezione è.

Se con «Siamo solo noi» sembrava che il Blasco avesse optato per una decisa virata verso il rock, con questo nuovo lavoro torna sui suoi passi, più sicuro del suo songwriting e anche della propria immagine: a fianco di brani più tirati come *Credi davvero* e *Sono ancora in coma*, trovano posto anche ballate come *Ogni volta*, *Canzone* e *La noia*, tre veri gioielli, così come il reggae già citato di *Vado al massimo*, il funky di *Amore* e la fugace incursione nel soul di *Splendida giornata*.

Apre le danze *Sono ancora in coma*, rockaccio elettrico e tirato in cui Vasco veste i panni del narratore e mette in scena un risveglio da dimenticare. Mal di testa insopportabile, di quelli che si mandano via solo con un'altra sbornia, e per di più con una ragazza che molto gentilmente gli comunica al telefono che lo sta mollando. Non sappiamo se sia un brano autobiografico, ma sicuramente, visto il tipo di vita che il nostro conduce lì al Capannone di Casalecchio di Reno (o, come direbbe adesso, ci ha fatto bere che stava vivendo), il tutto suona molto, molto realistico.

Cosa ti fai è un mid-tempo solare, una boccata d'aria dopo il ritmo asfissiante di *Sono ancora in coma*. In questa canzone, per la prima volta, la voce di Vasco diventa definitivamente la «voce alla Vasco». Per capirsi, il rocker comincia a mangiarsi le parole, strascicandole sulle basi, come se non avesse abbastanza fiato per arrivare fino alla fine, senza mai spingersi troppo in alto. Da quel momento, per almeno un decennio, sarà questo uno dei suoi marchi di fabbrica, anche durante le interviste radiofoniche e televisive. Un timbro non molto diverso da quello dei punkabbestia cane-muniti che vanno in giro chiedendo un euro. Il testo di *Cosa ti fai* parla di chi appare diverso da quello che è, e si chiude con la frase: «Non dirmi che non ti droghi mai». Del resto, se uno è disegnato cattivo, è disegnato cattivo, no?

In questo brano spicca un altro dei musicisti che da lì in avanti avrà un ruolo fondamentale per Vasco, sia in studio che dal vivo: il sassofonista Rudy Trevisi. Sax e tastiere, infatti, hanno una parte importante nel sound del brano, come a voler dimostrare una precisa intenzione del nostro di prendere una strada differente rispetto alla linearità squisitamente rock di «Siamo solo noi», tutto giocato sul canonico trio chitarra, basso e batteria.

La tracklist di «Vado al massimo» vede a questo punto *Ogni volta*, la prima canzone valsa un premio a Vasco.

Che dire? *Ogni volta* è, con *Albachiara*, *Vita spericolata* e poche altre canzoni, un classico del repertorio vaschiano e più in generale della musica leggera italiana.

Un manifesto per chi, con Vasco e in Vasco, ha trovato la voce che credeva di non avere. Un manifesto di «chi non è coerente, di chi non guarda in faccia a niente e che dopo piange». Maurizio Solieri, ormai al quinto album al suo fianco, dà il meglio di sé in un a solo da pelle d'oca, di quelli che uno poi li canta in camera, lo stereo a palla, magari mimando il gesto della chitarra come in «Guitar Hero».

Dopo tanto romanticismo e malinconia, ecco una sana botta d'ironia.

È la volta di *Vado al massimo*, scanzonato inno alla gioia di vivere sopra le righe (non si leggano doppi sensi nel termine «righe», please…). Il riferimento al «droghiere» e al Messico non è casuale: Vasco tira in ballo quello che ai tempi veniva considerato il paradiso per i fricchettoni occidentali che volessero far uso di cocaina. «E questa estate invece di andare al mare, vado nel Messico io, altro che al mare, voglio vedere se là davvero si può volare senza rischiare di incontrare sempre quel tale, sempre quel tale che scrive sul giornale…»

Credi davvero è un rock ruvido, spigoloso, quasi violento. «Non ti fidare mai, non sono gli uomini a tradire ma i loro guai»: parole sante, visto quello che il destino gli avrebbe riservato nell'immediato futuro.

Il brano è stato poi ripescato da Vasco nei tre mitici concerti di San Siro del 2003, quelli che hanno visto accorrere alla sua corte qualcosa come duecentocinquantamila persone nel giro di soli tre giorni. *Credi davvero* era l'apertura dello show.

Amore è un funky che rende omaggio alla dance di fine anni Settanta inizio anni Ottanta, probabile reminiscenza dei tanti anni passati a mettere su i brani nelle discoteche emiliane.

Canzone meriterebbe un capitolo a parte. Insieme ad *Anima fragile*, infatti, è il brano con cui Vasco ha deciso di ricordare il padre. Ballata chitarristica, in cui Maurizio Solieri accompagna un Vasco quanto mai malinconico e romantico, *Canzone* potrebbe tranquillamente essere confusa per un brano che parla di una relazione amorosa finita improvvisamente. Si parla di un profumo ancora nell'aria, di coperte da mettere nel letto per non sentire il freddo dovuto al senso di vuoto e di abbandono, si parla di destino crudele e splendido (splendido perché prima o poi ci si rivedrà). Il senso del pudore del nostro ha fatto sì che il testo fosse tutto giocato su un fraintendimento, con gli aggettivi tutti girati al femminile, come per non voler rendere gli altri, il pubblico, partecipi di un dolore difficile da mandare giù. Anche la voce sembra per una volta tornata quella dei primi tempi, alta e cristallina. In *Canzone* è come se Vasco, di colpo, si fosse dimenticato di essere lo sfacciato rocker istrione di *Vado al massimo* o di *Siamo solo noi* e avesse almeno per una volta sfilato dal naso aquilino gli inseparabili occhiali da sole, lasciando scorgere attraverso i suoi occhi azzurri cosa si muove dentro di lui.

Splendida giornata è il solo brano di tutto lo sconfinato repertorio vaschiano passato e futuro che flirta con sonorità soul. Frutto della collaborazione con un nuovo autore che da quel momento in poi firmerà molte canzoni con Vasco, Tullio Ferro.

Splendida giornata suona nera, come se, invece che dalle parti di Casalecchio di Reno, i nostri eroi si fossero trovati a suonare a Detroit, in casa Motown.

Anni dopo, il 25 giugno del 2003, nel backstage del concerto che Vasco ha tenuto a Fabriano come prova aperta al pubblico dei tre concerti di San Siro, parlando proprio di questa canzone, il produttore Guido Elmi ha raccontato di quante difficoltà Solieri e gli altri della Steve Rogers Band abbiano dovuto superare per suonare bene un pezzo così poco rock, a dimostrazione di come fosse e sia tuttora un'incursione in territorio inesplorato per Vasco e i suoi. Il testo è la prova generale di quello che diventerà uno dei suoi manifesti, contenuto nell'album successivo, *Vita spericolata*. Un tema caro al Vasco di quei giorni: vivi subito, brucia tutto subito, senza star lì a perder tempo in ragionamenti e calcoli.

Lo stesso argomento è sviscerato, in modo assai più malinconico, nell'ultima traccia di questo album, altra canzone nata dalla collaborazione con Tullio Ferro. *La noia*, ballata per chitarra acustica, dimostra, se mai ce ne fosse bisogno, che Vasco quando vuole sa ancora arrivare in alto con la voce, anche se il timbro si è ormai fatto strascicato. Il testo lascia il segno, sottolineato dai cori di una giovanissima Rossana Casale. «Quella noia che c'era nell'aria, che c'era nell'aria allora è ancora qui, è qui che ti aspetta, sai, e tu ora non puoi certo più scappare come hai fatto allora, ora sai che vivere non è vero che c'è sempre da scoprire e che l'infinito, è strano ma per noi tutto l'infinito finisce qui...»

Il disco si piazza subito bene in classifica, e vi rimane per ben sedici settimane, contro le quattordici del precedente «Siamo solo noi», a dimostrazione della crescente fama di Vasco presso il grande pubblico.

Di lì a poco Vasco parte per una lunga tournée, in proprio. Una delle tappe memorabili si terrà il giorno prima di Ferragosto a Zocca, un concerto per la prima volta in casa, almeno da quando Vasco Rossi è tale anche per il resto della nazione. Un concerto atto a finanziare uno skilift per gli impianti sciistici del paese.

Due i fatti significativi di quella lontana estate 1982.

Tra un sound check e l'altro, Vasco butta giù una delle sue canzoni più amate, destinata a finire nel successivo album «Bollicine»: *Vita spericolata*. E, visto che Vasco è sì provocatore, ma ha anche una sua coerenza (riconosciutagli anche dai detrattori), sempre durante l'estate il nostro vedrà bene di andarsi a schiantare ad altissima velocità contro un albero a Spilamberto, nei pressi di Modena, durante un viaggio di ritorno da Milano. Vasco si trova a bordo della sua Rover 3500 bianca, nuova di pacca, con cui ha da poco sostituito la vecchia Citroën CX.

Dall'incidente Vasco uscirà miracolosamente illeso e,

dopo pochi giorni, comprerà un'altra Rover di colore grigio con radiotelefono, gadget di cui sembra non poter fare a meno. Se la caverà meno bene per quel che riguarda gli altri aspetti della sua vita spericolata, pronta a riservargli grandi successi ma anche brutte sorprese.

8

VEDRAI CHE VITA (SPERICOLATA), VEDRAI

Se è vero che l'esperienza sanremese non si era rivelata tra le più esaltanti, con l'ultimo posto raggiunto da *Vado al massimo*, per uno come Vasco l'idea di ripresentarsi già l'anno successivo sul palco dell'Ariston dev'essere stata la cosa più naturale del mondo, vista la sua capacità di andare contro corrente.

«Vediamo se riesco a fare meglio di così» sembra essersi detto, e quindi anche il 1983 comincia con una partecipazione al Festival della canzone italiana, stavolta con un brano che potrebbe anche suonare adatto al pubblico televisivo della kermesse (se si parla di Sanremo non si può non usare questo termine, altrimenti inutilizzabile...), *Vita spericolata*.

«In realtà io non volevo andarci» dirà poi Vasco in un'intervista televisiva rilasciata nel 2007 a Vincenzo Mollica. «Ma a Ravera dovevo riconoscenza. Era stato lui a volermi al Festival l'anno prima, permettendomi di superare per la prima volta il Po, perché io fino a quel momento mi ero mosso bene soprattutto in Emilia, dalle mie parti. E invece, grazie a Ravera e alla partecipazione al Festival con *Vado al massimo*, il mio nome aveva cominciato a girare in tutta Italia. Io però stavolta non volevo tornare perché è chiaro, se tu vieni una volta e fai il cretino va bene, ma se lo fai due volte allora sei proprio cretino...» Parole sante. «Ma in quel periodo venne finalmente il testo di *Vita spericolata*... Sai, quella è la canzone di tutta una vita, e allora con *Vita spericolata* torno volentieri.»

Ma se nel caso di *Vado al massimo* era stata la musica a fregare il buon Vasco, visto che il reggae non era esattamente il genere più in voga al Festival, al secondo tentativo è il testo a mettere il rocker alle corde. Il messaggio che Vasco lancia in *Vita spericolata*, infatti, è lo stesso di *Vado al massimo*, quello che caratterizza quasi tutta la sua produzione di questo periodo: solo che stavolta non c'è la coperta di Linus dell'ironia a proteggerlo dagli strali dei benpensanti.

Ma chi è questo qui, che si presenta davanti a milioni di telespettatori, con i suoi calzoni bianchi e la sua camicia color del cielo, i capelli lunghetti ma pettinati, e si mette a parlare di vite spericolate, vissute fino all'ultimo sorso, come Steve McQueen?

Se Vasco già si sta delineando come il profeta di tutti quelli «contro», è chiaro che non è dalle frequenze di RAI 1 che può far passare il suo messaggio, o quanto meno non da Sanremo.

Di fatto, se *Vado al massimo* era arrivata ultima, complice il casino combinato con il microfono infilato in tasca proprio prima di lasciare il palcoscenico, stavolta Vasco riesce a migliorarsi e *Vita spericolata* si classifica penultima.

Tanto per non far mancare la solita polemica, Vasco passa il pomeriggio della grande serata, il 3 febbraio del 1983, a litigare con gli autori e il regista del programma. Non si è infatti presentato alle prove e non vuole assolutamente sentir parlare di sfumare il brano prima della fine. Ovviamente l'hanno vinta gli autori e, nel momento in cui la canzone volge al termine, Vasco vede bene di abbandonare il palco, lasciando i cori in sottofondo ad accompagnare le immagini televisive che ci mostrano un microfono solitario.

«Lì è nata un'altra leggenda metropolitana» racconterà sempre Vasco a Mollica. «Io dovevo partire per venire al Festival, ma una settimana prima andai contro un albero e distrussi completamente la macchina. La macchina era disfatta, e io non mi ero fatto niente: la mia solita fortuna benedetta. Allora chiamo i discografici e gli dico: "Ho fatto un incidente, non ho più la macchina e non ho una lira…". E quelli mi fanno: "Ma te come stai?". E io dico: "Io sto bene." E loro: "Allora ci vediamo a Sanremo" e tac, buttano giù il telefono. Io allora dopo un po' li richiamo e dico: "No, guarda, la macchina non si è fatta niente, io invece mi sono fatto male per trenta milioni. I soldi per comprare una macchina nuova. Se no, non vengo." Sai, era l'unico modo fare questi ricatti. Loro hanno iniziato a dire: "No, tu sei matto". Credevano scherzassi.»

A questo punto il racconto arriva nel vivo, a come nasce una leggenda. Questo, almeno, stando al nuovo Vasco pensiero, che tende a sminuire tutto quello che è accaduto in quegli anni, come se il suo mito fosse più che altro frutto di un grande equivoco. In realtà, l'incidente a cui fa riferimento Vasco, quello che lo aveva visto protagonista dalle parti di Spilamberto, non è affatto avvenuto nei giorni precedenti alla sua esibizione al Festival di Sanremo, ma durante l'estate del 1982. Però, visto che tutti gli riconoscono indubbie capacità poetiche, almeno quando si cimenta nella stesura di un testo, possiamo concedergli qualche licenza anche quando si tratta di raccontare aneddoti…

«Così non sono venuto su a fare le prove il mercoledì» prosegue Vasco. «Anche perché non pensavo che le prove fossero poi così importanti; la canzone la conoscevo, anche se non sembrava che sapessi quel che facevo, all'epoca… Arrivo il giovedì e incontro Marco Mangiarotti, un giornalista che già conoscevo perché aveva lavorato con me a Punto Radio, lui mi dice: "Cosa fai? Tutti ti stanno cercando per le prove. Dove sei stato?". E io dico: "Sai, ho incontrato due ragazze in autostrada…". Non è che gli ho detto come erano andate veramente le cose, per cui è nata tutta la leggenda che arrivavo tardi perché ero sempre fuori…»

Vasco non si mette d'accordo con gli autori. Loro vogliono che lui resti fino alla fine della canzone, anche a costo di rimanere immobile, lui vuole lasciare il palco mentre attacca il giro di batteria finale. La sua idea è che il regista zoomi sul microfono lasciato da solo, mentre l'altro piuttosto preferisce sfumare il tutto, a discapito della resa del pezzo. Vince il regista: quando Vasco se ne va anzitempo la canzone sfuma di colpo. Per tutti gli spettatori, inconsapevoli di questa querelle tra autori e artista, Vasco è quello che ha lasciato il palco prima di finire la canzone.

E poi Vasco non si era limitato ad andarsene mentre la canzone doveva ancora finire. C'era pure il suo fare barcollante, non esattamente lucido, che già aveva fatto storcere il naso a molti telespettatori, per non parlare del pubblico presente all'Ariston, gente a cui evidentemente basta poco per provare brividi di spavento.

«Anche lì un'altra leggenda. Quando si entrava sul palco dell'Ariston c'era un gradino di specchio» racconterà sempre Vasco, «io non l'ho visto e sono inciampato. E il giorno dopo tutti hanno scritto "barcollante". La storia si stava ingigantendo…»

La storia si stava ingigantendo, infatti: al penultimo posto conseguito durante la competizione farà da contraltare il sesto posto raggiunto nelle classifiche ufficiali dei singoli e, soprattutto, il milione di copie che Vasco andrà a vendere del suo sesto album, «Bollicine», uscito come al solito in primavera, il 14 aprile dello stesso anno.

«Bollicine» si piazza subito in classifica, dove resterà per la bellezza di trentacinque settimane. In contemporanea parte una lunga tournée, sempre in compagnia dei suoi soci di quegli anni, la Steve Rogers Band. Vasco attraverserà lo stivale in lungo e in largo, tenendo una media di quattro concerti a settimana, per un totale di centoquarantaquattro live, un vero record.

Arrivato al sesto album in sei anni (sei anni esatti, visto che tutte le prime pubblicazioni sono avvenute in primavera), Vasco sin dalla copertina sembra voler dire al mondo intero che stavolta fa sul serio. Sulla cover di «Vado al massimo» appariva con un'aria un po' scanzonata, vestito con una giacchetta a righe orizzontali dai vividi colori, il tutto posto su uno sfondo che faceva il verso ai quadri dell'autore di punta della pop art, Andy Warhol, lasciando al retro il compito di dimostrare che sempre del lavoro di un rocker si trattava, con una fotografia che lo ritraeva durante un live, con tanto di maglietta slabbrata che lasciava intravedere la spalla nuda. Con «Bollicine», invece, l'impatto è decisamente più duro. In copertina campeggia un primo piano vagamente sfocato del nostro, i capelli lunghi e gli immancabili occhiali da sole, stavolta a specchio, a coprirgli gli occhi. Sullo sfondo una stanza, con un televisore acceso su un canale morto. Il viso di Vasco sembra arrabbiato, quasi aggressivo. Il retro, poi, è quasi surreale, con il cantante in T-shirt, un asciugamano appoggiato sulle spalle, sorta di novello Elvis Presley, la faccia diabolica, i capelli bagnati, probabilmente un'immagine colta alla fine di un concerto. Sullo sfondo, vai a sapere perché, un paio di palme e un ragazzo che si esibisce in un'acrobazia sugli sci d'acqua.

Ma è quello che si trova dentro la busta che dimostra veramente quel che c'è da dimostrare.

Come al solito, ci sono otto canzoni, altra caratteristica

che accomuna quasi tutte le prime produzioni di studio, e tutte di levatura superiore.

Se è vero che Vasco si è costruito il successo lavoro dopo lavoro, andando sempre migliorandosi, non è un caso che sia stato proprio con «Bollicine» che ha raggiunto livelli di vendite e di notorietà mai toccati prima, entrando in quel ristretto novero di artisti italiani capaci di superare il milione di copie.

Magari l'album non è perfetto come il precedente «Vado al massimo», o non ha un suono definito e compatto – in una parola, rock – come «Siamo solo noi», ma presenta in scaletta ben tre canzoni divenute dei classici del suo repertorio, tutte destinate a rivelarsi vere e proprie hit della stagione estiva 1983.

Si tratta di *Bollicine* e *Una canzone per te*, che seguono a ruota il successone di *Vita spericolata*, presentato in anteprima al Festival della canzone italiana di Sanremo e uscito poi come singolo.

Ad aprire l'album è la canzone che gli dà il titolo, *Bollicine*, vero e proprio tormentone dell'estate grazie al quale Vasco porterà a casa il primo premio al Festivalbar di Vittorio Salvetti, quello stesso Vittorio Salvetti che l'anno precedente gli aveva impedito di partecipare con *Siamo solo noi* per i problemi con la stampa del singolo. Nella canzone Vasco fa dell'ironia sui vizi illegali e i vizi legali della gente comune. Neanche troppo nascosto il gioco di parole tra Coca-Cola e cocaina, al punto che i responsabili dell'area marketing dell'azienda americana chiedono e ottengono di poter visionare il testo prima dell'uscita dell'album per controllare che il loro prodotto non venga in qualche modo svilito dall'operazione. In realtà, visto l'enorme successo della canzone, più volte si è ventilata l'ipotesi di un utilizzo commerciale del brano come jingle pubblicitario, ma evidentemente associare il proprio marchio a quello di un cantante maledetto non deve essere sembrata un'idea così geniale ai tipi di Atlanta.

Molti anni dopo, Vasco cederà parecchie sue canzoni a spot di vario genere, dalle auto alla telefonia mobile, salvo poi, intempestivamente, tornare sui propri passi, adducendo motivazioni non proprio cristalline.

Tornando a *Bollicine*, invece, all'inizio della canzone il Blasco, vecchia volpe della radiofonia privata, fa il verso agli scioglilingua nonsense dei disc jockey e omaggia un altro gruppo che ha sempre ammirato, la band degli MC5, quelli di *Kick out the Jams*, citando un piccolo estratto tratto da un loro live set.

A *Bollicine* segue un altro classico, *Una canzone per te*.

Ballata chitarristica molto amata dai suoi fan, eseguita all'elettrica da Dodi Battaglia dei Pooh, *Una canzone per te* è un brano in cui Vasco ci racconta come nascono le sue canzoni: «Vengono fuori già con le parole».

La terza traccia è invece di tutt'altra pasta. Si tratta di *Portatemi Dio*, rock potente e quadrato, figlio del suo amore per gruppi come i Deep Purple. Dura nella musica, *Portatemi Dio* è una canzone dura anche nel testo, quasi al limite della blasfemia. Si dice che sia stato Guido Elmi, abituato per il suo ruolo di manager e produttore a mediare in continuazione tra le idee degli artisti e le rigide regole delle case discografiche, e quindi poco incline agli estremismi, a smussare un po' gli angoli. A sentirla, però, anche oggi che sono passati tanti anni dalla pubblicazione, vien da pensare che almeno in questa occasione la sua opera di mediatore non sia riuscita proprio bene. Nel brano Vasco chiede di poter parlare con Dio, tanto per farci quattro chiacchiere, e non lo chiede usando le buone maniere. L'accusa rivolta a Dio è di alto tradimento, ed è facile intuire il polverone che ne è venuto fuori.

Sarà lo stesso Vasco a parlarmene nel corso di un'intervista: «Quella canzone mi ha procurato diverse scomuniche pubbliche. Ma io, in realtà, per questo genere di cose, avevo già il pelo sullo stomaco. A quel punto mi sono detto: "Se devo dire le cose come stanno, io dico quello che ho vissuto". Sono stato in collegio dai preti, ho avuto degli shock. Ho avuto un sacco di shock. E allora ho creato la mia tesi, che consiste in questo: "Se dite che c'è Dio, allora portatemelo, che gli devo dire delle cose. Gli devo chiedere delle spiegazioni". Che poi, tra l'altro, devono anche smettere di scipparmi la mia fede, di dipingermi come ateo. Io ci credo, in Dio. Secondo me esiste. Anche se la mia era una visione un po' più protestante che cattolica. Ma, con quella canzone, ho cominciato ad avere parecchie difficoltà con quel giornale, come si chiama? "Avvenire"… Sì, con "Avvenire". Ecco, "Avvenire" con me è stato sempre molto simpatico. Sai come sanno essere loro… trasversalmente fetenti. Un'altra canzone, *Portatemi Dio*, che continua a essere forte, a mio avviso. Perché le canzoni mi vengono alla luce in modo spontaneo, per cui mi giudico anch'io dal di fuori. Non è che uno si mette lì e dice: "Adesso scrivo una canzone così". La canzone viene fuori e solo dopo la vedo anch'io. E mi rendo conto di quanto sia vero quello che c'è dentro, in quelle frasi. È un bel sistema di comunicare e di raccontare. Significa raccontare per immagini. Perché tu le emozioni le vivi per immagini e in qualche modo le vesti. E molti s'immedesimano, si crea quella comunione di cuori per cui la gente mi vuole così bene».

Comunione di cuori che sicuramente è avvenuta per il quarto brano dell'album, cioè quella *Vita spericolata* passata direttamente dal penultimo posto del Festival a un posto di grande rilievo nel cuore dei suoi estimatori, e più in generale nei cuori di tutti quanti amano la musica leggera italiana. Non è un caso che, oltre dieci anni dopo, sarà un mostro sacro come Francesco De Gregori, uno a cui Vasco Rossi ha sempre guardato come si guarda a un maestro, ad appropriarsene per farne una cover davvero emozionante, cortesia ricambiata dal nostro con un'altrettanto toccante versione di *Generale*.

«A volte non me ne rendo neanche conto» mi ha detto Vasco, «ma scrivo cose che gli altri non sanno dire, che hanno dentro, ma non riescono a nominare con le parole giuste. Cose che non sanno tirare fuori. È stata una delle meraviglie più grandi della mia vita quando ho scoperto questa cosa, perché io scrivo canzoni sempre. Per esprimermi, perché ho bisogno di scaricare da qualche parte queste sensazioni e trovare qualcosa da far vedere agli altri...»

E così, dopo *Siamo solo noi*, ecco un altro manifesto transgenerazionale, una canzone in cui anche adesso, a quasi venticinque anni dalla pubblicazione, la gente si può riconoscere, a prescindere dall'età e dal sesso.

Vita spericolata – solo i milioni di spettatori del Festival non se ne sono accorti – è una ballata trascinante, appoggiata su un giro di chitarra che ormai è diventato un mito. Per non parlare poi del testo: praticamente una summa della poetica del Blasco e del suo popolo. Almeno del Blasco di quel tempo. Pochi anni dopo, infatti, sarà lui stesso a parlare di questa canzone come della «canzone dell'illusione» da contrapporre a *Liberi Liberi*, la «canzone della disillusione». Motivo che lo porterà spesso a eseguire le due canzoni durante i concerti l'una dopo l'altra, come a voler chiudere un discorso iniziato tanti anni prima.

Questa è una canzone che da sola varrebbe una carriera: nata con difficoltà, perché Vasco non riusciva a scrivere un testo che si legasse bene alla musica, farina del sacco del suo fedele compagno di composizione Tullio Ferro.

Dopo aver passato mesi e mesi senza essere stato capace di tirare fuori anche solo una strofa adatta a quella musica, Vasco scriverà il testo tutto in una volta, di getto, in una serata di quelle nate male, mentre si trova in Sardegna.

«Credi basti avere un figlio per essere un uomo e non un coniglio?» Dopo la sfrontata dichiarazione d'intenti di *Vita spericolata*, «Bollicine» prosegue con la rabbia livida di *Deviazioni*, rock adrenalinico, anche questo molto amato dal suo pubblico.

Con *Giocala* si cambia invece musica, e la rabbia passa il testimone al freddo disincanto, il tutto su una musica all'apparenza delicata, molto radiofonica. «Corri e fottitene dell'orgoglio, ne ha rovinati più lui del petrolio» recita il ritornello, e la canzone racconta di una ragazza che, pentita, torna sui propri passi. L'arrangiamento è un po' datato, con il sax molto vaschiano di Rudy Trevisi che però, in questo caso, sembra troppo figlio degli anni Ottanta. «Che cosa c'è, ti sei pentita, vorresti ritornare indietro e dirgli cosa? che sei cambiata, che sei diversa, che in questi soli quattro giorni sei cresciuta» recita acidello Vasco, e anche in questo caso viene il sospetto che di regolamento di conti autobiografico si tratti.

Sicuramente è parecchio autobiografico *Ultimo domicilio conosciuto*, brano strumentale dedicato da Vasco a tutte le radio libere d'Italia. Comincia con uno speaker che legge una notizia relativa ai provvedimenti con cui, ai tempi della nascita delle radio private, lo Stato cercava di porre rimedio al dilagare di emittenti concorrenti alla RAI, lo stesso provvedimento per cui anche lui stesso, nel 1977, fu imputato in un processo a Vignola, procedimento da cui uscì con assoluzione piena.

«A seguito della ingiunzione del pretore Grassi di Bologna che, attraverso la Escopost, ha ordinato la disattivazione di tutti i ponti radio delle emittenti private poste lungo l'autostrada…» recita la voce di uno speaker, poi parte una base molto anni Ottanta, con un sax a farla da padrone.

Ottava traccia è *Mi piaci perché*, canzone che lascia abbastanza il tempo che trova, dichiarazione d'attrazione fatale fatta a una lei «bella, bionda, donna, porca» e così via.

A sentirlo oggi, questo lavoro così fortunato che, col suo milione di copie vendute nel corso del 1983, si piazzerà al sesto posto tra gli album più venduti dell'anno, sembra quasi che Vasco, nello scriverlo, avesse poca voglia di comporre, forse distratto dal successo raggiunto. Del resto Vasco era ormai diventato una vera rockstar, ammirata dal pubblico maschile, che si riconosceva nel suo modo di fare contro tutto e tutti, e amato da quello femminile, che vedeva in lui un modello di uomo trasgressivo e maledetto.

Sarà la mamma Novella a parlare di questo suo nuovo ruolo nel corso di un'intervista: «Proprio a me doveva capitare un figlio così! Che canta queste canzoni sguaiate! Sarei stata più contenta di essere la mamma di Pavarotti. E invece mi è toccato essere la mamma di un capellone che quando canta sembra che nessuno gli abbia insegnato l'educazione. E poi dicono che piace alle donne. Chissà che cosa ci troveranno, tutte, nel mio Vasco...». Dura la vita della mamma di una rockstar, viene da dire. «Il successo di Vasco non ha cambiato il mio rapporto con lui» prosegue mamma Novella. «Oggi come una volta, quando ho tempo, vado nella sua casetta di Bologna a mettere a posto un po' di cose. Ho paura per la salute di mio figlio: lui vuole fare il duro, il cattivo...»

In effetti Vasco in quel momento comincia a esagerare con lo sballo, e a interpretare sempre con maggior immedesimazione il ruolo del nichilista che preferisce vivere bruciando tutto subito, piuttosto che campare cento anni senza assaporare il gusto della vita. Il capannone di Casalecchio di Reno è ormai diventato una specie di comune dove non esistono regole, e dove sempre meno è la musica la vera padrona di casa.

Del resto ormai da mesi è scoppiato il fenomeno Vasco Rossi, e il rocker si è buttato a pesce in questa nuova situazione. Durante il fortunato tour di «Bollicine» ha cominciato a gustare aspetti della vita che fino a quel momento gli erano rimasti del tutto estranei. Il lusso, tanto per dire. La casa discografica, del resto, cosciente di avere per le mani la gallina dalle uova d'oro, fa di tutto per assecondare ogni desiderio del proprio artista, si tratti di affittargli un appartamento in un residence lussuoso a Milano 2 o una lussuosissima suite all'hotel Executive, sempre nella stessa città. Proprio in questo periodo Vasco, evidentemente in fissa con il capoluogo lombardo, affitta un appartamento sui Navigli, in via Argelati, salvo poi rimanerci meno di una settimana, perché non c'è telefono, rimettendoci quindi un mese di affitto e la caparra. Stando ha quel che lui stesso ha raccontato nel corso di qualche intervista, spendeva in un mese più di venti milioni di lire.

Tra le spese folli fatte da Vasco, anche una Maserati a quattro porte 4900 di un blu ministeriale, acquistata da un notaio che in tre anni ci aveva fatto solo 32.000 km. Un'auto all'altezza di una rockstar, non c'è che dire.

Sarà a bordo di questa macchina che – solo due sere prima che finalmente anche le istituzioni musicali gli riconoscano i gradi del «grande», tributandogli la vittoria al Festivalbar – Vasco subirà il secondo grave incidente automobilistico. Il secondo nel giro di un anno. Anche stavolta Vasco la scamperà senza neanche un graffio. Un po' come se Dio avesse voluto dimostrargli di essere un padre molto più presente di quanto lui potesse mai credere e cantare. L'incidente avviene dopo un pomeriggio di shopping a Milano, in cui il nostro ha speso oltre un milione di lire. Mentre si sta recando a Bormio per un concerto, in una strada tutta curve nei pressi di Sondrio, si avventura nel sorpasso di due camion a rimorchio, pensando che, una volta supe-

rato il primo, l'altro gli consenta di rientrare. Le cose andranno diversamente: Vasco infatti va a schiantarsi, sfa-
sciando completamente la Maserati acquistata pochi mesi
prima. Il suo primo pensiero sarà quello di chiamare la
mamma. Il secondo, come arrivare a Bormio: la sera, infatti, si esibisce regolarmente in concerto. Il giorno dopo si reca insieme al solito Guido Elmi a comprare un'auto nuova.

Il 3 settembre Vasco partecipa alla finale del Festivalbar, all'Arena di Verona. Stravincerà, e *Bollicine*, con
764.500 preferenze, sarà la canzone più votata della manifestazione. La finale verrà trasmessa in Tv una settimana
dopo, il 10 settembre.

Questo magico 1983 si conclude ancora una volta sotto
una stella benigna, con la vittoria a una delle tante compe-
tizioni canore dell'epoca, il Disco Inverno. Ma dietro l'angolo lo aspetta l'Inferno...

9

VA BENE COSÌ, SI FA PER DIRE...
VASCO E IL SUO JAILHOUSE ROCK

Non è che uno vende un milione di copie con un album, vince il Festivalbar e il Disco Inverno, tiene centoquarantaquattro concerti nel corso di una tournée e la cosa scivola via senza lasciare un segno.

Ma andiamo con ordine.

Il 1983 si è concluso nel migliore dei modi. Vasco è diventato una rockstar amata dal pubblico, dal suo pubblico, un'intera generazione di persone che si riconosce in ogni sua canzone, e che comincia a vederlo come un profeta.

Il milione di copie vendute di «Bollicine», con le quasi quaranta settimane di permanenza in classifica, dice molto più di tante parole.

Vasco comincia a vivere sempre più velocemente, come dentro il testo di una sua canzone. Adesso ha soldi, fama, donne e si può permettere quello che vuole.

E allora, dopo aver pubblicato sei album in sei anni, senza un solo momento di sosta, decide di ricaricare un po' le pile, almeno le pile compositive e, invece di sfornare il settimo album di studio, opta per un live. Del resto, a dispetto degli esordi non proprio edificanti, adesso i suoi concerti sono spettacoli rodati, con la Steve Rogers Band che, giorno dopo giorno, diventa sempre più una macchina da guerra, e il nostro che acquista via via più sicurezza.

Per un po' c'è l'idea di tornare ancora una volta a Sanremo, con il brano *T'immagini*, che sarebbe dovuto uscire come secondo inedito nella raccolta «Va bene, va bene così», concepita inizialmente come un doppio LP. *T'immagini* era stata scritta inizialmente con un altro testo per essere interpretata da Valentino, un cantante di cui Vasco si stava prendendo cura, ma non era mai stata incisa. La canzone torna a Vasco e viene proposta al team di Ravera, però il provino viene consegnato troppo tardi per rientrare nelle selezioni e il progetto sfuma. Sarà poi ripescata un anno dopo, all'interno di «Cosa succede in città».

A questo punto il live viene ripensato come un singolo LP, con otto brani eseguiti dal vivo e un solo inedito, la canzone che darà il titolo al lavoro: *Va bene, va bene così*.

La richiesta di un album dal vivo, nel frattempo, è diventata sempre più pressante e, per una volta, si trovano tutti d'accordo, cantautore e discografici, nel dare al pubblico quel che vuole e nel concedere a Vasco un po' di respiro.

L'album, come d'abitudine, viene pubblicato in primavera. È il 15 marzo 1984, e subito «Va bene, va bene così» entra in classifica, dove rimarrà per ben trentadue settimane, di cui otto saldamente in testa.

Ad ascoltarlo oggi, a distanza di tanti anni, subito una cosa balza agli occhi, o meglio alle orecchie: «Va bene, va bene così» sarà pure stata una mossa di mercato, pensata per mantenere il ritmo consolidato di una pubblicazione all'anno in un momento in cui Vasco non sfoggia il solito smalto compositivo (come già alcune tracce un po' sottotono di «Bollicine» potevano dimostrare), ma sicuramente è un album vero, capace come in precedenza era successo in pochi altri casi, almeno in Italia, di rendere l'energia di un concerto. Non a caso, diversi altri live entreranno nella discografia del Blasco, uno che si è sempre «speso» molto dal vivo. E non si vadano a cercare in queste pubblicazioni semplici questioni legate a contratti da onorare, come magari è capitato in passato ad altri artisti come Francesco De Gregori o, per andare all'estero, a Prince. Vasco ha pubblicato album, almeno negli ultimi anni, rimanendo sempre con la EMI, più per amore dei suoi fan che per mero calcolo. Questo discorso è valido almeno per quel che riguarda i dischi; magari un po' meno per quel che concerne il merchandising o i prodotti satellite, come i DVD, onestamente prodotti e sfornati con troppa generosità.

Ma torniamo al nostro racconto. Una volta deciso di mettere in piedi un album dal vivo, Vasco e il suo team, capitanato dal fido Guido Elmi, allestiscono una mini tournée apposta per effettuare le registrazioni.

Siamo a fine 1983, in novembre, e Vasco si esibisce al Verona 2000, al Teatro Tenda di Bologna e al Palasport di Cantù. La tracklist dell'album verrà ricavata dalla scaletta, più ricca, eseguita in quei live set.

Insieme a Guido Elmi, Vasco pensa di arricchire il tutto con un brano inedito, prodotto in studio, la canzone che poi darà il titolo all'LP. L'idea del live con inedito, adesso molto diffusa, era all'epoca una caratteristica dei prodotti americani; Vasco, amante del rock, guardava spesso agli USA per trarre ispirazione.

L'inedito è appunto *Va bene, va bene così*, titolo che, in realtà, tradisce una mancanza di serenità. È una ballata per chitarra elettrica scritta dallo stesso Vasco in compagnia dell'inedita coppia (inedita almeno in fase di composizione) Roberto Casini e Mimmo Camporeale, membri della Steve Rogers Band. Se la canzone parla di una donna che torna improvvisamente nella vita del nostro, è anche vero che la nuova vita di Vasco, lanciata verso il successo, sembra cominciare a scricchiolare, con lo spettro della depressione sempre lì, dietro l'angolo. Sarà lo stesso Vasco a rac-

contare, anni dopo, che i suoi problemi sono sempre partiti dalla testa più che dal fisico, di costituzione robusta come si conviene a uno nato in montagna.

«Va bene anche se non mi vuoi bene» è una frase che
dice molte cose, a leggerla con il senno di poi.

Alla chitarra solista c'è, ancora una volta, l'amico Dodi
Battaglia dei Pooh.

In realtà, sorte toccata a diverse canzoni di Vasco, anche
questo brano ha avuto una gestazione lunga e sofferta, durata diversi anni. All'inizio sembra sia stato scritto per un
giovane cantante per cui il Blasco aveva composto alcune
canzoni, tale Valentino; a lui, per un breve momento, Vasco aveva pensato anche di affidare, sempre in prospettiva
Sanremo, la solita *T'immagini*. Poi Vasco ha deciso di te-
nerla per sé, cercando di scrivere un testo che si adattasse
di più alle sue corde e al suo personaggio. Un verso come
«Ti sei accorta che facciamo l'amore» appare emblematico
in questo senso.

In realtà, in una stesura precedente il testo era molto
più esplicito, e ne veniva fuori un quadretto nichilista al limite della disperazione, come se la vita spericolata cantata
solo pochi mesi prima si fosse spinta fin sull'orlo del preci-
pizio, a pochi passi dalla fine. Ma visto che il disco dal vivo
intende essere una festa e non un mortorio, proprio in vista della pubblicazione del live Vasco mette da parte l'autobiografismo e scrive la canzone malinconica che conosciamo, all'apparenza una bella canzone d'amore.

La scelta delle otto canzoni dal vivo che sarebbero poi
finite sul disco è altrettanto sofferta. L'idea del doppio LP
– legata alla partecipazione di Vasco a Sanremo e al secondo inedito *T'immagini* – torna a galla per un po', perché il
materiale è tutto di ottimo livello e compiere una scelta ri-
sulta davvero difficile, sia per il nostro che per Elmi e gli altri del suo team. Sì, perché ormai parecchia gente si muo-

ve intorno alla macchina Vasco Rossi, e si può cominciare a parlare a ragion veduta di un team vero e proprio.

Alla fine prevale l'opzione dell'album singolo e il risultato è di quelli che tolgono il fiato. Tutto giocato sull'alternanza tra brani rock duri e tirati e ballate da accendini accesi, il lavoro non lascia spiragli a critiche di nessun tipo.

Le canzoni vengono tutte proposte in versioni differenti da quelle incise in studio, con la voce di Vasco che si fa sempre più strascicata, vagamente tossica; ma l'idea davvero geniale è quella di tenere alta la voce del pubblico in fase di missaggio, con un incredibile effetto «dal vivo». Ascoltandolo si ha davvero la sensazione di essere a un concerto.

Apre le danze la classica *Colpa d'Alfredo*, e non poteva esserci inizio più indicato. Se questo album doveva racchiudere il mondo di Vasco Rossi, del Vasco di quell'inizio di carriera, come non cominciare dal primo successo, un brano dal taglio ironico che nella versione dal vivo guadagna anche qualcosa in fase interpretativa?

A seguire una scelta apparentemente rischiosa, un brano considerato fino a quel momento minore: *Deviazioni*. A sentirla così – sporca, tirata, dura come un sasso, e per di più legata a un vero capolavoro, come il classico *Fegato, fegato spappolato* – questa canzone acquista tutta un'altra luce, entrando a sua volta nel novero dei classici.

Fegato, fegato spappolato, poi, in questa versione barcollante e poco lucida, anch'essa tirata e rock, ci porta davvero in piazza, a Zocca, in una domenica mattina non proprio memorabile.

E se festa deve essere, festa sia. Si susseguono infatti in una sfilata degna del Mardi Gras, o forse della festa irlandese di Saint Patrick (stando al tasso alcolico delle esibizioni) tutti i successi vaschiani che in un primo album dal vivo del Blasco non possono proprio mancare. Da *Vita spericolata* a *Siamo solo noi*, passando per *Ogni volta*, *Albachiara* e *Bollicine*.

Vita spericolata viene proposta per la prima volta nella versione «unclean», quella che da questo momento in avanti verrà sempre adottata da Vasco in ogni suo concerto. Laddove sul palco di Sanremo e anche sull'album di studio Vasco cantava «ognuno perso per i suoi», dal vivo cambiano le cose e il verso diventerà, per sempre, «ognuno perso per i cazzi suoi», il tutto cantato in coro.

Perché il pubblico è davvero il coprotagonista di questo album dal vivo, come se si trattasse di un costante duetto.

Che *Bollicine* sia stato il vero tormentone dell'estate del 1983 ho già avuto modo di scriverlo. Uno vende un milione di copie, vince il Festivalbar: è chiaro che la canzone si trovi lì, proprio poco prima dei botti finali.

Botti che arrivano con la canzone manifesto del popolo del Blasco, quella che, almeno in quel momento, ancor più di *Vita spericolata* sembrava attrarre come una calamita tutti i suoi fan, gente che si voleva riconoscere in uno come lui, fuori dalle regole e contro un sistema che, altrimenti, tende a omologare tutti.

La canzone in questione è *Siamo solo noi*. Un manifesto che dal vivo diventa ancora più esaltante, con Vasco a spingere sul pedale dell'ironia, con la voce sempre più strascicata, ormai a fine serata, e il contributo della band che sta dietro da par suo al frontman.

E, visto che di canzone manifesto si tratta, è ovvio che il pubblico la canti mettendoci anima e corpo, anticipando, lì in quei tre locali e palasport, i veri e propri bagni di folla che Vasco andrà a farsi negli anni a venire.

La canzone si chiude alla grande, al punto che questa versione è considerata ormai un classico nel classico. Vasco, mentre il solito giro di basso si protrae in loop, presenta la band, la Steve Rogers Band: «Alla batteria Roberto Casini, al basso Andrea Righi e alle tastiere Mimmo Camporeale, siamo solo noi... Al sax Rudy Trevisi, grandissimo, alla chitarra ritmica Massimo Riva, siamo solo noi... E alla chitarra elettrica a sinistra bellissimo, abbronzatissimo Maurizio Solieri, siamo solo noi... Siamo solo noi».

Tutto perfetto, si potrebbe dire, ma... Chiaramente, in questi casi non può mancare un ma, una piccola falla che lascia intravedere qualcosa di poco piacevole, spesso un vero e proprio cataclisma. Nel caso di «Va bene, va bene così» la piccola falla si intravede nella copertina, messa lì, in bella vista, sotto gli occhi di tutti.

Vasco – che, diciamolo apertamente, in quanto a copertine non ha mai avuto questo gran gusto – opta per un sobrio (almeno qualcosa di sobrio ci doveva essere in quel periodo) sfondo bianco, con solo tre «V» colorate in alto a sinistra, sotto il suo nome. In mezzo al bianco campeggia una sua foto in bianco e nero, scattata proprio durante un concerto.

Il fatto è che la foto, che lo ritrae vestito di scuro, gli occhiali neri, su un fondo a sua volta nero, lascia trasparire un non so che di disperato. Come se Vasco fosse sul punto di mettersi a piangere. Uno è liberissimo di credere che queste mie considerazioni nascano dal fatto che adesso so cosa lo aspettava dietro l'angolo al momento di questa pubblicazione, e che quindi le mie sono solo semplici congetture di chi cerca a tutti i costi di vedere dei segni lì dove in realtà non ci sono. Ma fate questa prova: prendete in mano la copertina di «Va bene, va bene così», pensate al titolo e guardate quella foto in bianco e nero.

Quello che è successo subito dopo, quello a cui stavo facendo riferimento poco fa, a proposito di ipotetici segni rivelatori presenti su una semplice foto di copertina, è una delle vicende più note nella biografia di Vasco Rossi.

La notte del 20 aprile 1984 Vasco, insieme a Guido Elmi, Maurizio Lolli e Beppe Tondi, si trova nella discoteca

Variety di Bologna. I quattro amici sono lì per provare l'impianto luci e di amplificazione in vista della partecipazione di Vasco a un collegamento con la trasmissione *Blitz* di Gianni Minà, che si sarebbe dovuta tenere la domenica successiva. A un certo punto si avvicinano al rocker due giovani che cortesemente gli chiedono di seguirlo: sono due carabinieri in borghese. A poco più di un mese dall'uscita del suo settimo album, nell'ambito di una maxi-inchiesta sullo spaccio di sostanze stupefacenti, Vasco Rossi viene fermato e in seguito arrestato dopo una perquisizione nel capannone di Casalecchio di Reno dove abita con alcuni dei ragazzi della sua band. Durante la perquisizione vengono rinvenuti, su stessa indicazione di Vasco, ventisei grammi di cocaina. Il procuratore della Repubblica di Ancona, il dottor Mario Vincenzo D'Aprile, emette un ordine di cattura con la seguente accusa: «Detenzione di non modiche quantità di sostanze stupefacenti e spaccio non a scopo di lucro di modiche quantità». L'operazione che porta all'arresto di Vasco era iniziata il 23 ottobre del 1983 su segnalazione di uno spacciatore di Ancona, tale Mirco Cardoni, che in un'agenda aveva annotato tutti i nomi, indirizzi e recapiti telefonici dei suoi clienti, compreso quello di Vasco.

Vasco viene subito trasferito nel carcere di Rocca Costanza, in provincia di Pesaro. In questo periodo, su molti muri delle città italiane appariranno scritte inneggianti a «Vasco Libero», opera dei suoi fan. Sempre durante la detenzione, solamente due artisti del panorama musicale italiano gli esprimeranno solidarietà, andandolo a trovare in carcere: Dori Ghezzi e Fabrizio De André. Tra loro, proprio in questa occasione, nascerà un'amicizia che proseguirà negli anni, al punto che ancora oggi Vasco e Dori Ghezzi sono impegnati per tenere vivo il nome di De André.

Dopo ventidue giorni di detenzione, di cui ben cinque passati in isolamento, il 12 maggio l'artista uscirà in stato di libertà provvisoria.

Il processo lo scagiona dall'accusa di spaccio, ma lo condanna a due anni e otto mesi, con la condizionale, per la detenzione di sostanze stupefacenti.

Il giorno della sua scarcerazione Vasco rilascia il seguente messaggio: «Va bene. Va bene così, anzi benissimo. Tutte le esperienze sono vita. Ritorno con entusiasmo al mio lavoro e al mio pubblico con qualcosa di più».

Nulla sarà più come prima.

10

VASCO RITORNA IN CITTÀ

«Certo sei un bel fenomeno anche tu, a farti "prendere" così…»

Alla fine il Vasco tossico – tratteggiato un po' con l'accetta dal giornalista Nantas Salvalaggio, quello balordo che barcolla davanti alle telecamere e lancia messaggi negativi rivolti ai giovani – e il vero Vasco Rossi – il rocker sceso dalle montagne pronto a conquistare l'Italia intera a suon di riff di chitarra e melodie da stadio – si incontrano e si fondono in un tutt'uno.

Succede la notte del 20 aprile del 1984, e nulla sarà più come prima.

«Ma che cosa c'è, brutta storia eh!»

Vasco Rossi da Zocca viene arrestato, passa ventidue giorni in carcere. In seguito avrà modo di dire: «Sono entrato con un diploma in marijuana e sono uscito con una laurea in cocaina», ma a voler essere obiettivi, e attenendoci semplicemente ai fatti, c'è da dire che i ventisei grammi di cocaina, lì dentro al mitico (mitico perché entrato nella leggenda, al pari della casa di Ken Kesey a La Honda per chi ha seguito il movimento hippie, tanto per fare un paragone) capannone di Casalecchio di Reno, i due carabinieri in borghese ce li hanno trovati realmente.

«Certo che… a correre sempre, dici tu, quando mai ti fermi più.»

Il problema di Vasco in quel periodo, probabilmente, stava proprio nel confondere il personaggio con la persona. Se è vero, come più e più volte avrà modo di raccontare in seguito, che in realtà lui non è mai stato il tossico che tutti descrivevano sui giornali, è anche vero che con l'andare dei giorni, con l'arrivo del successo reale, quello di massa, l'immagine del maledetto si è andata via via a sostituire a quella del ragazzotto di provincia che si divertiva a provocare.

Se prima era un dissacratore confuso per un cattivo maestro, adesso corre il rischio di diventare nei fatti il cattivo maestro per un'intera generazione.

Sì, perché le vendite di «Va bene, va bene così», nonostante la quasi totale assenza di promozione – dovuta prima alla detenzione e poi a una sorta di esplicito ostracismo attuato dai media ufficiali, mamma RAI in testa – vanno a gonfie vele, tanto più se si considera che non si tratta di un nuovo lavoro di studio ma di un live, solitamente destinato per natura a vendite inferiori.

Uscito di galera Vasco, ferito nell'anima nonostante le dichiarazioni piuttosto spavalde e da gradasso, si ritira per qualche mese, per disintossicarsi e recuperare le energie.

Ci vorranno anni prima di riuscire a guardare a quel periodo con una certa lucidità, senza cadere nel trabocchetto della rivalsa o della rabbia.

«Le persone non si devono dividere tra buoni o cattivi» dirà in occasione del lancio del suo quattordicesimo album di studio, «Buoni o cattivi» appunto, «perché dividere è sempre pericoloso. Ci sono cose buone e cose cattive, certo. La Nutella è buona, anche se non è una di quelle sostanze che amo particolarmente.»

In questa occasione, non solo parlerà liberamente del periodo del carcere, ma si lascerà andare a commenti sulla tossicodipendenza, anche per spiegare l'atipica scelta di presentare un album in una comunità come quella di Don Ciotti, invece che nel solito albergo milanese.

«Io non credo che il carcere o il Trattamento sanitario obbligatorio, che è quello che si riserva ai pazzi pericolosi, sia il modo giusto per affrontare un problema grave come quello della droga. Siamo tutti contro la droga, spero che questo sia chiaro, siamo tutti dalla stessa parte. Nessuno vuole difendere un vizio. Si chiede semplicemente di non aggiungere un problema a un problema. Se uno ha un problema non mettergliene un altro, insomma. L'aiuto secondo me deve essere un aiuto dato a chi è consapevole e consenziente, perché, ripeto, è difficile aiutare uno che non vuole essere aiutato. Io so che un aiuto è valido.»

Non così vanno le cose in quel lontano 1984, quando Vasco si trova a dover affrontare il dopo carcere a muso duro, per combattere il giudizio spietato dei media.

«È difficile sopportare il giudizio continuo di chi ti dice se sei giusto o sbagliato, è una fatica difficile da sopportare. Mi chiedo, poi, perché dovrei mai spiegarlo a qualcuno? Chi è che si deve e si può permettere di giudicarti? Giusto o sbagliato, insisto, non è reato.»

E visto che tutti lo giudicano, anche perché la notizia del suo arresto fa il giro d'Italia in pochissime ore, lasciando i più poco sorpresi, Vasco si arma della maschera del guerriero e decide, non si sa quanto coscientemente, di diventare una volta per tutte il paladino dei provocatori.

«Anche nei confronti della mia coscienza. Mi provoco anche da solo. E poi c'è sempre questo gusto di smascherare le ipocrisie più comuni. O almeno le balle che ci raccontiamo o che ci raccontano. C'è una grande ironia, stavolta, è tornata molta ironia che in passato era diventata un po' amarezza. Però io sono un provocatore. Io non sono un profeta, non sono un eroe, neanche lontanamente. Io sono una persona, un uomo, con i propri dubbi, molti dubbi e poche certezze, e le racconto. Ho tante insicurezze, tante fragilità, che mi portano anche a fare degli errori, che poi cerco di non far più, insomma, dai quali cerco di rialzarmi, e so quanto è faticoso, perché appunto ci sono passato. Li vivo sulla mia pelle. Devo tenere sotto controllo un animale dentro che è abbastanza difficile da controllare. Se riesco a indirizzarlo verso un fine o verso un buon progetto, allora va tutto bene, mi dà una carica incredibile. Il problema è quando non c'è un progetto e non c'è un fine, allora sì che diventa dura.»

Il primo progetto con cui Vasco sceglie di fare i conti è una tournée. «Va bene, va bene così» procede alla grande in classifica, e le richieste di nuovi live, di conseguenza, si fanno sempre più insistenti. Anche perché tutti, dai fan agli osteggiatori, sono curiosi di vedere come in effetti Vasco saprà uscire fuori dal pantano.

E così, la sera dell'8 agosto del 1984, a Milano Marittima, presso lo Stadio dei Pini, Vasco e la sua nuova band tengono il primo concerto dopo la scarcerazione. La Steve Rogers Band non è più al gran completo al suo fianco, ma prima o poi doveva succedere. Non ne fanno più parte Roberto Casini alla batteria e Andrea Righi al basso, sostituiti rispettivamente da Daniele Tedeschi e Claudio Golinelli.

La sera nell'aria c'è molta tensione, alimentata da alcuni striscioni e scritte sui muri non esattamente benevoli nei confronti del nostro. Uno proclama: «I drogati non devono cantare». Semplice e chiaro.

Vasco si presenta per il sound check intorno alle 18.30, visibilmente nervoso. Del resto, dall'ultima esibizione dal vivo sono passati quasi nove mesi, una vita considerati i ritmi frenetici di quell'inizio di carriera, tutto album e tour. E sicuramente quegli striscioni non facilitano la concentrazione.

Vasco decide di saltare la cena, e lo stesso chiede alla sua band. Anche i morsi della fame possono essere di stimolo, quando si affronta una platea che potrebbe essere non molto compiacente.

In realtà le cose si sarebbero presentate assai diversamente da come Vasco se le aspettava. Infatti quando alle 21.30, con una puntualità che mai lo aveva contraddistinto fino a quel momento, Vasco fa il suo ingresso sul palco dello Stadio dei Pini, i novemila paganti esplodono in un boato di bentornato. E per di più almeno un altro migliaio, verrà poi a sapere il rocker, è rimasto fuori, senza possibilità di trovare un biglietto. Il concerto va alla grande, con un Vasco quanto mai concentrato e il pubblico caldo e partecipe. Appena finito di cantare *Albachiara*, Vasco scende di corsa dal palco, scortato dal fido Maurizio Lolli. Beppe Tondi è già in auto che li aspetta col motore acceso, come il palo di una rapina in banca. Giusto il tempo di accomodarsi sui sedili che la macchina parte a razzo. E mentre la nuova *line up* della Steve Rogers Band suona ancora le note conclusive di *Albachiara*, loro sono già fuori dallo Stadio, lontani degli assalti dei fan, scelta che da lì in poi avrebbe contraddistinto tutti i concerti di quel fortunato tour. Tour che si sarebbe concluso il 5 ottobre dello stesso anno a Brescia.

Messe da parte le paure iniziali, quelle di essere abbandonato dai propri fan e di essere osteggiato dagli organizzatori (altri striscioni e altre scritte faranno la loro comparsa durante altre tappe, ma si tratterà sempre di fenomeni isolati), Vasco porta a casa una tournée trionfale. Oltre quattrocentomila spettatori paganti per trentacinque date, una media di dodicimila a serata. Una macchina organizzativa di tutto rispetto, con un team affiatato e un impianto all'altezza della situazione, con i suoi trentacinquemila watt.

Arriva allora il momento di dare un seguito a «Bollicine», ultimo lavoro di studio, e Vasco comincia a buttare giù
le canzoni che andranno a formare la tracklist del suo otta-
vo album, il settimo di inediti.

Il nuovo anno, quello della pubblicazione di «Cosa succede in città», lo vede coinvolto in un progetto benefico a
favore della popolazione dell'Etiopia: insieme a molti altri
colleghi incide una versione pop-rock di *Nel blu dipinto di
blu* di Domenico Modugno. Sarà proprio lui a cominciare,
con la sua voce strascicata, «Penso che un sogno così non
ritorni mai più...». Il progetto porta il nome, non troppo
originale, di Musica Italia. Tenete a mente che quello era il
periodo di Band Aid e di USA for Africa, rispettivamente ar-
tefici di *Do They Know It's Christmas?* e *We Are The World*,
quindi non deve stupire che anche dalle nostre parti i cantanti si rimboccassero le maniche per aiutare i popoli meno fortunati. Meraviglia semmai che nell'operazione sia
stato coinvolto anche Vasco, non proprio la faccia più pulita del panorama italiano; forse il suo peso discografico,
con i milioni di copie vendute degli ultimi album e i tour
sempre più affollati, ha avuto la meglio sui pregiudizi.

All'album «Cosa succede in città», nel frattempo, lavorano i nuovi componenti della Steve Rogers Band, ma anche turnisti di tutto rispetto, come Fio Zanotti, Ernesto Vitolo, Davide Romani, Paolo Gianolio, Joe Amoroso e il solito amico Dodi Battaglia. Dopo un'iniziale indecisione sul
titolo – con Vasco che preferirebbe «Cosa c'è», come il primo brano in scaletta, e i discografici che spingono per «Cosa succede in città» – il 9 giugno del 1985 in tutti i negozi
di dischi arriva il nuovo lavoro del rocker di Zocca.

La copertina è tutto un programma: c'è lui, col giubbotto di pelle marrone molto vissuto, su uno sfondo cittadino. La faccia però è tirata, come se Vasco avesse passato
una brutta giornata. Il retro, invece, ci mostra una stanza

vuota, fatta eccezione per una poltrona di pelle nera, da ufficio, e una foto del rocker appesa al muro. Nella foto, come nel retro della cover di «Colpa d'Alfredo», Vasco ha i capelli corti, e l'occhio sinistro nero, come se fosse uscito malridotto da una scazzottata.

Già da questi particolari, messi lì non a caso, si capisce che «Cosa succede in città» è figlio di questo lungo periodo difficile e, vista la classica matrice autobiografica degli album di Vasco, non poteva essere altrimenti.

Ma «Cosa succede in città» è anche figlio delle incredibili pressioni della sua casa discografica che, impietosa, vuole monetizzare il momento di grande esposizione mediatica cui il nostro è stato sottoposto, fedele al motto «bene o male, purché se ne parli». Vasco, anche grazie all'esperienza carceraria, è ormai una vera e propria rockstar, conosciuta anche da chi non ha mai comprato un suo album. Per altro, di gente che si è comprata i suoi album ce n'è stata parecchia, se è vero che «Bollicine» ha venduto la bellezza di un milione di copie, e anche «Va bene, va bene così» si sta incamminando verso quella cifra. Per farla breve, Vasco è la gallina dalle uova d'oro, e in quanto tale deve deporre subito un disco nuovo di zecca, come prevede la legge di mercato.

L'uovo che Vasco tira fuori è «Cosa succede in città», probabilmente uno dei suoi lavori meno riusciti. Un album irrisolto, sia perché le canzoni non sono tutte all'altezza della sua penna, sia per gli arrangiamenti decisamente troppo tastieristici e orientati verso i suoni dei mai abbastanza stigmatizzati anni Ottanta, e infine per la scelta delle canzoni da inserire in scaletta, che sembra tirata un po' via.

Vasco è sempre stato un cantautore, seppure un cantautore rock, che ha messo la sua vita dentro le canzoni, che si trattasse di vita di paese o delle proprie vicende amorose. Ovvio, quindi, che tutti si aspettassero di trovare nei nuovi testi i riferimenti all'esperienza del carcere, l'evento più importante capitatogli nei mesi precedenti. In realtà, la pratica carcere viene sbrigata in un paio di canzoni, come se Vasco volesse sin da subito prendere le distanze da quello che gli è appena capitato (cosa che, come abbiamo visto, farà in seguito, tentando, per altro un po' goffamente, di riscrivere la sua storia con la penna rosa, in una sorta di revisionismo).

Il primo riferimento è piazzato proprio in apertura, all'interno del brano *Cosa c'è*, quello che avrebbe dovuto dare il titolo a tutto l'album. La canzone è costruita come un dialogo fra Vasco e un benzinaio, un classico dialogo fra persone che non si conoscono bene, che non sono in confidenza. Il tipo la butta lì con naturalezza, come niente fosse. «Ma che cosa c'è, brutta storia, eh... certo che a correre sempre, dici tu, quando mai ti fermi più... ma che storia è? Sei in forma, uhé, certo sei un bel fenomeno anche tu, a farti "prendere" così...» La solita ironia nel descrivere una vicenda che di divertente ha ben poco.

L'altro riferimento è contenuto nel brano che dà il titolo all'album, ma questa volta l'argomento è affrontato in modo meno diretto, anche se altrettanto ironico. *Cosa succede in città* è un grido di dolore, benché sguaiato e non troppo drammatico, di Vasco: il lamento di chi è stato abbandonato nel momento del bisogno. «Egoista certo, perché no, perché non dovrei esserlo? Quando c'ho il mal di stomaco, con chi potrei condividerlo?» La musica poggia su un giro di basso funky cui fanno da contrappunto le tastiere. Un perfetto pop-rock che strizza l'occhiolino alle radio.

Il resto dell'album rende invece esplicito il modo in cui Vasco intende affrontare la vita da qui in avanti, almeno negli anni immediatamente successivi.

Il secondo pezzo dell'album è *Domani sì adesso no*, un brano rock di mestiere, neanche troppo tirato, che racconta di una ragazza che gli ha fatto perdere la testa, «una che splendida e perversa» si prende gioco del protagonista.

Dopo *Cosa succede in città* è la volta di una delle canzoni meglio riuscite dell'album, un classico: *Toffee*. Ballata per chitarra acustica, suonata per l'occasione da Paolo Gianolio e Dodi Battaglia, con un grande a solo del sassofono di Rudi Trevisi, *Toffee* è una canzone d'amore con un testo minimale ma a suo modo mitico. Chi, infatti, non ha mai detto almeno una volta alla propria amata le parole «passami l'asciugamano, quello bianco, lì sul divano, Toffee, dai che c'ho freddo, Toffee»? Narra la leggenda, una delle tante che all'epoca giravano su Vasco, che la Toffee del titolo sia in realtà la maggiorata starlette televisiva Tinì Cansino, con cui il nostro avrebbe avuto un'infuocata storia proprio in quegli anni.

Ti taglio la gola è decisamente frutto degli anni Ottanta; a sentirla oggi fa quasi tenerezza per il suo suono datato, caratteristica altrimenti piuttosto inusuale nel repertorio di Vasco. Anche il testo sembra buttato lì senza convinzione, come per riempire uno spazio altrimenti vuoto. Non si capisce neanche bene di cosa parli.

Una nuova canzone per lei, anch'essa contraddistinta dal tappeto tastieristico proprio del decennio, ha invece dalla sua un testo di qualità, uno dei migliori di questo lavoro. Il riferimento del titolo è a *Una canzone per te*, contenuta nel precedente lavoro di studio, «Bollicine».

T'immagini doveva essere presentata l'anno prima a Sanremo, e a sentirla si ringrazia la solita fortuna benedetta di Vasco per aver impedito la cosa.

Come per la successiva *Bolle di sapone*, per *T'immagini* vale la sensazione che si tratti di un'altra canzone minore, estorta a Vasco dai discografici, molto interessati a tornare sul mercato. Unica chicca degna di nota è la fugace citazione di *Messico e nuvole*, hit di Enzo Jannacci, da sempre considerato uno dei massimi maestri da parte di Vasco, al punto che quest'ultimo arriverà a tributargli la propria stima indicandolo come modello d'ispirazione per la hit della primavera 2007, *Basta poco*.

L'album ha una delle poche impennate nella conclusiva *Dormi, dormi*. Ballata per chitarra acustica, si avvale della musica composta da Maurizio Solieri, mentre il testo è dello stesso Vasco. *Dormi, dormi* è una canzone d'amore di quelle che fanno scattare gli accendini durante i concerti, cosa che avviene puntualmente ancora oggi quando Vasco la ripesca dal suo repertorio.

A proposito del vecchio amico e sodale Maurizio Solieri, da «Cosa succede in città» in avanti Vasco prenderà l'abitudine, tuttora mantenuta, di usare turnisti in studio. Da questo momento in poi, finché durerà il sodalizio, la Steve Rogers Band, di lì a poco pronta all'esordio discografico in proprio, sarà semplicemente la band dal vivo di Vasco. Maurizio Solieri, da parte sua, continuerà ad avere un ruolo importante in studio, almeno per qualche anno, grazie anche al suo inconfondibile suono di chitarra, molto amato da Vasco e dai suoi fan.

Vista la non eccelsa qualità delle canzoni, e i suoni non sempre azzeccati, «Cosa succede in città» non avrà la stessa fortuna dei precedenti lavori del Blasco. La critica si dimostrerà tiepidina, e anche il pubblico non si scalderà più di tanto. Detto questo, l'album rimarrà per ventinove settimane in classifica, e parlare di insuccesso sarebbe onestamente ridicolo. Discorso che sicuramente si può applicare al tour successivo, ancora una volta un vero e proprio bagno di folla, con tutte le serate che, immancabilmente, si traducono in sold out.

Il 25 maggio del 1985, inoltre, Vasco si esibisce per la prima volta all'estero, allo Stadtfest di Vienna, inaugurando una serie di concerti Oltralpe. A questa tappa, infatti, seguiranno anche quelle di Locarno, Basilea, Zurigo e Berna.

In realtà, Vasco non riuscirà mai a esportare con buoni risultati la sua musica fuori dall'Italia. Sarà che il suo è un rock classico, non diverso da quello praticato da centinaia di band inglesi o americane. Sarà che molto del suo successo in Italia è basato sui testi, immediati e diretti, caratteristica che sicuramente non può arrivare a un pubblico straniero. Sia come sia, l'avventura di Vasco all'estero si tradurrà in alcune sporadiche puntate in giro per l'Europa, ma niente di particolarmente significativo.

Durante l'estate, poi, partecipa al Festivalbar con *Una nuova canzone per lei* e la stessa *Cosa succede in città*, senza arrivare alla vittoria, come in precedenza gli era capitato con *Bollicine*.

Nel corso di un'intervista rilasciata al settimanale «TV Sorrisi e Canzoni», Vasco commenterà così il successo di pubblico ottenuto dal suo tour: «Ho sempre sognato che le mie canzoni potessero essere cantate anche senza musica. Come quando cammini per la strada e ti viene in mente qualche aria, tipo quelle di Battisti che ti rimangono sempre in testa come *Non sarà un'avventura!* Capito? Ho sempre avuto voglia di fare canzoni del genere. Però il fatto di sentire tutta la gente che le canta dal vivo è una soddisfazione incredibile…». Parole che anche oggi sottoscriverebbe senza pensarci neppure un attimo.

Finito l'impegnativo tour del 1985, Vasco sente che è arrivato il momento di concedersi un lungo periodo di riposo e di riflessione. Dopo essere uscito con continuità per otto anni, sempre in primavera, Vasco decide di mettere più tempo tra «Cosa succede in città» e il lavoro successivo, «C'è chi dice no». Un po' perché ha bisogno di fare chiarezza sulla strada da intraprendere, sia musicalmente che umanamente, un po' perché la stanchezza comincia ad avere il sopravvento.

Non a caso, durante un'intervista rilasciata all'opinionista Roberto D'Agostino, colui che proprio in quegli anni sarà il filosofo dell'edonismo reaganiano, Vasco si lascerà andare a considerazioni riguardo il suo nuovo ruolo di guru per le giovani generazioni: «La musica è una questione di anima, di dinamicità, di ritmo. Il ritmo è fondamentale, se è quello giusto ti distendi ed entri nell'atmosfera, altrimenti no, resti fuori. Oggi i giovani non seguono più nessuno, non hanno più rispetto per niente e per nessuno, sul serio. Se seguono me, lo sai perché succede? Perché io canto quello che loro canterebbero se non lo cantassi io, e perché hanno paura del buio come me e cantano per farsi coraggio».

Il suo popolo, quello che si riconosce in ogni sua canzone, dovrà aspettare un paio d'anni prima di tornare a sentire Vasco intonare un nuovo inno scritto e cantato per lui.

11

C'È QUALCOSA CHE NON VA,
MA VASCO VOLA IN CLASSIFICA

Dopo quasi un decennio passato sotto la luce dei riflettori, prima quelli un po' sbrecciati delle balere emiliane e poi, via via, quelli sempre più sfavillanti delle televisioni e degli stadi, con una veloce incursione sotto i flash delle fotografie segnaletiche della caserma dei carabinieri di Bologna, Vasco decide di prendersi finalmente una pausa.

Dopo la brutta esperienza del carcere, infatti, quando in molti pensavano che non sarebbe più riuscito a rialzarsi, Vasco si è imbarcato invece in un nuovo album e in due fortunate tournée, una delle quali, quella del 1985, tra le più riuscite di quell'anno. E anche se «Cosa succede in città» ha registrato una lieve flessione delle vendite e critiche non proprio esaltanti, è pur sempre vero che le ventisei settimane passate in classifica sono sempre un impressionante segno del gradimento da parte del suo pubblico.

Ma volendo andare a fondo con l'analisi, le canzoni dell'ultimo album dimostrano un momento di stanca del nostro, probabilmente distratto dagli accadimenti della sua vita privata e stressato dalle pressione dei discografici. In più anche nei confronti del suo solito team di lavoro, la Steve Rogers Band in testa, cominciano a sorgere dei piccoli dissapori, che di lì a qualche mese esploderanno in maniera abbastanza clamorosa.

Per tutti questi motivi il 1986 sarà il primo anno della carriera di Vasco in cui non uscirà nessun album nuovo. E, di conseguenza, sarà anche il primo anno senza concerti ed esibizioni dal vivo. Un vero e proprio periodo sabbatico, un anno di totale silenzio e calma piatta.

Non così si può dire della vita privata di Vasco, sempre decisamente movimentata.

In primavera, infatti, invece della nona prova su disco di Vasco, dopo le due sole date live che lo vedono coinvolto in questa annata – rispettivamente a Zurigo il 13 e Basilea il 17 aprile, ultimi strascichi della tournée di «Cosa succede in città» – arriva Davide. Davide nasce il 24 aprile, figlio di Vasco e di Stefania Tuccino, una fan conosciuta dopo un concerto e con cui ha avuto una breve relazione. In realtà, all'inizio Vasco non accetta la paternità di questo bambino, e la Tuccino dovrà aspettare quattro anni prima di veder riconosciuti i propri diritti.

A giugno, invece, si verifica un evento che cambierà per sempre la vita di Vasco. In una discoteca di Riccione il rocker incontra la ragazza che quattro anni più tardi diventerà la compagna della sua vita, Laura Schmidt.

L'estate, infatti, lo vede dividersi tra la riviera adriatica, dove ha affittato una villetta dalle parti di Rimini, e la sua Zocca, con un paio di puntate all'estero.

Sempre durante l'estate accade un microavvenimento che, a suo modo, ingrosserà la leggenda vaschiana, quella leggenda fatta di aneddoti e di piccole invenzioni, come del resto tutte le leggende del mondo.

Vasco, che in questo momento è intenzionato a vivere lontano dalle luci della ribalta, si trova a Zocca, fra gli amici di un tempo. Il paese natio di Vasco non è esattamente un luogo di villeggiatura per le grandi masse, ma da sempre

è meta turistica di chi cerca un po' di aria buona e di tranquillità. Tra quanti passano a Zocca le proprie vacanze c'è
anche una ragazzina di Milano, ospite della nonna, residente in paese. La ragazzina, come spesso capita a chi arriva dalla città e comincia ad assaporare la vita di provincia
(meno stressante di quella cittadina, e soprattutto meno
vincolata da regole rigide e orari da rispettare anche per
paura di pericoli), inizia a passare le serate al bar del paese,
insieme ai ragazzi del luogo. Tra questi c'è anche Vasco, che
non disdegna la vita di un tempo, in barba ai soldi guada-
gnati e al successo ottenuto. La nonna della ragazzina non
è però contenta degli orari a cui la nipote rientra a casa, più
vicini all'alba che al tramonto. È per questo che, in preda
all'apprensione e alla rabbia, una mattina la rimprovera.
«Ma dove sei stata?» le chiede. «Cosa hai fatto ieri sera per
rientrare così tardi a casa? Tanto lo so che tu appartieni a
quella combriccola del Blasco!»

Il giorno dopo, sempre al bar, la ragazzina racconta l'e-
pisodio a Vasco che, divertito, ci scriverà su una canzone,
Blasco Rossi, quella in cui per la prima volta si parla della
«combriccola del Blasco», dando così origine al sopranno-
me con cui, anche oggi, i fan sono soliti chiamare il proprio
beniamino.

Sempre in estate nasce il primo fan club ufficiale, ge-
stito dall'impresario Enrico Rovelli della Kono Music,
personaggio che diventerà centrale nella carriera del cantante. Sì, perché, come abbiamo visto, in questo periodo
Vasco comincia a prendere un po' le distanze da quelli che
fino a quel momento gli sono stati a fianco. O meglio, è
piuttosto il contrario. La Steve Rogers Band inizia a pensare a una propria carriera solista e, dopo i primi cambi di
line up – con l'allontanamento della sezione ritmica, Andrea Righi e Roberto Casini, e quello del sassofonista Rudy
Trevisi –, comincia a lavorare a un proprio repertorio. Pro-

prio in quel 1986, che vede per la prima volta i fan del Blasco orfani di un suo nuovo disco, la Steve Rogers Band esordisce con l'LP «I duri non ballano», titolo mutuato da un noto romanzo del narratore statunitense Norman Mailer. L'assaporare in prima persona un certo successo incrinerà ulteriormente i rapporti tra la band e Vasco: di lì a breve le loro strade si separeranno, almeno per un po', e il sodalizio, anche quando riprenderà, non sarà più solido come in passato.

«I duri non ballano» va meglio del previsto, anche perché i molti fan del Blasco amano la sua band e, in mancanza di nuove canzoni del loro idolo, ripiegano su quelle dei suoi gregari. Dopo diverse apparizioni televisive e concerti tenuti in giro per l'Italia, si fa strada l'idea di provarci sul serio, soprattutto nella testa dei due chitarristi, Maurizio Solieri e Massimo Riva, entrambi dotati di una forte personalità.

Vasco nel frattempo decide di aprire una propria etichetta discografica e le dà il nome del suo album più fortunato, «Bollicine».

Di sfornare qualcosa di nuovo, però, per il momento non se ne parla proprio. Ma all'approssimarsi della primavera, quella del 1987, il rocker di Zocca torna con quello che a tutt'oggi viene considerato uno dei massimi capolavori della sua carriera, «C'è chi dice no».

Già il titolo è una dichiarazione d'intenti: Vasco è del tutto deciso a cavalcare la tigre e a impersonare il ruolo che i media gli hanno cucito addosso, quello del maledetto sempre e costantemente contro.

La foto di copertina, del resto, è altrettanto significativa. Giocata sul bianco e sul nero, come lo Yin e lo Yang, mostra un Vasco in primo piano, con il suo inseparabile giubbotto di pelle. Il viso è per metà coperto dall'ombra, e gli occhi sono puntati dritti in quelli dei suoi fan. Alcune rughe solcano la fronte, perché Vasco sta crescendo e, anche se non ne vuol sapere di sentir parlare di maturità, sta diventando un uomo.

«C'è chi dice no» è la prosecuzione artistica di «Siamo solo noi». Un ritorno al rock vero e proprio, con la vena cantautorale del Blasco tenuta dentro il cassetto. Il mondo gli ha sbattuto la porta in faccia e ora Vasco è tornato più incazzato di prima.

L'attesa che si è creata intorno a «C'è chi dice no» è fortissima, anche perché Vasco, ormai, con i milioni di copie vendute e i concerti da decine di migliaia di spettatori a botta, è diventato un pezzo da novanta della discografia italiana. Vasco la ripaga con otto tracce di ottimo livello.

«C'è chi dice no» suona sin dalle prime note compatto come un blocco di marmo, duro come un pugno in faccia. La voce di Vasco è più calda, come se un anno di riposo l'avesse rigenerata. Cominciano a sentirsi di meno le frasi strascicate che avevano caratterizzato le ultime produzioni, e questo a discapito dell'anagrafe, che solitamente porta i cantanti verso un peggioramento delle proprie performance vocali.

«C'è chi dice no» inizia alla grande, con il classico *Vivere una favola*. La ballata è introdotta da una batteria molto epica e un giro di basso e tastiere che tirano su un muro su cui si appoggia il sassofono di Andrea Innesto, capace di superare il caratteristico suono di Rudy Trevisi. Il testo che Vasco declama è intenso, poetico, quasi onirico. Come poi succederà in maniera davvero compiuta con *Liberi liberi*, Vasco tratteggia un mondo malinconico, fatto di rimpianti. Un mondo in cui pesa l'assenza di quel che c'è stato, o forse di quello che si sarebbe voluto ma non c'è mai stato davvero.

Si comincia bene, e si continua meglio, con la canzone che dà il titolo all'album. *C'è chi dice no* è il rock di Vasco Rossi, perfetta sintesi di un genere che ormai è ben riconoscibile anche da chi non è un suo fan. *C'è chi dice no* è anche uno dei manifesti che negli anni hanno caratterizzato la sua produzione: un rock di protesta, da cantare in coro allo stadio, per sfogarsi e riconoscersi nello sguardo degli altri.

Il Blasco e il suo popolo dicono no, questo è il messaggio del nuovo corso intrapreso dal rocker di Zocca.

Dicono no a chi ha messo da parte la propria umanità a vantaggio del mero profitto, o anche solo della tranquillità e dell'indifferenza.

Come lo stesso Vasco ha detto in una vecchia intervista, questa è la versione matura e arrabbiata di *Siamo solo noi*, quella in cui il suo popolo, dopo aver preso coscienza di sé, decide di far sentire la propria voce, il proprio dissenso.

Ridere di te è la canzone più amata di questo album, a sua volta il più amato di tutta la produzione del rocker di Zocca, almeno di quella della prima parte della sua carriera. Maurizio Solieri nel comporre la musica si rifà in maniera piuttosto smaccata alle produzioni dei Dire Straits, band britannica molto in voga ai tempi, capitanata da Mark Knopfler. Il cantato di Vasco, quanto mai ispirato, si lega a doppio filo al giro di chitarra.

Se già in «Cosa succede in città» (che a questo punto sembra davvero un mezzo passo falso del nostro, tanta è la qualità delle nuove canzoni) Vasco sembrava aver messo quasi da parte l'ironia, con le nuove canzoni quella che era un'intuizione diventa una constatazione dei fatti. «Le stelle stanno in cielo, e i sogni non lo so. So solo che son pochi quelli che si avverano…» Signori e signore, benvenuti nell'era dell'amarezza e della malinconia, verrebbe da dire. Che Vasco non sia riuscito a superare i suoi problemi personali?

Le paure, in realtà, vengono messe da parte fin dalla quarta canzone dell'LP, la già citata *Blasco Rossi*. Già dal titolo si intuisce che ancora una volta l'autobiografismo è protagonista delle liriche. Il nomignolo affibbiatogli involontariamente dalla nonna della ragazzina milanese in vacanza a Zocca è la scusa per dar vita a un altro quadretto di paese, non meno incisivo di quello descritto in passato in *Fegato, fegato spappolato*. Vasco, o meglio «Il Blasco» si definisce un rospo tramutato non si sa come – e anche male – in uno strano animale, un animale braccato con la sua combriccola per la sua diversità.

Insomma, una bella risata alla faccia dei benpensanti, sempre con l'indice puntato.

A seguire *Brava Giulia*, altro brano molto amato dai fan. Con un testo pensato per essere scritto sui muri. Come uno slogan. «Scrivilo sui muri se vorrai qualcuno un giorno accanto a te che non pretenda d'essere il migliore...»

«Io l'ho anche scritto in una canzone» mi ha detto Vasco nel corso di un'intervista, «perché questa cosa mi aveva colpito moltissimo. Era un periodo che giravo e leggevo sempre delle scritte sui muri, "Luisa ti amo", o cose del genere. E allora in quella canzone, *Brava Giulia*, l'ho fotografata subito, tac, ironico, ovviamente. Provocatorio. Quindi, da oggi in poi date pure la colpa a me...»

Ciao, invece, è una ballata per chitarra scritta da Vasco con il fido Tullio Ferro, uno che nel corso dei decenni ha tirato fuori un sacco di classici della produzione vaschiana. Se «C'è chi dice no» ha un pregio, a parte quello di contenere canzoni una più bella dell'altra, è quello di definire una volta per tutte, da qui in avanti, lo stile che Vasco adotterà nello scrivere canzoni. Dopo i vari ripensamenti delle prime produzioni, con incursioni nel cantautorato a fianco di rock tirati, e testi che si rifanno in maniera ancora abbastanza evidente al patrimonio della nostra scuola di autori classici, da De André in poi, finalmente Vasco ha uno stile preciso, identificabilissimo, che non lo abbandonerà più.

La prima cosa che spicca è come Vasco cominci a usare poche parole, semplici, minimal, per descrivere situazioni e per raccontare storie. Una caratteristica che col tempo diventerà sempre più peculiare del suo songwriting, fino al limite del minimalismo letterario. Una caratteristica che in *Ciao* appare già in nuce.

Ma chi erano, e chi sono i miti musicali di Vasco Rossi, quelli a cui ha guardato iniziando a scrivere canzoni, e a cui guarda ancora oggi con ammirazione?

«I miei miti assoluti sono i Rolling Stones» mi ha raccontato. «I primi veri grandi geni del rock and roll. I primi a fare della provocazione uno stile di vita. Ma non ci sono solo i Rolling Stones, perché io vengo da Zocca, dalla provincia italiana, dalla provincia vera. E quindi, nel mio universo, a fianco di Mick Jagger e Keith Richards c'è Fred Buscaglione, il più ironico di tutti. A fine anni Cinquanta lui cantava: "Eri piccola, piccola, piccola così", con ironia. Era anni luce davanti agli altri. E, sempre su quel versante, un altro dei miei miti è Enzo Jannacci. L'ho ascoltato molto, per cercare di capire come scrivesse, ma non ci sono arrivato. Non ci sono riuscito neanche lontanamente. Per esempio, *Quelli che* di Jannacci è stata una canzone che, dal punto di vista artistico, mi ha sconvolto la vita. Al punto che ho iniziato a credere che *Siamo solo noi* non sarebbe nata, se prima non fosse stata scritta *Quelli che*. Perché doveva ancora venire fuori, quel linguaggio. Lo ha inventato lui. O almeno, lui è stato il primo a usarlo. Prima Jannacci, poi Fabrizio De André. Io ho amato la sua musica, le sue parole. Ho amato tutti i cantautori. Sono un amante della musica d'autore italiana.»

Del resto l'omaggio a De Gregori, prima, e quelli a De André e Lucio Battisti, poi, sono stati piuttosto emblematici. Momenti emozionanti in un mondo dove nessuno sembra voler riconoscere i propri maestri, troppo impegnato a mettere in mostra se stesso. Come se essere una rockstar comportasse anche il non dover dire grazie a nessuno. Ma Vasco ha sempre indicato i suoi amori musicali, senza riserve…

«Mi piace Little Tony. E, più in generale, tutti gli urlatori di quei tempi. Non scherzo. Ho ascoltato tanta musica con piacere, la musica che veniva prodotta quando io ero molto giovane. Per piacere e per mia conoscenza. Comprese le canzoni italiane tipo quelle di Little Tony, appunto. Io sono proprio cresciuto con tutto questo bagaglio dentro. E ancora oggi fa parte del mio modo di scrivere.»

Vasco che scrive pensando al ciuffo di Little Tony: questa proprio è difficile da immaginare.

«Perché poi è chiaro che non tutti hanno lasciato lo stesso segno. Tra gli italiani, per esempio, Jannacci aveva un modo di scrivere canzoni vere, di dire le cose vere in un momento in cui andavano canzoni piene di sentimenti puliti. Noi venivamo da uno scolastico parlare d'amore con un linguaggio limpido, fatto di sensazioni tutte comunque oneste, decenti. Con i cantautori abbiamo cominciato poi a parlare di sociale e di politica. Penso a gente come Guccini. Anche se poi, a furia di parlare di politica, le canzoni erano diventate delle grandi menate, lunghe e pesanti. Dopo dieci anni di cantautori impegnati, la faccenda era diventata lagnosa, e allora sono arrivato io, con frasi brevi, incisive, tac e tac. In un discorso di due frasi c'era tutto.»

Frasi minimali, da scrivere sui muri come in *Brava Giulia*, o da canticchiare sotto la doccia, come in *Ciao*. Sorte che in effetti è toccata a molte liriche delle canzoni di Vasco. Tanti, proprio per questo, hanno parlato di lui come di un poeta metropolitano, anche se Zocca, mito o non mito, non la si può certo definire una metropoli.

«Non credo che la mia si possa definire poesia, metropolitana o anche non metropolitana. Perché la nostra, di noi cantanti, non è parola scritta e basta, ma è una forma d'arte più complessa, costituita da due arti messe insieme: la poesia e la musica. E la musica aiuta un bel po'. Le mie non sono parole fatte per essere lette da sole.»

Per tornare a «C'è chi dice no», dopo *Ciao* è la volta di *Non mi va*, l'unico brano di questo album scritto in compagnia dell'amico di vecchia data Massimo Riva, l'unico in cui il buon Massimino suona anche la sua chitarra elettrica. Pensando alla rottura che di lì a pochi mesi ne avrebbe provocato l'allontanamento – e soprattutto pensando al triste destino che aspettava il chitarrista dietro l'angolo –, ascoltare questo rock, più che altro concepito per essere eseguito durante i concerti, col suo incedere trascinante e ironico, mette una certa tristezza. Poco importa che in realtà sia una canzone giocosa, sfottò vaschiano rivolto a tutti quelli che si fingono sempre positivi, quelli che dicono che tutto va sempre bene. «Non difenderti con l'innocenza, che fra l'altro non hai…» recita un verso, tanto per rendere l'idea.

A chiudere questo lavoro, davvero riuscito, è *… Lunedì*, un rock canonico destinato a diventare un inno nelle esibizioni dal vivo. Vasco racconta le sfighe di un duro che proprio odia i lunedì, uno che piange di nascosto, per non farsi vedere dagli altri e non perdere così la propria credibilità. Del resto l'immagine del duro che piange di nascosto è cara a Vasco, che già l'aveva abbozzata in *Alibi*, brano contenuto nell'album «Colpa d'Alfredo». «E adesso basta vado fuori, sempre se trovo i pantaloni, e vado ad "affogare" tutti i miei dolori, perché restare, restare soli, fa male anche ai duri, loro non lo dicono ma piangono contro i muri (Buoni però quei duri!).» Per un attimo, prima che le cose precipitino rovinosamente, sembra quasi che Vasco voglia tendere la mano ai suoi vecchi soci, quella Steve Rogers Band uscita l'anno precedente col primo album solista, intitolato proprio «I duri non ballano». Le cose andranno invece diversamente, e questa è storia.

Rispetto all'accoglienza riservata da critica e pubblico a «Cosa succede in città», non proprio entusiastica, «C'è chi dice no» entrerà subito in testa alle classifiche, mettendo d'accordo anche tutti i giornalisti sul fatto che si tratta di un lavoro maturo, di quelli che lasciano il segno. L'album resterà in classifica qualcosa come trentotto settimane, di cui ben dodici, circa tre mesi, ben saldo al primo posto.

A questo punto, come se improvvisamente i problemi con la giustizia che avevano portato a una sorta di ostracismo nei suoi confronti non fossero mai esistiti, le trasmissioni televisive cominciano a contenderselo. È un invito dietro l'altro, anche perché i numeri parlano chiaro: Vasco è davvero il fenomeno del momento, senza alcun concorrente diretto, fatta eccezione per i soliti nomi in voga a quel tempo, da Claudio Baglioni ad Antonello Venditti. Ma visto che il nostro ha il suo bel caratterino – e soprattutto può contare sull'affetto di fan che non l'hanno mai abbandonato, neanche quando tutto sembrava andare storto – decide di prendersi qualche piccola vendetta e comincia a tirare pacchi a destra e a manca. Si trova così a bidonare tutti, compreso Salvetti che lo attendeva al Festivalbar come ospite d'onore per la serata finale a Verona.

A quel punto, convinto di avere un certo ascendente su di lui, si fa avanti anche Adriano Celentano, a cui la RAI ha affidato la conduzione di *Fantastico*, il programma del sabato sera della prima rete nazionale. Il molleggiato lo vuole come ospite d'onore della prima puntata, quella più attesa. Vasco accetta l'invito, lusingato dalle attenzioni di uno che, a ben vedere, ha fatto la storia della musica leggera italiana. Ma alle prove i due hanno uno scazzo: Adriano vorrebbe che Vasco riproponesse una presentazione come quella della sua prima esibizione a Sanremo; Vasco, invece, vuole solo essere annunciato per nome, arrivare e cantare. Inizia un braccio di ferro tra i due, e alla fine Vasco saluta e se ne va, lasciando il molleggiato con un palmo di naso. Del resto non ha affatto bisogno di promozione, e non ne avrà mai più. Ogni suo lavoro, infatti, da adesso in poi verrà sempre

accolto con trepidazione da un pubblico in continua cresci-
ta, come se a far parte del suo popolo entrassero sempre
nuove generazioni, senza nessuna defezione.

A questo punto Vasco e i suoi soci mettono in piedi la
tournée, che riempirà palasport e stadi di mezza Italia, per
un totale di quarantotto concerti. Storica la data di Misano
Adriatico, perché Vasco, ancora una volta contro corrente,
decide di far entrare gratuitamente tutti i venditori ambulanti presenti in zona, come in precedenza era già avvenuto nel 1983 a Pescara, stavolta per sensibilizzare l'opinione
pubblica sullo strisciante razzismo che si sta facendo largo
in Italia. Vasco, tanto per non fare torto a nessuno, durante il concerto eseguirà *Colpa d'Alfredo*, come a voler dimostrare che le voci sul suo presunto razzismo che si erano
scatenate all'uscita dell'album omonimo erano frutto di un
fraintendimento.

Il concerto sarà poi raccontato da Red Ronnie, all'epoca uno degli agitatori della nascente televisione privata italiana, con uno speciale.

Quello di Vasco si impone come il tour dell'anno, al
punto che il regista Giandomenico Curi costruisce sui suoi
concerti un film corale, *Ciao ma'*. Il film uscirà nella primavera del 1988, quasi a voler rispettare le scadenze di Vasco con i suoi fan: Vasco, infatti, da qui in avanti non pubblicherà più un disco all'anno, ma si concederà tempi più
lunghi.

12

LIBERI SÌ, PERÒ LIBERI DA CHE COSA?

Vasco Rossi è come ritemprato dal successo di «C'è chi dice no». Se da un parte ha la percezione che il suo pubblico sia ormai qualcosa di più di un semplice insieme di persone che comprano un disco, un vero e proprio popolo che si riconosce sotto uno stesso nome, il suo, dall'altra la rabbia provata per l'ostracismo subito ai tempi dell'arresto non sembra sbollire. Vasco appare sempre arrabbiato, contro un sistema che non accetta la diversità se non per inglobarla e farla diventare parte del sistema stesso. Il milione e passa di copie vendute anche di questo album, e gli altrettanti spettatori del fortunato tour, non sono del resto bruscolini, e il mercato è capace di apparire materno anche nei confronti dei figli ribelli.

Vasco però è ben deciso a percorrere la sua strada, fregandosene delle regole, che si tratti di leggi giuridiche o di mercato.

La promozione di «C'è chi dice no», lo abbiamo già visto, per la prima volta lo ha visto schivo, lontano dai soliti scenari di chi pubblica un album (le apparizioni in televisione, la partecipazione ai programmi più in vista). Vasco è cosciente di non aver bisogno di prendere parte al carrozzone e decide di muoversi per conto proprio, indicando una strada che però, a tutt'oggi, nessun altro sembra interessato a seguire.

Nel frattempo alcuni fatti personali, di non secondaria importanza, piombano a scuotergli l'esistenza.

Vasco comincia a litigare sempre più spesso con il suo produttore Guido Elmi. Sembra ci sia una certa confusione di ruoli, e sempre più spesso Elmi fatica a capire chi dei due è il titolare della baracca. Appare sempre più probabile un divorzio artistico. Vasco intanto ha deciso che da ora in avanti i suoi tempi saranno un po' più dilatati. Non gli riesce più di sfornare un album all'anno, anche perché mettere in piedi le tournée è diventata un'impresa epica, faticosissima. Un conto, infatti, è andare a cantare per locali e balere, un conto affrontare le folle di palasport e stadi, benché non sia ancora arrivato il momento di affrontare le vere folle, quelle di San Siro, per capirsi.

L'idea è di trascorrere il 1988 in silenzio, a scrivere canzoni e a godersi un po' la vita, per tornare in piazza l'anno seguente, con un nuovo album e un nuovo tour.

Vasco si mette e a scrivere, sperando in un momento di tranquillità. Tranquillità che però non è conciliabile con la sua figura di rocker maledetto.

Il primo luglio del 1988, infatti, arriva per Vasco Rossi il momento del secondo arresto. Atteso dai più.

Stavolta gli accadimenti seguono il copione che meglio si addice a colui che ha indicato in Steve McQueen il proprio mito. La scena è di quelle che spesso vengono passate in programmi come *Real TV*, o nei telegiornali americani.

Siamo sull'autostrada A14, l'Adriatica. Vasco è al volante della sua BMW nuova fiammante, nel tratto che da Bologna va verso Rimini. La velocità è intorno ai duecento all'ora, non esattamente quella contemplata dal codice della strada. Anche l'andatura non è proprio da esame di scuola guida: Vasco procede a zig zag, come a volersi far notare dalla macchina della Polstrada che pattuglia questo tratto di autostrada. Cosa che puntualmente succede. Vasco viene prima rincorso e poi fermato per i controlli di rito.

Si trattasse di uno spericolato qualsiasi, la faccenda si concluderebbe con una bella multa salata. Ma Vasco Rossi è Vasco Rossi: quindi gli agenti decidono di essere un po' più fiscali del solito. Vasco, da parte sua, non si rende la vita facile, e la situazione prende una brutta piega.

Nell'ordine appaiono sotto gli occhi increduli degli agenti: uno sfollagente, una pistola spruzzagas, di quelle usate dalla polizia americana per immobilizzare i criminali più agitati (e che sui giornali diventerà un «revolver»), e soprattutto una bustina contenente una polvere bianca.

Inutile dire che si tratta di cocaina, esattamente come era successo nel capannone di Casalecchio di Reno pochi anni prima. Stavolta, però, la dose è assai più contenuta: poco meno di un grammo.

Vasco lascia la sua macchina lungo la A14 e si accomoda nei sedili posteriori della volante della Polstrada per essere condotto in questura, a Bologna.

Il giorno dopo giornali e telegiornali si soffermano con dovizia di particolari sul caso, ricamando spesso i fatti di cronaca con commenti e giudizi piuttosto gratuiti. Il concetto espresso più di frequente è: ce lo aspettavamo. Questo succede a vivere una vita spericolata, a voler fare i maledetti a tutti i costi.

In realtà, Vasco resterà in carcere solo tre giorni (sempre che tre giorni in carcere siano pochi) e poi verrà rinviato a giudizio. Per quel che riguarda le armi, non da fuoco, gli verrà riconosciuto il possesso per difesa personale; quanto alla droga... be', visto il modesto quantitativo, sarà considerato possesso per uso personale.

«Mi serve per lavorare meglio» dichiarerà sardonico alla stampa, come a voler calcare ulteriormente la mano sul suo essere un figlio degenere, o meglio, un cattivo maestro per i tanti figli degeneri che comprano i suoi album e lo seguono durante le sue tournée.

Tutto è bene quel che finisce bene, si direbbe di norma. Ma Vasco delle norme se n'è sempre bellamente fregato. Infatti, come da copione, avviene la rottura definitiva con Guido Elmi e, a seguire, con la Steve Rogers Band e con la Carosello, la sua casa discografica.

Dei dissidi tra Vasco ed Elmi già si è detto; la rottura con la sua storica band, anch'essa nell'aria da tempo, è logica conseguenza della separazione dall'ex produttore. Elmi, infatti, che si vantava di aver scoperto l'uno quanto gli altri, chiede al gruppo di abbandonare Vasco al suo destino, convinto di poter spostare l'attenzione del pubblico sulla sua nuova creatura. Ma i conti senza l'oste, si sa, spesso sono sbagliati. Se in un primo momento la band incontra un enorme successo di pubblico, con l'album «Alzati la gonna», l'omonima canzone e l'altra hit *Bambolina* – grazie alle quali vende qualcosa come duecentomila copie e vince l'edizione del 1988 del Festivalbar –, con il successivo lavoro di studio le cose vanno in modo totalmente diverso. Anche perché quando i galli a cantare in un pollaio sono due, è facile che ci scappi lo scazzo. Infatti, così come Vasco ed Elmi si erano beccati per questioni di leadership, lo stesso avviene fra i due vecchi amici Maurizio Solieri e Massimo Riva. Il secondo sceglie di tentare la carriera solista, mentre il primo, visti gli scarsi risultati ottenuti dalla band, torna sui propri passi e, in compagnia di Gallina, nome con cui tutti chiamano Claudio Golinelli, viene riaccolto nelle fila dei musicisti di Vasco.

Accanto a Vasco resterà solo Maurizio Lolli, unico superstite del vecchio team. In fase di produzione subentrerà a Elmi Enrico Rovelli, mentre nella band resteranno Daniele Tedeschi alla batteria e Andrea Innesto al sassofono.

134

Il passaggio a una major, invece, viene visto come logica conseguenza dell'enorme successo degli ultimi lavori. La EMI, infatti, può garantire a Vasco tutto il supporto che una grande macchina internazionale fornisce a priori.

Superata l'impasse di sentirsi sotto la lente d'ingrandimento dei media – pronti a giudicare ogni piccolo (o grande) sbaglio, a sottolineare ogni errore con l'attenzione che si riserva ai grandi divi – Vasco si mette d'impegno per sfornare una prova che sia all'altezza delle aspettative.

Aspettative che, a dire il vero, sono piuttosto contrastanti. Da una parte il mercato si attende un altro blockbuster, un prodotto in grado di accontentare almeno un milione di fan. Dall'altra, però, c'è una crescente preoccupazione nei confronti di quella che appare come una macchina ingolfata: il secondo arresto, il cambio di management, di casa discografica e persino di band... Troppe incognite nel futuro di Vasco. Soprattutto per quel che riguarda i live, molti pensano che il rocker non sarà più in grado di ripetersi. Mentre in studio, infatti, già per «C'è chi dice no» Vasco si era circondato di validi turnisti, il suono dei concerti era sempre stato affidato alla compattezza del gruppo, una band affiatata dai tanti anni passati a suonare insieme.

Con l'arrivo della nuova primavera, per l'esattezza l'8 aprile del 1989, a due anni da «C'è chi dice no», esce «Liberi Liberi», nona prova di studio del Blasco.

Questo è un lavoro di transizione, che da una parte si delinea come la giusta conclusione di un decennio di grandi successi e di grandi traversie personali, gli anni Ottanta, e dall'altra pone il primo tassello del nuovo mosaico rappresentato dagli anni Novanta, quelli in cui Vasco non sarà più una rockstar, o meglio la rockstar, ma una vera e propria divinità oggetto di culto da parte di milioni di fan adoranti.

«Liberi Liberi» è, a tutti gli effetti, l'album dei grandi cambiamenti.

Senza più al suo fianco la Steve Rogers Band, con la sola eccezione di Maurizio Solieri, Vasco opta per un lavoro allestito con estrema calma, con la partecipazione di tutta una serie di turnisti di carattere internazionale. Del resto i grandi numeri portati a casa fino a quel momento lo mettono nella situazione privilegiata di poter chiedere. Per dirne una, l'album viene masterizzato negli Abbey Road Studios di Londra, gli stessi resi immortali dai Beatles negli anni Sessanta, un vecchio pallino del nostro finalmente realizzatosi.

«Liberi Liberi» segue a ruota la traccia segnata dal precedente «C'è chi dice no». Tutte le composizioni sono di altissima qualità, con arrangiamenti all'altezza della situazione. Il suono, non più vincolato alla Steve Rogers Band, è più orientato verso il rock FM americano, scelta che troverà ampio sviluppo nei lavori degli anni Novanta e in quelli del nuovo millennio.

Si comincia con *Domenica lunatica*, un rock classico dedicato alla nuova fiamma di Vasco, quella Laura Schmidt che da lì in poi diventerà la compagna del rocker di Zocca. Il testo è ironico, come del resto la vita, visto che si parla di come Vasco si senta spesso ripetere che è un bambinone da una ragazza che ha vent'anni meno di lui. Altro che sindrome di Peter Pan…

Segue *Ormai è tardi*, rock dalla struttura granitica intrisa di malinconia per il tempo andato, vero e proprio leitmotiv di tutto l'album (e probabilmente di questa fase della vita del nostro, una fase in cui tutte le sue certezze sembrano essere in qualche modo crollate, o quanto meno cambiate). Del resto questo tema tornerà più volte nel corso degli album e degli anni a venire, vero e proprio elemento della poetica vaschiana, ed è anche il tema del brano successivo, *Muoviti*.

Altro rock robusto, per certi versi di impianto classico,

all'americana, *Muoviti* è un'esortazione a non perdere i treni della vita, quelli che passano e che non tornano più.

Vivere senza te è invece un mid-tempo con un testo ferocemente ironico, al limite del sarcasmo. Oggetto delle attenzioni del Blasco non è però né Guido Elmi né un componente della Steve Rogers Band, ma un altro suo collaboratore che, vista la buriana, ha deciso momentaneamente di abbandonarlo. In realtà, in questo caso le motivazioni sono di natura sentimentale: Roccia, la bodyguard personale, ha infatti mollato il suo «datore di lavoro» per seguire una gonna in giro per l'Italia, alto tradimento evidentemente non andato del tutto giù a Vasco. «... Proprio tu che sei una roccia...»

Vasco mette poi da parte il rock per un brano più cantautorale, *Tango... (Della gelosia)*. Evidentemente galvanizzato dalla nuova sfida che ha di fronte, decide di cimentarsi per una volta anche alla chitarra acustica, rompendo una consuetudine che lo voleva impegnato in studio solo alla voce. Il testo è più intimo rispetto agli altri, meno gridato. Messo lì, a questo punto della scaletta, sembra fatto apposta per preparare l'ascoltatore a *Liberi liberi*, una delle migliori canzoni di sempre di Vasco Rossi.

Liberi liberi è un brano in cui il rocker affronta il tema dell'addio alla giovinezza; si fosse trattato di qualcun altro, si potrebbe definire una full immersion nella maturità. Vasco, chiaramente, lo fa alla sua maniera, lasciando un senso di amaro in bocca difficile da mandare via. Il succo è che quando si è giovani si è anche ingenui, con una benda sugli occhi che ci impedisce di vedere le brutture del mondo. Quando poi ci si toglie la benda, ci si accorge che il mondo è ben diverso da come ce lo eravamo immaginato e da come ce lo avevano raccontato, e non rimane altro da fare che crescere in fretta, seguendo i tempi che il mondo stesso ci detta.

A pensarci bene, questo testo rivela uno stato d'animo

non molto positivo, come se di colpo il rocker si fosse reso conto dell'implacabile incedere del tempo. Per lanciare la canzone, in maniera un po' didascalica, esce anche un video girato in Inghilterra, nel quale è lo stesso Vasco ad accompagnare una ragazza con gli occhi coperti da una benda e poi a levargliela.

Anche *Dillo alla luna* è una canzone intima come le due precedenti, anche se in questo caso i temi sono meno universali, dedicati a una storia d'amore più che alla vita. Chiude «Liberi Liberi» il brano *Stasera*, un rock tradizionale in cui si ha la possibilità di ascoltare per l'ultima volta la chitarra di Maurizio Solieri (almeno per molti anni), cosa che lascerà nei fedelissimi un senso di vuoto, per altro già abbondantemente preparato dalle tematiche affrontate da Vasco nelle canzoni precedenti.

Con «Liberi Liberi» si conclude alla grande un decennio fortemente segnato da Vasco Rossi, partito come outsider con poche chance e diventato la sola vera rockstar in Italia.

Ma, come tutti i lavori di transizione, «Liberi Liberi» indica anche, in maniera precisa, quella che sarà la strada che Vasco percorrerà negli anni Novanta.

Una strada che vedrà nuovi compagni al suo fianco e alcuni vecchi compagni tornare sui propri passi. Una strada che lo confermerà come un divo atipico, fuori da tutte le logiche di mercato, refrattario alle canoniche forme di promozione, tutto proteso a imbastire coi suoi fan, col suo popolo, un rapporto diretto, quasi carnale.

Unica differenza fra «Liberi Liberi» e altri lavori di passaggio apparsi nelle carriere dei colleghi di Vasco sono la qualità delle composizioni e i risultati ottenuti in quanto a vendite e critiche.

Nel complesso, «Liberi Liberi» porta avanti il discorso cominciato con «C'è chi dice no», mettendo in scena un suono più maturo, anche se a tratti più difficile e oscuro.

I testi sono ancora più profondi, tendenti più all'amarezza che all'ironia. Del resto, Vasco vede avvicinarsi i quarant'anni, e qualche concessione in più alla riflessione è fisiologica: tutto il decennio successivo sarà all'insegna della malinconia, come se la sua scrittura si fosse spostata dallo stomaco alla gola.

L'album arriva direttamente in testa alle classifiche, dimostrando che Guido Elmi sbagliava nel ritenersi il vero artefice del successo di Vasco.

Con Rovelli e il nuovo team di lavoro, Vasco organizza la tournée con la dichiarata intenzione di portare anche oltralpe il suo show, per cercare di ampliare il numero della sua già vastissima platea.

Il 6 maggio del 1989 il Blasco parte per un piccolo tour europeo – che toccherà Parigi, Grenoble, Madrid e Zurigo – a cui fa seguito un tour italiano, ancora una volta candidato a diventare l'evento dal vivo dell'anno.

Un vero successone, con oltre un milione di spettatori spalmati su cinquantanove date, e la giusta conquista del premio come migliore evento live del 1989, consegnatogli il 19 settembre durante la manifestazione «Vota la Voce».

Vasco si ricorderà di quel periodo con un misto di simpatia e di rabbia: «A quei tempi capivi che le cose cominciavano a cambiare perché alla fine del concerto i camerini erano sempre pieni di gente che non voleva saperne di lasciarti andare. E dire che primo in classifica c'era *La vita è adesso* di Claudio Baglioni...».

È proprio il nome di Baglioni, fatto da Vasco non a caso, che richiama alla mente del rocker ricordi non proprio piacevolissimi, al punto che, nonostante siano passati quasi vent'anni, sembra che il nostro abbia conservato un sassolino nella scarpa, anzi nello stivale.

«Quando, nel 1989, arrivò in Italia il carrozzone dei

concerti per Amnesty International, subito pensai che avrebbero chiamato me. Ero quello più adatto, per un'occasione del genere. Invece Baglioni, che ai tempi era uno che vendeva milioni di copie, uno potente, non ne volle sapere e fece di tutto per andarci lui, lì sul palco a Torino. Il risultato fu che gli tirarono di tutto, e Peter Gabriel fu costretto a salire sul palco per prenderne le difese...»

Vasco terminerà il giro di concerti il 12 ottobre a Milano, in una data che i molti presenti ricordano ancora come una delle migliori della sua storia. Ma proprio Milano lo avrebbe visto di lì a pochi mesi tornare sulla scena del crimine, per il primo concerto a San Siro, vera santificazione di quella che ormai tutti cominciavano a identificare come l'unica divinità del panorama rock tricolore.

13

«FRONTE DEL PALCO»: VASCO È VIVO E LOTTA INSIEME A NOI

A rivederla col senno di poi, la carriera di Vasco sembra un po' come i protagonisti di certi film d'azione americani, tipo quelli di Steven Seagal o Van Damme. Per quante mazzate prenda – colpi apparentemente mortali, calci in faccia, o sulle parti intime –, lui, il nostro eroe, è sempre lì, pronto a rialzarsi in piedi, magari dopo essere stato appeso a un cornicione, con il cattivo lì a schiacciargli le dita col tacco della scarpa, e dopo essere caduto dal decimo piano ed essersi salvato per miracolo.

E così, quando tutti lo davano per finito, solo senza la sua band, il suo gruppo storico di lavoro, senza neanche più la sua vecchia etichetta discografica, ecco la doppia zampata del Blasco. Prima «Liberi liberi», successo da oltre un milione di copie vendute, e poi il tour dell'anno, con concerti «tutto esaurito» in giro per l'Italia.

E dire che la band di Vasco non è più la band di Vasco, almeno non la solita. Ricordiamolo: la Steve Rogers Band gli ha voltato le spalle, e con lei anche il produttore Guido Elmi. Vasco per la prima volta nella sua carriera si trova ad affrontare gli stadi senza i suoi amici di sempre, e lo fa alla grandissima, ancora meglio che in passato. Con una band che vede in formazione un mostro della chitarra come Andrea Braido, sorta di Yngwie Malmsteen italiano, col piede sempre premuto sull'acceleratore manco fosse indiavolato. E oltre a Braido, un altro manipolo di mostri, a partire dal già sentito Daniele Tedeschi alla batteria, passando da Paul Martinez al basso, Davide Devoti alla chitarra d'accompagnamento, fino ad arrivare ad Andrea Innesto al sassofono e ad Alberto Rocchetti alle tastiere, già in passato con Enrico Ruggeri, vero e proprio folletto da palco.

La tournée si rivela un bagno di folla, e durante qualcosa come cinquantanove date, copre lo stivale e non solo. La tournée di «Liberi Liberi», infatti, inizia nel maggio dell'89 a Madrid, si sposta a Parigi, a Grenoble, Zurigo, Locarno e Neuchâtel, per poi partire con l'Italia, con due date allo Stadio Comunale di Torino, il 13 e 14 giugno, a cui seguiranno Parma, Milano, Padova, Bari, Frosinone, Roma, Brescia, Pesaro, Assisi, Prato, Agnano, Viareggio, Fondi, in provincia di Latina, Grosseto, Praia a Mare, Lignano Sabbiadoro, Alba Adriatica, Porto Recanati, Misano Adriatico, Albenga, Sestri Levante, Taranto, Gallipoli, Lamezia Terme, Sorrento, Nettuno, Sciacca, Messina, Scicli, Cava dei Tirreni, Cosenza, Montesarchio, Livorno, Montecatini, Genova, Treviglio, Cardano al Campo, di nuovo Locarno, Omegna, Biella, Modena, Montevarchi, Bergamo, Rovigo, di nuovo Torino, Benevento, Guidonia e le due tappe conclusive al Palatrussardi di Milano il 29 e 30 settembre.

Un tour strepitoso, che alterna stadi a palasport, registrando sempre e comunque il tutto esaurito. Un tour talmente fortunato da spingere Vasco e il suo nuovo entourage alla pubblicazione del secondo album dal vivo nella carriera del rocker di Zocca, «Fronte del palco». La data di pubblicazione del disco è il 14 maggio del 1990; l'album schizza subito in testa alle classifiche di vendita, fatto allora piuttosto inconsueto per un lavoro dal vivo. Alla fine dell'anno sarà il sesto album più venduto nella classifica generale.

La tracklist ripropone quasi per intero la scaletta che Vasco e la sua band hanno portato sui palchi italiani nell'anno precedente. Si comincia col rock duro e monolitico di *Muoviti*, tratto proprio dall'ultimo lavoro di studio, passando poi all'ironica *Blasco Rossi*, all'inno *C'è chi dice no*, a *Dillo alla luna* e *Tango... (Della gelosia)*, entrambe tratte sempre da «Liberi Liberi». È poi la volta di un ritorno al passato con l'hard rock di *Deviazioni*, qui eseguita in chiave extraveloce da Braido, e *Ogni volta*, per poi tornare al repertorio più recente con la malinconica *Ridere di te* e la scherzosa *Lunedì*, tratte da «C'è chi dice no», e la ballad *Vivere una favola*. A questo punto arrivano due delle canzoni manifesto del Blasco, unite da una parentela piuttosto stretta: *Vita spericolata* e *Liberi Liberi*. È poi la volta di *Vivere senza te* e *Domenica lunatica*, sempre contenute nell'ultimo album. Il finale è affidato a un tris davvero incredibile: il manifesto *Siamo solo noi*, che contiene la solita presentazione, e poi *Canzone* e *Albachiara*.

Durante il tour altre canzoni erano comparse in scaletta, in alternativa a quelle finite nel disco. C'erano, infatti, *Sensazioni forti*, *Colpa d'Alfredo*, *Una canzone per te*, *Bollicine* e *Stasera*, ultima traccia di «Liberi Liberi». A concludere l'album, invece, c'è un brano inedito, un regalo di Vasco ai suoi fan, un po' come avvenuto ai tempi di «Va bene, va bene così». Stavolta si tratta di *Guarda dove vai*, un rock epico, lento, dall'incedere marziale. Una canzone destinata a entrare nel novero dei classici vaschiani.

Tanto è l'entusiasmo per questa rinascita – legata al cambio totale di collaboratori e a una ritrovata vena compositiva dopo i tanti problemi avuti negli ultimi anni – che Vasco decide di replicare l'esperienza del tour, organizzando però solo un paio di eventi, di quelli che lasciano il segno. Sarà l'avvento di un nuovo corso, che vedrà da quel momento in poi Vasco protagonista di date storiche, caratterizzate da folle oceaniche.

Solo un paio di mesi dopo l'uscita di «Fronte del palco», Vasco decide di tentare la carta San Siro, e già che c'è raddoppia, andando a tenere un concerto anche allo Stadio Flaminio di Roma (il fratello minore dell'Olimpico). I due concerti si terranno rispettivamente il 10 e il 14 luglio, con settantamila spettatori presenti a Milano e quarantacinquemila a Roma, anche se in entrambi i casi si parlerà di qualcosa come trentamila persone rimaste fuori senza biglietto. La scaletta proposta includerà praticamente tutte le canzoni eseguite nel tour precedente (non solo quelle finite nell'album, quindi) con l'aggiunta di *Guarda dove vai*, *Va bene, va bene così*, *Brava*, *Dormi dormi* e *Portatemi Dio*.

Due serate indimenticabili, al punto che Vasco si sente pronto ad alzare la posta e, a neppure un anno di distanza dalla pubblicazione di «Fronte del palco», manda nei negozi di dischi un minialbum di sole sei tracce, in cui compaiono proprio le canzoni escluse dalla tracklist del lavoro precedente: *Brava*, *Dormi dormi*, *Va bene, va bene così*, *Colpa d'Alfredo*, *Una canzone per te* e *Bollicine*. Il titolo sarà semplicemente «10-07-90 San Siro», tanto per rendere questa data (la data della conquista di un luogo mitico, specie per un interista come lui) indimenticabile. Questo nuovo live esce il 17 giugno del 1991, anno per altro dedicato a una lunga tournée internazionale.

Piccola notazione personale. Chi ha avuto modo di assistere a una delle date di quel tour non può non ricordare alcuni particolari. Innanzitutto Vasco, allora assai diverso da come lo vediamo oggi. Non tanto per questioni legate all'anagrafe, anche se diciassette-diciotto anni in meno non sono pochi. Il fatto è che il Vasco di quel periodo, coi capelli lunghi, più lunghi di sempre, con la faccia arrabbiata, le movenze che stavano sempre più diventando quelle che ormai oggi conosciamo a memoria, con quel suo modo di cantare con la testa al fianco dell'asta del microfono, e una mano aggrappata sopra, come se altrimenti faticasse a tenersi in piedi, oppure il suo modo di correre da una parte all'altra del palco, a lunghe falcate, lui che altrimenti tutto sembra fuorché un atleta, il Vasco Rossi di quella stagione, quello che, in effetti, ha cominciato ad associare il suo nome ai concerti nei grandi spazi, alle maree di pubblico, era una specie di animale ferito allo stato brado. Sempre pronto a graffiare.

Soprattutto, per chi ha assistito a una delle date di quel tour, è impossibile dimenticare la chiusura dei concerti, dopo il richiamo a gran voce da parte del pubblico per i bis.

Io non posso dimenticare la sensazione di appartenenza provata la sera del 5 agosto del 1989, allo Stadio Comunale di Porto Recanati. Appartenenza a qualcosa di impalpabile, ma comunque reale. C'ero io, coi miei vent'anni, e circa altri diecimila spettatori, e c'era lui, Vasco, allora neanche quarantenne, che cantava *Canzone* e *Albachiara*. Ma dire cantava non è in effetti corretto, perché Vasco si limitava a stare lì, steso in terra, tutto vestito di nero con addosso addirittura gli stivali, nonostante il caldo estivo, con il microfono tenuto sollevato con la mano sinistra, a sentire tutti gli spettatori che cantavano a una voce le sue canzoni. Lo stadio in coro, con centinaia di accendini accesi, a fare da cornice.

È in quel momento, probabilmente, che Vasco ha capito, e noi con lui, che stava nascendo il suo popolo.

Nel 1990 Vasco riceve il premio per i Magnifici sette votati dal pubblico del settimanale «TV Sorrisi e Canzoni». Alla premiazione, tanto per non smentirsi, si presenta vestito da cow-boy. «Volevo essere in tema col titolo del referendum» dichiarerà, tradendo un po' troppa ironia, visto il contesto che lo vedeva al fianco di nomi come quelli del campione di calcio Roberto Baggio e dell'onorevole Giulio Andreotti. Proprio a quest'ultimo Vasco fa dono del suo cappello da cow-boy.

Nel corso dell'anno va a convivere con la sua compagna Laura Schmidt. Di fronte alla meraviglia di un giornalista, che lo avrebbe voluto ancora una volta trasgressivo, magari in compagnia di una ragazza nuova ogni sera, Vasco dichiara: «Vedi, oggi la vera trasgressione è sposarti e farti una famiglia…».

Il fatto che Vasco si impegni in una relazione stabile – benché nell'atipicità che il rapporto tra una rockstar e una ragazza comune può comportare – non è avvenimento di poco conto. Sarà lo stesso Vasco a spiegare il motivo di questo cambiamento, nel corso di uno speciale andato in onda su Allmusic poco prima dell'inizio del tour 2007. «Fino agli anni Novanta mi ero dedicato completamente al lavoro, pensavo a quello tutto il tempo. Poi ho pensato che forse potevo permettermi il lusso di farmi una famiglia. Una famiglia normale: un uomo, una donna che insieme fanno un figlio…»

E, detta così, la storia d'amore con Laura sembra molto più normale di quanto uno potrebbe pensare. «Laura è stata un punto fermo nella mia vita» proseguirà Vasco sempre nel corso dello speciale televisivo. «A quest'ora si mangia, a quest'ora si va a dormire. Ecco, con la famiglia c'è un buon motivo per andare a dormire, e un buon motivo per alzarsi…»

Due piccole chicche per i soliti feticisti, due aneddoti simpatici, da raccontare sottovoce. Durante il 1991, Vasco ha l'occasione di incontrare un cantante che da sempre è tra i suoi preferiti, anche se a dirlo vien quasi da ridere: Frank Sinatra. Vien da ridere proprio pensando a quanto i loro stili siano differenti, anche se, come ben sanno i seguaci di The Voice, anche il cantante italoamericano ha avuto una vita intensa, piena di eccessi, donne e fama. L'incontro avviene durante un concerto che Sinatra tiene a Milano. Vasco riesce a ottenere un pass per accedere al backstage, e lo incontra mentre sta bevendo un Jack Daniel's. Fossero stati al Roxy Bar, sappiamo già che si sarebbe trattato del Paradiso. Vasco vorrebbe un autografo, proprio come un fan qualunque. Frank, invece, non ha molta voglia di socializzare, per cui lo fa allontanare in malo modo dalle bodyguard. È solo in un secondo momento, grazie alla mediazione del manager del cantante Pier Quinto Cariaggi, che Vasco ha modo di essere reintrodotto alla corte del *crooner* per antonomasia, e di farci quattro chiacchiere di fronte a un bicchiere di whisky.

Sempre nello stesso anno, Vasco riesce a esaudire un altro suo desiderio: comparire in un album di Gino Paoli, uno dei cantautori della scuola genovese da sempre nel suo cuore (come dimostra lo strampalato omaggio a *La gatta* contenuto in *Valium*). Paoli lo ospita in fondo alla sua hit *Quattro amici al bar*, contenuta nell'album blockbuster «Matto come un gatto», lasciando intendere una comunione artistica tra i due. In realtà, Vasco si limita a cantare un piccolo pezzo di *Vita spericolata*, inserito nel finale, ma tanto basta a rendere pubblica la stima tra i due.

14

GLI SPARI SOPRA SONO PER GLI ALTRI

Ormai rotta la consuetudine dei primi dieci anni di carriera – quella che voleva Vasco nei negozi di dischi con un nuovo album ogni primavera – il popolo del Blasco per la prima volta viene sottoposto a un'attesa davvero lunga prima di poter ascoltare qualcosa di nuovo. Da «Liberi Liberi» a «Gli spari sopra», infatti, passano la bellezza di quattro anni.

Sosta di riflessione in parte attutita, agli orecchi dei suoi fan, dal fortunatissimo tour del 1989, quello poi finito nell'album «Fronte del palco», e dai due superconcerti del 1990, allo Stadio Flaminio di Roma e al Meazza di Milano, anche questi immortalati nel mini-LP del 1991. Insomma, qualcosa in pasto al suo pubblico Vasco l'ha pur dato, in questi quattro anni, e per di più è anche stato impegnato in un lungo tour all'estero, intrapreso nel tentativo di conquistare un mercato ancora non cosciente del suo potenziale.

Tra parentesi, va detto che quello di Vasco è un fenomeno discografico davvero atipico. Capace di vendere milioni di copie sul suolo patrio, unico a non aver vissuto sulla propria pelle la crisi del mercato e considerato dai suoi colleghi, a ragione, un ammazzasette con cui non confrontarsi, Vasco non è mai stato in grado di portare la propria musica oltre il confine di casa nostra.

All'estero siamo tristemente rappresentati da cantanti che, per fortuna, da noi sono passati di moda (gente come Toto Cutugno, tanto per fare un nome), a fianco di mostri sacri in grado di muovere folle anche da noi, come Eros Ramazzotti, Laura Pausini e Andrea Bocelli. In Italia, invece, il Blasco si muove senza apparente concorrenza, unico sicuro di riempire qualsiasi luogo gli venga messo a disposizione per un live, si tratti di uno dei tanti stadi toccati dai suoi tour o dell'Autodromo di Imola.

Spesso si è tentato di analizzare il perché di questo insuccesso all'estero, senza però riuscire a trovare una risposta esauriente.

Da una parte, certo, c'è il genere praticato dal nostro, il rock. Genere che, in effetti, soprattutto nei Paesi anglosassoni ha fior fiori di interpreti e che, una volta privato dei testi, onestamente intraducibili, omologherebbe Vasco a un qualsiasi rockettaro inglese o americano.

Dall'altra, la triste constatazione che gli artisti italiani, anche oggi, sono considerati all'estero un fenomeno esotico, non a caso inclusi nei Grammy Award Latini, al pari di quanto succede da noi per le canzoni colombiane o i ritmi cubani. Noi italiani siamo identificati praticamente ovunque con il labile concetto di «bel canto», qualcosa a metà strada tra l'operetta e la canzone napoletana. Insomma, dai cantanti italiani ci si aspetta, sempre e comunque, molta melodia e voci squillanti. Il che si traduce, ahinoi, con fenomeni come Laura Pausini, una che ha fatto della voce potente un cavallo di battaglia, portando lo «stile da pianobar» in cima alle classifiche di mezzo mondo. Chiaro che la voce roca di Vasco non rientri in questi canoni. E a questo punto anche l'anagrafe ha il suo peso, visto che il nostro ha superato i cinquantacinque e faticherebbe non poco a contrapporre i propri occhi azzurri a quelli altrettanto azzurri di un Nek, o alla faccia da bambolotto di un Tiziano Ferro, altri due hit maker di livello internazionale.

Così Vasco, dopo aver tentato la via estera con lunghi tour nel 1991 e nel 1997, e aver fatto sporadiche sortite Oltralpe per quasi tutti gli anni Novanta, si è messo l'anima in pace per limitarsi, se così vogliamo dire, ad attirare le masse nei nostri stadi.

Nel 1991, comunque sia, dopo il bagno di folla di casa nostra, Vasco si esibisce in giro per il mondo. Fa tappa a Toronto, in Canada, a Wolfsburg, Mannheim, Ludwigsburg, Monaco e Colonia, in Germania, a Losanna, Bienne e Frauenfeld, in Svizzera, a Nizza e Parigi, in Francia, a Bruxelles, in Belgio, a Utrecht, in Olanda, per chiudere nuovamente in Germania, con Berlino, Amburgo e Francoforte.

Da notare il ritorno all'ovile del figliol prodigo Maurizio Solieri, primo transfuga della Steve Rogers Band a essere riaccolto nei live alla corte del Blasco, in sostituzione di Andrea Braido.

Poi Vasco, nuovamente circondato da turnisti di primissimo livello, si chiude in studio per incidere le canzoni che andranno a formare il suo decimo album di studio, il tredicesimo in totale.

Sono ormai lontanissimi i tempi del capannone di Casalecchio di Reno, quando Vasco viveva in una sorta di comune hippie insieme alla sua band, a Guido Elmi, a Maurizio Lolli e agli altri compagni di viaggio dell'epoca. Un periodo per certi versi mitico, fatto di eccessi e di grande intesa, riproposizione in salsa emiliana dello spirito beat di Big Sur.

Ora Vasco compone a casa sua, a Bologna, e sempre a casa lavora alle musiche che gli passano i suoi collaboratori fidati, gente come il solito Tullio Ferro, o Roberto Casini.

Nel frattempo, anche sul piano personale la vita di Vasco sta cambiando radicalmente. Dal 1990, ha scelto di convivere con Laura Schimdt, conosciuta l'estate di cinque anni prima in una discoteca di Riccione. «È la donna della mia vita» dirà in seguito, «porta l'equilibrio in casa ed è una bravissima mamma. Mentre io sono un padre un po' originale!»

Sì, perché Laura, classe 1969, sarà la compagna della sua vita, quella con cui deciderà di mettere su casa, e con cui avrà un figlio il 17 luglio 1991, Luca, il primo veramente voluto. Infatti, dopo Davide, nato nel 1986 e residente a Roma, Vasco ha avuto un secondo figlio, Lorenzo, nato nel 1987, dalla relazione con una fan di Ferrara: anche per Lorenzo, come per Davide, il riconoscimento legale dovrà attendere la prova del DNA. In tutti i casi, è di Luca che Vasco parlerà sempre come di «suo figlio», mentre con gli altri due faticherà a costruire un rapporto familiare, lui, padre lontano, per di più con un nome e una personalità piuttosto ingombranti.

Per il resto, a parte qualche sporadica apparizione in uno dei locali che ha aperto a Milano, in compagnia della socia Tania Sachs, come il Makia di corso Sempione, Vasco conduce una vita piuttosto ritirata, limitando al minimo le uscite pubbliche. Difficile da immaginarsi il Blasco in pantofole a casa ma, di fatto, da qui in avanti il nostro condurrà una vita sempre più casalinga, lontano dai riflettori, che vuole accesi su di sé solo in occasione di un megaconcerto in qualche stadio.

Anche questa è una caratteristica peculiare di Vasco che lo differenzia da quasi tutti i suoi colleghi: è uno dei pochi che può permettersi di vivere seguendo le proprie regole, lontano dalle logiche di mercato che vorrebbero un artista costantemente in mostra, che si tratti di finire nei negozi di dischi o sulle pagine del gossip di qualche rivista patinata. E – fatta eccezione per un fastidioso periodo di sovraesposizione commerciale che lo vedrà protagonista tra il 2003 e

il 2005 – a questo proposito la sua carriera dagli anni Novanta in poi sarà davvero emblematica: fuori solo se c'è
qualcosa da dire, o da cantare.

Messi quindi da parte i due album dal vivo, il doppio
«Fronte del palco» e il mini-LP «10-07-90 San Siro», e archiviata la tournée all'estero del 1991, Vasco torna nei negozi di dischi con «Gli spari sopra», album oggetto di
un'attesa spasmodica. Nel frattempo, un'altra generazione
di fan si è aggiunta alla precedente, e si può davvero dire
che il popolo del Blasco sia ormai una buona fetta del popolo italiano.

L'attesa si fa ancora più convulsa quando comincia a
spargersi la voce di un altro rientro importante nel team del
Blasco: si tratta dell'amico di vecchia data Massimo Riva
che, una volta conclusa negativamente l'esperienza della
Steve Rogers Band e quella solista, è tornato a casa sulle orme di Solieri, con relativo sacrificio del vitello grasso.

Un simile destino tocca anche allo storico produttore
Guido Elmi, tornato dopo una pausa di cinque anni a produrre e arrangiare per il rocker emiliano.

Il giorno prima di compiere quarantun anni, il 6 febbraio del 1993, Vasco si presenta al suo pubblico con «Gli
spari sopra», un album tra i migliori della sua carriera, forse il migliore in assoluto insieme a «C'è chi dice no», ben
pronto a gettarsi nuovamente in mezzo alla folla e a dare
voce a chi non ha voce.

L'album parte con una tipica canzone alla Maurizio Solieri, *Lo Show*, brano con cui Vasco aprirà tutti i concerti
della tournée che seguirà l'uscita del disco.

Visto che ormai Vasco ha adottato uno stile minimalista, fatto di poche parole, sintetiche e poetiche al tempo
stesso, è piuttosto evidente che *Lo Show* è un brano che
parla dell'esperienza dei concerti, con il cantato particolarmente biascicato (un ritorno al passato, dato che negli

ultimi album la sua voce si era fatta più calda e per certi versi pulita).

Tra i turnisti presenti nel brano e nelle altre tracce dell'album si notano diversi nomi americani, altra caratteristica che accompagnerà Vasco di lì in avanti. Nomi di prima grandezza, come Rand Jackson al basso, già alla corte di Zucchero, Steve Farris alla chitarra e Gregg Bissonette alla batteria.

Dopo *Lo Show* è la volta di *Non appari mai*, una canzone in cui il Blasco attacca a muso duro la televisione. Vasco – proprio come nel singolo del 2007 *Basta poco* – se la prende con le persone che vogliono apparire a tutti i costi, come se davvero l'essere fosse determinato dal farsi vedere. Appaio quindi sono. O meglio, solo se appaio sono.

Un giudizio che il rocker si può permettere proprio in virtù dell'atteggiamento schivo cui si faceva riferimento poco fa, un atteggiamento che lo ha sempre visto lontano dai salotti televisivi e anche da quei programmi dedicati direttamente alla musica.

Una questione di coerenza.

Durante i concerti del 2003, i due di Fabriano e i tre di San Siro, Vasco inserirà un piccolo inciso verso la fine della canzone, «noi siamo tutti belli e sani, votiamo tutti Berlusconi...» che scatenerà l'ovazione del pubblico. Vasco, nel 2003, non aveva ancora detto per chi votava, ma faceva ben capire per chi non votava.

«Il voto è e deve rimanere segreto» mi riferirà proprio in quel periodo. «Me lo diceva sempre mio nonno: quello che voto deve rimanere nel segreto delle urne. Neanche a me ha mai detto cosa votava, e così faccio io. Quanto poi all'ipotesi che io mi dia alla politica... Non scherziamo, per favore. Io non posso candidarmi, perché per candidarsi bisogna essere candidi, e come potrei farlo io...»

Ancora una volta il suo senso dell'umorismo, caustico.

Il brano che dà il titolo all'album, *Gli spari sopra*, rappresenta un esempio unico nella carriera di Vasco Rossi. Si tratta della prima cover registrata dal nostro in quindici anni di carriera, *Celebrate* della sconosciuta band irlandese An Emotional Fish. In seguito, Vasco realizzerà le cover di altri brani, tratti dal repertorio di colleghi italiani.

In questo caso Vasco si premura anche di tradurre il testo tenendo conto della musicalità dei versi più che del contenuto in sé, motivo per cui «The party is over» diventa «Gli spari sopra». Appoggiato su una base rock possente e ritmata, molto più che nella versione originale, il testo ha in realtà una sua autonomia ben precisa. Ancora una volta Vasco prende le distanze dagli ipocriti e dai truffatori che sembrano governare il mondo.

Il punto focale della canzone è però che a volte gli spari sopra non colpiscono solo i soliti deboli, ma anche chi crede di poterla sempre fare franca, i potenti e gli impuniti. Una canzone che suona assai minacciosa, in cui per una volta l'aggressività prende il posto della rabbia. Il videoclip che lo accompagna viene girato dentro l'ex carcere di Alcatraz, probabilmente uno dei più famosi al mondo, anche in virtù dei tanti film che lì sono stati ambientati, e rende molto bene l'idea, così come l'arrangiamento voluto da Guido Elmi, molto più duro della versione originale, tutto giocato su basso e batteria.

È poi la volta della ballata dell'album, *Vivere*, scritta in compagnia del ritrovato amico Massimo Riva, brano subito entrato nei cuori dei suoi fan. Il testo è davvero malinconico e poetico, e lascia alla fine uno spiraglio di speranza, fatto non tanto scontato nella produzione del nostro. Vasco ci racconta di come vivere sia un difficile mestiere, un mestiere che bisogna affrontare anche quando mancano le forze, quando si vorrebbe rimanere spenti, ma conclude dicendo che bisogna sempre essere fiduciosi «... e sorridere dei guai, proprio come non hai fatto mai, e pensare che domani sarà sempre meglio...». Insomma, malinconico sì, ma con uno sguardo positivo.

Se *Vivere* è entrata immediatamente nei cuori del popolo del Blasco, non da meno è *Gabri*, altra ballata acustica giocata sugli intrecci chitarristici di Maurizio Solieri e Andrea Braido: il vecchio e il nuovo corso di Vasco. Su tutto, un testo molto, molto malizioso. Cito un paio di frasi, tanto per dare l'idea: «Domani sarà tardi, per rimpiangere la realtà, è meglio viverla...», oppure «... con le mie mani tra le gambe diventerai più grande, e non ci sarà più Dio, perché ci sono io...». Concetti semplici, chiari, diretti. Come è semplice, chiaro e diretto il personaggio cui la canzone è dedicato: Gabri, appunto. Ma chi è Gabri? Una ragazzina di sedici anni di cui il protagonista della canzone è innamorato. E l'amore per ragazze molto giovani è uno dei classici del repertorio di Vasco, da *Silvia* ad *Albachiara* e *Quanti anni hai*, via via fino ai lavori più recenti. Cosa che non ha mancato di procurargli guai, rendendolo oggetto delle critiche dei soliti benpensanti.

«Anche se quello non è di certo uno degli argomenti che ho trattato più di frequente nelle canzoni, devo dire che ultimamente i casini mi sono arrivati proprio da un pezzo come *Gabri*» mi dirà in seguito durante un'intervista. «Perché le mie canzoni, o almeno alcune delle mie canzoni, sono delle provocazioni che nascono con l'intento di disturbare. Anzi, più disturbano, meglio è. Ovvio che molti sono all'interno di questo disturbo e altri sono dall'altra parte e sono disturbati. Ecco, li ho anche definiti: sono disturbati. Figurati questi disturbati in quale modo potevano prendere frasi come "Con le mie mani tra le gambe diventerai più grande" o "Tu hai sedici anni ed io...". E pensare che io avrei messo anche un'età più bassa, ma sono stato invitato dagli amici ad alzarla, perché mi ritiravano la patente, altro che scomunica. Lì finivo in galera. Anche se devo dire che più che in ambito sessuale la mia provocazione si è sempre concentrata sul sociale. O, per lo meno, sulle palle in cui cresciamo e che voglio o, meglio, che vorrei smascherare. Quei luoghi comuni triti e ritriti, come quando si andava in discoteca e nessuno aveva il coraggio di dirlo. Di dire che si andava per portare a casa le bambine prima che arrivasse il negro, che poi è quello che se le porta a casa sempre. Però nessuno lo ammetteva, c'era tutto questo ambiente di artisti tipo Baglioni, che cantavano cose di tutt'altro genere. E allora io saltavo fuori proprio con il piacere di provocare. Questo piacere mi ha portato dallo scrivere *Siamo solo noi* a *Siamo soli*. Se vuoi cercarmi sai dove trovarmi, io sono tutto lì.»

Quello che Vasco non mi ha detto – sarà saltato agli occhi anche del meno attento tra i lettori – è se una Gabri esista o sia esistita davvero. Se si tratti del presente, del passato o solo di una fantasia. Dovremo convivere con questo dubbio.

Non è sicuramente frutto di fantasia, invece, la storia di cui Vasco ci parla in *Ci credi*, brano dal ritornello molto orecchiabile in cui il rocker, messi da parte gli atteggiamenti da duro, rende sentito omaggio alla compagna Laura e al piccolo figlio Luca per aver dato un senso a una vita nichilista, destinata all'autodistruzione, e per avergli dato un buon motivo per andare a dormire presto la sera, e uno per alzarsi la mattina (non viene specificato a che ora...).

Non altrettanto delicate le due canzoni seguenti, di nuovo orientate verso la critica sociale che caratterizzano *Non appari mai* e *Gli spari sopra*. Qui nessun bisogno di far ricorso alla fantasia: tutto quello di cui parla è vero, sotto gli occhi di tutti. Bastava solo che qualcuno si prendesse la briga di raccontarlo. Con *Delusa* e ... *Stupendo*, Vasco torna a parlare di due temi a lui cari, la televisione e il mondo dell'impegno politico, quello stesso mondo che aveva conosciuto anni prima, quando frequentava le facoltà di Economia e Commercio e di Pedagogia di Bologna.

Delusa è un possente rockettone in cui il nostro attacca frontalmente, ma con ironia, il grande circo di *Non è la Rai* di Gianni Boncompagni con Ambra Angiolini. Il programma in questione, trasmesso su Italia 1, è stato uno dei più seguiti dei primi anni Novanta. Contenitore vuoto, tutto basato su un gruppo di adolescenti femmine, che cantano e giocano davanti alla telecamera. Parecchie delle ragazze passate da questo programma sono poi diventate famose, a ragione o meno: oltre ad Ambra, che del gruppo di *Non è la Rai* era sicuramente la più famosa, c'erano infatti anche Claudia Gerini, Alessia Merz, Antonella Elia, Yvonne Sciò e tutta una serie di starlette televisive di belle speranze. Il brano *Delusa* parla di queste ragazzine che fanno le santarelline a casa, con i papà che non le fanno uscire la sera, ma che in televisione assumono atteggiamenti provocanti. Di questo brano usciranno in seguito versioni dance, di certo non memorabili, anche se devo dire che sentirsela cantare in coro da ottantamila persone, come è successo a San Siro nel 2003 fa un gran bell'effetto.

Vasco e Ambra, la ragazza a cui la canzone è effettivamente dedicata, hanno poi avuto modo di incontrarsi di persona durante il Sanremo 2005, quello condotto da Paolo Bonolis. Ambra era fra gli ospiti del Festival, in veste di opinionista (e anche di compagna di Francesco Renga, cantautore che ha conquistato il primo posto con *Angelo,* la canzone dedicata alla loro figliola Jolanda).

Narrano le cronache che l'incontro, a metà strada fra l'imbarazzato e il divertito, sia avvenuto dietro le quinte, proprio nella serata finale, quella che avrebbe sancito la santificazione di Vasco, ospite d'onore tornato a calcare le assi dell'Ariston dopo oltre vent'anni, e la vittoria di Renga. Vasco, nel congratularsi con il cantautore bresciano per la sua voce e per la canzone presentata (una canzone che ha sovvertito per una volta tutti i rumors, che volevano vincitore assoluto Gigi D'Alessio), si è particolarmente soffermato a complimentarsi per essere riuscito a mettere su famiglia con Ambra, ragazza che in passato gli aveva fatto girare la testa. Del resto, lo abbiamo già visto, Vasco ha sempre avuto una certa passione per le giovani leve...

... *Stupendo*, invece, è una delle più belle canzoni di Vasco Rossi, almeno a parere di chi scrive. Si tratta di un'amara presa di posizione verso tutti quelli che facevano gli alternativi da giovani – o almeno in quegli anni Settanta in cui era Vasco a essere giovane –, quelli che volevano «al potere la fantasia» e poi sono finiti inquadrati peggio degli altri. Qualcosa di simile al «sei finito in banca pure tu» gridato da Antonello Venditti in *Compagno di scuola*, un pugno in faccia contro l'ipocrisia, l'ennesimo nel suo repertorio e soprattutto in questo album.

Segue *Vuoi star ferma*, rock da FM di pregevole fattura, suonato in modo impeccabile dai turnisti convocati da Vasco.

Ne *L'uomo che hai di fronte*, per la prima volta nella sua carriera, Vasco sembra prendere coscienza di non essere più un ragazzo, come quello che appariva nelle tante copertine dei suoi album precedenti. No, ora è uno splendido quarantenne, come il protagonista di *Caro diario* di Nanni Moretti, e sta qui a reclamare la conquistata maturità.

Occhi blu è una canzone che vola via leggera senza lasciare traccia.

Discorso a parte merita *Hai ragione tu*, canzone composta in collaborazione con l'ex Eurythmics Dave Stewart, anche alla produzione, impreziosito da un a solo di chitarra del cantautore napoletano Pino Daniele.

Chiude il tutto una vecchia canzone tenuta per anni nel classico cassetto e tirata fuori per l'occasione, *Walzer di gomma*, in questo caso vestita con un arrangiamento nuovo di zecca. Il brano, come si può vagamente intuire dal titolo, se la prende con i manicomi, raccontando il tutto dal punto di vista di un matto, rinchiuso, appunto, in una stanza coi muri di gomma. Il miglior modo per chiudere uno dei suoi migliori lavori di studio, con una testata portata dritta dritta al setto nasale.

L'album si piazza subito al primo posto delle classifiche italiane, e a fine anno sarà il secondo più venduto in assoluto.

Alla pubblicazione di questo lavoro sono legate alcune chicche per i collezionisti. Innanzitutto, esiste una versione video di *Gabri*, in cui per la prima volta si vede, in un clip italiano, una scena integrale di nudo femminile. Motivo per cui, in realtà, il video è stato assai poco programmato, più che altro a tarda notte o sui canali satellitari, anche per volontà dello stesso Vasco, che ha in parte autocensurato il progetto.

Il mini-CD del singolo *Gli spari sopra* contiene una canzone inedita del rocker, *Se è vero o no*, che non verrà mai pubblicata su album, fatta eccezione per la raccolta «Tracks», la prima ufficiale curata direttamente dal Blasco, nei negozi nel 2002.

I fan avranno sì dovuto aspettare quattro anni buoni per poter sentire nuove canzoni, ma mai come in questo caso Vasco è stato generoso nell'esporsi e nel proporre composizioni tutte all'altezza delle attese. Senza dubbio si dimostrerà il miglior album di tutti gli anni Novanta, non solo tra quelli pubblicati da Vasco ma anche dagli altri artisti italiani, ottimo modo per cominciare un decennio che lo vedrà ancora una volta protagonista assoluto della scena rock di casa nostra, nonostante i tentativi di Luciano Ligabue di farsi un po' di largo.

Questa fatica discografica (sul fatto che sia stata faticosa, a questo punto, non ci sono dubbi) renderà a Vasco ben dieci dischi di platino, per il milione di copie vendute, consegnatigli il 24 novembre dalla sua casa discografica, la EMI: roba da Guinness dei primati.

In precedenza, l'8 settembre, presso il Teatro Romano di Fiesole, durante la manifestazione «Vota la voce», organizzata dal settimanale «TV Sorrisi e Canzoni», Vasco aveva portato a casa due importanti premi: migliore disco dell'anno, per «Gli spari sopra», e migliore tournée dell'anno. La premiazione sarebbe stata trasmessa il 21 settembre su Canale 5.

Nel frattempo, il 9 giugno del 1994, la neonata rivista «Blasco», sorta di organo ufficiale del suo Fan Club, regala agli iscritti un singolo inedito, *Senza parole*, accompagnato da un interessantissimo videoclip in cui le immagini sono una prospettiva personale del cantante. Una vera chicca che verrà poi pubblicata nella raccolta «Tracks».

Passa un anno e Vasco torna da vincitore a San Siro, e lo fa con un evento davvero degno di nota: Rock Sotto Assedio. Si tratta di due concerti, tenutisi il 7 e l'8 luglio del 1995, dedicati al popolo dell'ex Jugoslavia, martoriato da una stupida guerra fratricida. È in questa occasione che Vasco interpreta per la prima volta la cover di *Generale*, cavallo di battaglia del cantautore romano Francesco De Gregori, maestro che a sua volta lo aveva omaggiato con una versione molto personale di *Vita spericolata*. «Se non ci fosse stata questa canzone» dirà Vasco, «probabilmente non ci sarebbe stato questo concerto.»

L'idea di Vasco è di attirare l'attenzione dei media sulla situazione dei Balcani, evitando il trabocchetto di mascherare il tutto come uno dei tanti eventi benefici. Cosa che, ovviamente, darà il destro a molti giornalisti, che non troveranno di meglio da fare che polemizzare con lui per non aver devoluto l'incasso alla causa slava. I momenti più toccanti delle due serate saranno le versioni infuocate di *Gli spari sopra*, eseguite con una band di Sarajevo, i Funk Rock Sikter, gente che di spari sopra le proprie teste ne ha sentiti parecchi, e fortunatamente solo sopra. Altro momento clou è l'esecuzione di *Vivere*, brano incorniciato dalla coreografia della Compagnia Teatrale sempre di Sarajevo.

Questi sono i primi concerti, dopo otto anni, in cui Vasco ritrova alle chitarre acustiche il vecchio amico Massimo Riva, del resto già coinvolto nella realizzazione dell'album «Gli spari sopra».

Il 14 settembre del 1995 (il programma andrà poi in onda su Canale 5 il 19 dello stesso mese), a coronamento di un periodo davvero fantastico, Vasco riceve nella piazza Grande di Arezzo due Telegatti, gli Oscar della rivista «TV Sorrisi e Canzoni». Sarà premiato, rispettivamente, come artista dell'anno e per l'evento musicale del 1995, proprio con Rock Sotto Assedio.

15

NESSUN PERICOLO, VASCO TORNA CON UN NUOVO ALBUM

Quando ormai i più temevano che per ascoltare qualcosa di nuovo, qualcosa di un po' più consistente del pur bellissimo singolo *Senza parole*, un album intero, per intendersi, sarebbe stato necessario aspettare almeno un altro anno, e che Vasco avesse spostato da uno a quattro anni il lasso di tempo tra una pubblicazione e l'altra, ecco che, il 24 gennaio del 1996, anche stavolta in pieno inverno come con «Gli spari sopra», arriva «Nessun pericolo... per te», undicesima fatica in studio del rocker di Zocca.

E – visto che stupire con gli effetti speciali è una sua abitudine – Vasco non si limita a uscire con un nuovo album di inediti, ma tira fuori dal cassetto anche un libro autografo, *Diario di bordo del capitano*, una sorta di raccolta di appunti, testi, poesie e riflessioni messi insieme negli ultimi anni. Libro che venderà subito qualcosa come centomila copie, andando a occupare la classica prima posizione in classifica, anche se di classifica inconsueta si tratta, visto che è quella dei libri e non quella dei dischi.

Tornando all'album, cominciamo dall'involucro, ben coscienti che, nonostante il proverbio, nove volte su dieci l'abito fa il monaco.

L'abito di «Nessun pericolo... per te» è davvero singolare. O almeno, lo è per la nostra discografia, sempre piuttosto didascalica. Questo lavoro, infatti, è il *black album* di Vasco Rossi, che segna il suo ingresso in un club privato (quello dei titolari degli album neri, appunto) che accoglie gente del calibro di Prince (ai tempi The Artist Formerly Known As Prince, ma questa è un'altra storia, piuttosto lunga…), i Metallica e il rapper Jay-Z.

Ma il black album di Vasco è piuttosto atipico, visto che a differenza dei suoi simili un titolo ce l'ha, e visto che il nero della copertina non è esattamente tutto nero, ma presenta un logo rosso al centro, un semplice logo rosso costruito su un nome da campagnolo.

Vasco, mica Mario.

Del resto, ritrovandosi un cognome come quello lì, quel Rossi per anni identificato come il più diffuso in Italia, per emergere Vasco non poteva che diventare unico, irripetibile, oscurando i soli altri due Vasco che si erano affacciati sulla scena della cultura nazionale, lo scrittore Vasco Pratolini e il navigatore e scopritore di continenti Vasco De Gama.

Oggi, per tutti gli italiani, Vasco è Vasco Rossi, senza storie.

E «Nessun pericolo… per te» è il suo black album.

Un album cattivo, incazzato come non mai. Un album contro tutto e tutti, come il precedente «Gli spari sopra». Ma ancora più tirato.

Un album triste e amaro, come mai prima di allora.

D'altra parte, negli ultimi anni tutto è cambiato per Vasco. Ormai è una vera macchina da guerra, capace di riempire stadi come se fosse la cosa più naturale del mondo, così come di vendere milioni di album a dispetto di un'inesistente strategia promozionale. L'unico che può decidere se e come andare in televisione, e che alla fine preferisce stare a casa. La brutta aura da tossico che lo aveva caratterizzato nella seconda metà del decennio precedente è ormai acqua passata, e per nessuno è più un cattivo maestro. O meglio, lo è eccome, ma per altri motivi, motivi che a ben vedere sono molto più pericolosi, perché affondano nel tessuto sociale. Vasco, infatti, si sta sempre più facendo portavoce delle ultime generazioni e, laddove un tempo era il cantore della *Vita spericolata* e dell'eccesso sballato, oggi è il solo interprete di un dissenso per nulla sotterraneo. Il suo rock è la colonna sonora di chi si è stancato di mandare sempre giù la merda che il sistema ci ha messo dentro il piatto, pronta da inghiottire. Vasco dice no, e con lui tutto il suo popolo.

Anche in questo caso, come negli album precedenti e come sarà nei successivi, «Nessun pericolo... per te» brucia oltre quattrocentomila copie in pochi giorni (poche ore, per l'esattezza, visto che si tratta di un fine settimana), piazzandosi subito in testa alle classifiche. Anche in questo caso verranno vendute più di un milione di copie, come se fosse una regola matematica.

Il lavoro appare sin dal primo ascolto molto curato nelle sonorità, rifinite nei minimi particolari dal produttore e arrangiatore Guido Elmi (che affianca il Blasco alla produzione) e Celso Valli (che produce le sole *Sally* e *Marea*), e dai soliti turnisti di primissimo livello, da Vinnie Colaiuta alla batteria a Randy Jackson al basso, via via fino alle chitarre di Mike Landau, Stef Burns, Andrea Braido, Paolo Gianolio e Steve Farris, tutti assi dello strumento.

Primo brano in scaletta è *Un gran bel film*, rockettone massiccio in cui torna l'immagine cara di Steve McQueen, già immortalato e reso icona del suo popolo in *Vita spericolata*. Il gran bel film di cui Vasco racconta, in questo caso come nell'altro, è la vita: non più spericolata, evidentemente.

Del resto, il seguente *Benvenuto* dimostra come Vasco

sia ormai un autore maturo, lontano dagli eccessi del decennio precedente. La canzone è infatti dedicata a Luca, il figlio avuto pochi anni prima dalla sua compagna Laura. *Benvenuto* è un mid-tempo con un inconsueto ritmo di batteria elettrica, una canzone di buon augurio nella quale Vasco ipotizza quella che potrebbe essere la vita che attende suo figlio, e dove arriva quasi a scusarsi con lui per averlo proiettato in un mondo così complicato: «Certo che non credevo sai, di tirarti in mezzo a un casino, dài, chissà che cosa è successo! C'ho pensato dopo, c'ho pensato poco. Vuoi che sia sincero, ho pensato solo, solamente a noi. A noi due che eravamo qui, annoiati ormai, quasi spenti, sì, davanti alla tivì. Non sarebbe durata a lungo questa storia d'amore eterno, se non arrivavi tu».

Un benvenuto amaro, quindi, ma pur sempre un benvenuto al figlio, un vero e proprio classico per i cantautori di casa nostra, da *Futura* di Lucio Dalla ad *Avrai* di Claudio Baglioni, da *Sarà un uomo* di Luca Carboni a *Per te* di Jovanotti. Un benvenuto alla maniera del Blasco: «Non par vero nemmeno a me di essere il padre di un figlio che domani sarà un altro, che dovrà arrangiarsi bene, darsi da fare, avere pene, e qualche piccola soddisfazione».

A questo punto «Nessun pericolo… per te» propone *Gli angeli*, una ballata da subito adorata dal pubblico e dalla critica. Il testo, dedicato all'amico e compagno di avventure Maurizio Lolli, da poco scomparso per un male incurabile, è intriso di malinconia come poche altre volte è capitato al notoriamente malinconico Vasco. Il brano sarà accompagnato da un video altrettanto poetico e visionario – diretto dal regista americano di origini polacche Roman Polanski – che per diversi motivi entrerà a far parte della storia della musica leggera italiana. Primo, sarà, fino a quel momento, il video più costoso, con gli oltre seicento milioni di lire spesi in fase di produzione. Secondo, sarà il primo video che il rocker metterà a disposizione dei suoi fan in rete, anticipando una consuetudine oggi consolidata, e dimostrando come Vasco sia sempre stato attento non solo al suo popolo, ma anche ai nuovi linguaggi. Terzo, sarà il primo videoclip a essere presentato al Festival del Cinema di Venezia, il 2 settembre del 1996, all'interno della sezione «Finestra sulle immagini».

Un paio di notazioni per i più curiosi. Del singolo esiste una versione con custodia triangolare, che riprende l'idea del logo di Vasco (in realtà, si sospetta, un modo alla Valentino Rossi per omaggiare l'attributo sessuale femminile), versione pensata per i collezionisti, e in effetti molto richiesta sui siti tipo eBay. Per quel che invece riguarda la canzone in sé, è da notare come Vasco sia riuscito a citare le Lucky Strike, sua marca di sigarette preferita, all'interno di un testo quanto mai etereo.

«Nessun pericolo... per te» si configura, canzone dopo canzone, come un album decisamente amaro, ma anche estremamente incazzato, sempre sul punto di esplodere. È il caso di *Mi si escludeva*, rock monolitico come la pietra nera di *2001: Odissea nello spazio* di Kubrick, in cui Vasco regola i propri conti con tutti quelli che, nel corso della sua carriera come della sua vita, lo hanno messo da parte, etichettandolo come «diverso». Anche stavolta la sua voce arrochita dal fumo si fa voce di tanti, di tutti gli esclusi, i diseredati, quelli che stanno da un'altra parte, quelli che hanno avuto una brutta giornata, come dirà lui stesso in seguito. «Facciamo due comunità diverse...» la butta lì con sarcasmo.

Un inno rabbioso e al tempo stesso una rivendicazione: «E mi ricordo che mi si escludeva e sono ancora qui e voi vi siete abituati sì...». Parole che non fanno una piega.

Mi si escludeva è un hard rock davvero tirato, in cui Vasco sciorina temi toccati spesso nei suoi testi, come l'essere esclusi in quanto più deboli o anche solo più brutti. Un brano che si confronta col passato, azzardando paragoni scomodi senza paura: «... cinquant'anni fa il problema lo risolvevano bruciandoli. C'è chi dice che il problema è che non ci sono più i fiammiferi...».

Una canzone in cui la protesta si trasforma in una minaccia: «Tocca i miei giochi e tutto quanto andrà a farsi fottere. E avanti così e poi comincerà la guerra...». Vasco è arrabbiato, e con lui tutto il suo popolo. Come si dice in questi casi, uomo avvisato...

Di tono assai diverso è la quinta traccia dell'album, *Sally*, probabilmente una delle più belle canzoni scritte da Vasco Rossi in quasi trent'anni di carriera.

Ballata per pianoforte che richiama alla mente brani come *Jenny è pazza!*, di cui è parente stretta, ma anche la stessa *Albachiara*, *Sally* è talmente bella da sembrare vecchia sin dal primo ascolto, come se fosse sempre stata lì, nella nostra memoria. Non vecchia in quanto datata, quindi, ma in quanto antica, eterna. Un classico. Negli anni a venire la farà sua, con un'interpretazione davvero emozionante, Fiorella Mannoia, al punto da far pensare ai più che Vasco l'avesse scritta apposta per lei.

E visto che ho tirato in ballo il discorso del Vasco Rossi autore per terzi, è bene sapere che il rocker di Zocca ha collaborato in maniera proficua con diversi artisti italiani, a cominciare da Gaetano Curreri degli Stadio, primo ad aver creduto in lui e tuttora al suo fianco quando si tratta di tirare fuori ballate in grado di scalare le classifiche e di scaldare i cuori. Ultimamente, invece, sono soprattutto le donne a beneficiare della sua penna. Ultima in ordine di tempo, almeno al momento in cui scrivo, è Irene Grandi, per la quale Vasco ha steso, proprio con Curreri, *La tua ragazza sempre*, con cui la cantante fiorentina è arrivata seconda a Sanremo nel 2000, e ha in seguito composto *Prima di par-*

tire per un lungo viaggio e prodotto due canzoni dell'omonimo album, «Prima di partire», uscito nell'estate del 2003.

«Io ho lavorato con Irene perché la considero la più forte nella scena del rock al femminile» mi ha detto nel corso di un'intervista. «Per come è fatta lei, per il suo modo di cantare e di stare sul palco. Però quello che ha cantato fino a ora andava bene per il passato, ora è arrivato il momento di affrontare un argomento più serio, per questo le ho scritto *Prima di partire per un lungo viaggio*. Altrimenti tutti avrebbero continuato a dire che era così carina, così sbarazzina, mentre lei ormai ha trent'anni e si sente di dover fare qualcosa d'altro. Lei mi piace molto. E poi c'è la divina, Patty Pravo.»

Patty Pravo è in effetti un personaggio davvero mitico nella stitica scena musicale italiana. Come Vasco, anche lei è artista «contro», con un passato di arresti per detenzione e spaccio di stupefacenti e – secondo alcune voci – con una sessualità ambigua, più volte additata come l'incarnazione del male da parte dei benpensanti.

Per lei Vasco ha scritto, proprio l'anno seguente alla pubblicazione di «Nessun pericolo… per te», nel 1997, *E dimmi che non vuoi morire*, portata al Festival di Sanremo e premiata dalla critica come migliore canzone.

Nel 2000, poi, Vasco le regalerà altri tre brani per l'album «Una donna da sognare».

«Per lei ho scritto *E dimmi che non vuoi morire*, perché da sempre avrei voluto che cantasse un pezzo del genere. Il fatto di darle una canzone, di farle dire quello che da anni io volevo sentir dire da Patty Pravo, è stato per me un fatto straordinario. Incredibile. Ma questo anche grazie all'apporto di Gaetano Curreri, il leader degli Stadio. Io da solo non ce la farei mai a scrivere canzoni per altri, mi perderei per strada. Invece Gaetano è più metodico e arriva sempre con delle musiche stupende a cui io aggiungo i testi. Così possiamo dare le canzoni agli artisti assieme ai quali vogliamo lavorare. Di artisti con i quali mi piacerebbe collaborare ce ne sono pure parecchi, non è difficile trovarli. Il difficile è trovare le canzoni da dare loro. Perché non è che uno si sveglia la mattina e dice, che so, adesso scrivo una bella canzone per Patty Pravo, o per Irene Grandi, o anche Paola Turci, un'altra donna straordinaria che stimo molto. Io non sono capace di scrivere a tavolino.»

Sicuramente non è stata scritta a tavolino *Sally*, canzone da cui questo discorso ha preso il via, interpretata in maniera molto sentita da una cantante intensa come Fiorella Mannoia.

«L'interpretazione che ha dato Fiorella Mannoia di *Sally*, quella è stata una cosa straordinaria. Straordinaria davvero. Al punto che, ascoltandola, ho avuto la sensazione che fosse una canzone che avevo scritto apposta per lei e non per me. Come autore mi ha dato una soddisfazione veramente grande. Ma, ecco, per tornare al discorso di prima, non è che uno tutti i giorni riesce a scrivere una canzone come *Sally*, purtroppo. Ecco, la Mannoia: questo è il genere d'artista con cui mi piacerebbe lavorare.»

Ci sono poi anche tutti gli artisti con cui Vasco non ha mai lavorato, o meglio, non ha ancora lavorato. Artisti che stima e che, per certi versi, gli sono vicini per inclinazioni o per attitudine.

«Carmen Consoli è un bel personaggio» mi dirà. «Mi sembra una molto brava, un altro bell'esempio di rock al femminile. Completamente diverso da Irene. Carmen è molto brava, molto sincera e molto vera. Ha solo quel "difetto", quella strana voce che all'inizio mi lasciava un po' perplesso. Adesso, ormai, ci sono abituato, ed è fantastica. È anche una persona che mi pare molto equilibrata. Ed è difficile, in campo artistico, trovare delle persone equilibrate.»

Doveroso è chiedere a Vasco un parere su Gianluca

Grignani, che col brano *Il giorno perfetto*, portato a Sanremo nel 1999, e ancora di più con la hit *L'aiuola*, ha esternato il suo amore per Vasco, rasentando per certi versi la clonazione.

«Grignani è un ragazzo molto bello, e quando uno è bello è tutto diverso. Non si può parlare di clonazione quando uno è così bello. E poi, se sei bello, ottieni le copertine più facilmente. Anche Grignani, secondo me, ha un talento musicale straordinario. Credo che sia il talento più bello della musica italiana. Nel senso proprio che lui, per assurdo, il rock potrebbe anche scordarselo, secondo me, perché non gli è neanche tanto congeniale. Anche se gli piace un casino e lo fa, e usa anche quel linguaggio. Però, a livello di creatività musicale, è il John Lennon italiano. Le musiche sono straordinarie. E i testi pure, rispetto a tanti altri. Diciamo che lui ce la mette tutta per rovinarsi la vita, ecco. Perché del resto questi sono personaggi, diciamo così, maledetti. Possiamo dire di Grignani che è un maledetto, che così lui è contento. È giovane e può reggere...»

Un'ultima battuta a proposito dei colleghi Vasco la riserva a un suo quasi conterraneo, un altro che, in tempi passati, riempiva stadi con una certa facilità e che oggi sembra essersi incamminato verso una carriera più orientata all'estero che all'Italia.

«Zucchero mi piace molto. E mi piace moltissimo la musica che fa... I testi... be', per i testi gli darei anche una mano, se me lo chiedesse...»

In seguito, durante la conferenza stampa di Latina per il lancio del Vasco Rossi Tour 2007, darà una stoccata più piccante al collega, sempre a proposito di testi cui collaborare...

«Quando ho scritto il testo di *Pippo* per Zucchero, lui non me l'ha attribuito e l'ha firmato da solo. Il ragazzo è fatto così.»

Tornando a «Nessun pericolo... per te», l'album prosegue con *Praticamente perfetto*, eseguito per la prima volta dal vivo durante i due concerti di San Siro, quelli di Rock Sotto Assedio. Un buon rock tirato di maniera, senza infamia e, per una volta, senza lode.

Le cose che non dici è un mid-tempo acustico, in cui Vasco canta in coro usando la voce biascicata che tanto lo aveva caratterizzato negli anni Ottanta.

Nessun pericolo... per te, brano che dà il titolo all'intero album, è una canzone che segue la scia di *Mi si escludeva*, almeno nelle intenzioni di Vasco. Aggressiva, spigolosa, nel testo come nei suoni, è l'ennesimo pezzo che lascia poco spazio alle interpretazioni. Canzone «contro chi in ogni mia situazione mi dice cosa e come dovrei fare», si conclude legittimamente con un sonoro «vai affanculo te! E chi non te l'ha mai detto», facendo il verso a una delle tante battute da bar che chissà quante volte avrà sentito, da ragazzino, lì in montagna, a Zocca.

Un modo di concludere il discorso non proprio diplomatico, ma sicuramente chiaro e diretto.

Chiudono l'album il classico rock di *Io perderò* e la sincopata *Marea*.

A mio avviso è nella seconda parte che il black album del Blasco comincia a perdere colpi, almeno rispetto a quanto ci si potrebbe aspettare dopo le prime cinque canzoni, davvero di livello superiore, e soprattutto dopo un capolavoro come «Gli spari sopra», tutto senza neanche una sbavatura. In realtà, confrontandolo coi dischi di qualsiasi altro rockettaro di casa nostra, anche questo album è un piccolo gioiello.

La tournée avrà i due picchi massimi in giugno e in settembre. Il 29 e 30 giugno del 1996, infatti, presso l'autodromo del Mugello si tiene una due giorni a base di musica e Harley Davidson, durante la quale Vasco delizia la platea con una versione inedita, e mai più ascoltata (se non su

YouTube, consiglio rivolto ai feticisti) di *Il tempo di morire* di Lucio Battisti. Il testo della canzone, in effetti, parla di moto e, col senno di poi, lascia intravedere l'amore spropositato di Vasco per le due ruote, quello stesso amore che di lì a poco lo avrebbe spinto a dare vita per qualche tempo a un proprio racing team.

Il 27 settembre del 1996, poi, Vasco tiene un concerto gratuito a Palermo, che vede accorrere qualcosa come duecentoventimila spettatori, un vero record per il Meridione, record che lo stesso Vasco supererà nel 2004, con gli oltre quattrocentomila di Catanzaro.

Il 1997, invece – oltre a vederlo, come già anticipato, autore del brano vincitore del premio della Critica di Sanremo, *E dimmi che non vuoi morire*, interpretato da Patty Pravo –, segnerà l'uscita della raccolta di vecchi pezzi debitamente riarrangiati, «Rock». Sarà nell'ambito della promozione di questo lavoro (come se ci fosse bisogno di promuovere un suo album...) che Vasco deciderà di partecipare alla prima edizione del Neapolis Rock Festival, presso l'ex area dell'Italsider di Bagnoli, il 12 luglio. Un ennesimo bagno di folla, come ormai è diventata consuetudine, al termine di un tour internazionale che lo ha visto per l'ultima volta impegnato nel tentativo, a questo punto vano, di conquistare un mercato che evidentemente non lo capisce. Per la cronaca, prima di passare da Napoli Vasco sarà a Bruxelles, in Belgio, Differdange, in Lussemburgo, Colonia, Neu-Isenburg e Monaco, in Germania, Villach e Vienna, in Austria, Skofije, in Slovenia, Prattein, Zurigo e Ginevra, in Svizzera e Amsterdam, in Olanda. Dopo Bagnoli, il Blasco chiuderà in bellezza il suo tour con una puntata al prestigioso Festival di Montreux, in Svizzera, nella serata del 18 luglio.

16

ADDIO ROCK, ECCO L'ALBUM
COI CAPELLI CORTI
(MA È SOLO UNA FINTA)

Uscito «Nessun pericolo... per te» e messe in piedi prima la tournée italiana e poi quella europea, legate anche alla pubblicazioni di un album di brani riarrangiati, ci si sarebbe aspettati una pausa ancora più lunga del solito.

Invece, Vasco decide di stupire, e torna subito sul mercato con un nuovo lavoro di studio, il dodicesimo. Il titolo «Canzoni per me», a essere onesti, non è di quelli che lasciano a bocca aperta, anche se, in perfetto stile Blasco, ha il merito di suonare onesto. Non «canzoni per te», magari pensando a una ragazza, e neanche «canzoni per lei», tanto meno «canzoni per voi», rivolto al suo popolo. No, proprio «canzoni per me»: Vasco scrive per Vasco, e così sia.

Ma questo 1998 si dimostra sin da subito un anno assai particolare per la vita del rocker di Zocca, ormai lanciato verso imprese sempre più ammantate di *grandeur*, come i numeri ottenuti fin qui negli ultimi dieci, quindici anni, gli consentono di fare.

Vasco ha sempre nutrito un certo amore per i motori, soprattutto per le macchine di grossa cilindrata. Inutile ricordare che è proprio a bordo di bolidi superpotenti che ha rischiato di porre anzitempo fine alla sua esistenza – e conseguentemente alla sua carriera – andando a schiantar-

si contro un albero prima e contro un camion poi, e uscen-
do miracolosamente illeso dagli impatti.

Ma in questa fine di millennio si scopre che il vero amore di Vasco sono le moto da corsa. Vasco Rossi, con una
mossa a sorpresa, decide infatti di aprire una propria squa-
dra per partecipare al motomondiale. Si tratta, neanche a
dirlo, del Vasco Rossi Racing Team, che vede la luce proprio nel 1998. Nel presentarlo al pubblico, stavolta sì internazionale, si viene a sapere che il progetto bolliva in
pentola già dai tempi di «C'è chi dice no», nel lontano
1987. L'idea che ha portato a mettere in piedi il team «nasce come un progetto di comunicazione atto a unire fortemente il mondo della musica rock a quello dei motori. L'e-
sigenza è stata, essenzialmente, quella di promuovere l'immagine del cantante Vasco Rossi, avvicinandolo quanto più
possibile, a un "target" giovanile difficilissimo da conquistare». Questo stando al comunicato stampa.

Il Vasco Rossi Racing Team, che si avvale di moto Apri-
lia, partecipa al Campionato del mondo di motociclismo
nella classe 125 cc del 1998, schierando il giovanissimo pilota Ivan Goi, il più giovane ad aver vinto un Gran Premio,
a soli sedici anni.

Parlando di questa nuova esperienza nel corso di un'intervista a un giornale sportivo, Vasco la racconterà così: «Io
sono quello che ha organizzato l'azienda, la mia nuova
aziendina con tecnici che lavorano sulle moto, un direttore
sportivo, ovvero Stefano Caponera, e io, nella tanto invi-
diata posizione del manager, che sto lì dietro a fare gli scon-
giuri. Per il momento sono stato assalito dalla situazione.
Ho visto Goi fare un paio di giri: è molto diverso stare a
bordo pista. Questo ambiente è eccitante, spericolato. Mi è
sempre piaciuto lo sport in genere, il motociclismo in particolare. Una disciplina che ho sempre seguito, ma solo in
televisione».

Dopo un primo anno interessante, ma più che altro di assestamento, il Vasco Rossi Racing Team ingaggerà nel 1999 Roberto Locatelli, sempre per la 125 cc, e Roberto Rolfo per la classe 250 cc, creando così una struttura tecnicamente solida e affidabile, capace di conquistarsi, in un solo anno, il pieno diritto a un posto tra i Top Team della categoria.

«È stata un'esperienza esaltante. Ho conosciuto l'ambiente delle gare motociclistiche e la sua franca schiettezza mi ha conquistato. È gente vera, che lavora e combatte ogni gara per vincere in un puro e sano spirito di competizione. Sono gladiatori moderni che si affrontano a 300 km all'ora. Uno spettacolo formidabile» dirà in seguito in un'intervista a «Sportsweek».

Questa esperienza, che durerà solo pochi anni, darà soprattutto modo a Vasco di incontrare l'unico altro personaggio italiano in grado di competere con la sua allure di rockstar di primissimo livello. Un personaggio con cui divide non poche cose: Valentino Rossi. Saltano agli occhi una serie di coincidenze.

Entrambi si chiamano Rossi di cognome, anche se non è una coincidenza poi così rara, se è vero come è vero che Rossi è, o almeno era un tempo, il cognome più diffuso in Italia (sembra oggi sostituito da un cognome tipo Chang, roba da far rabbrividire uno come Calderoli, e sogghignare uno come Vasco, un po' più aperto all'idea di globalizzazione).

Comunque, entrambi di cognome fanno Rossi ed entrambi hanno un nome non comune, omaggio dei rispettivi padri alla memoria di un amico di infanzia prematuramente scomparso.

Da una parte un compagno di prigionia in campo di concentramento, Vasco, dall'altra un amico morto in un tragico incidente in mare, Valentino.

Due nomi che iniziano per «V», a voler cadere quasi nella cabala.

Vasco e Valentino, volendo sostituire il criterio anagrafico all'ordine alfabetico. Due modi diversi di essere rockstar.

Andiamo avanti con le coincidenze. Entrambi amano le moto e la vita spericolata.

A tal proposito, va segnalata una nuova versione dei fatti offerta dal rocker di Zocca, una delle tante che tendono a riscrivere la sua storia in maniera forse un po' revisionistica. In pratica, il Blasco sostiene adesso che il testo della canzone *Vita spericolata* sembra nato apposta per raccontare l'approccio con cui Valentino affronta le gare in sella alla moto, e forse anche la vita stessa. Niente a che fare con la droga, ha detto Vasco, quella è stata una strumentalizzazione dei media che hanno voluto mischiare la sua vita privata con la sua poetica. Altro era il vero senso del brano, che diceva sì «voglio una vita spericolata», ma nel senso di una vita sempre al massimo della velocità. Non una velocità stupida, fine a se stessa, ma una velocità lucida. Non ha senso correre per andarsi a schiantare contro un muro, bisogna essere sempre presenti per poter assaporare il momento. Lo ha anche detto, pochi mesi prima che questo libro venisse concluso, nel corso di un'intervista a «Polizia moderna», rivista ufficiale della Polizia di Stato, mentre in pratica chiedeva scusa per aver istigato i suoi fan a un comportamento non sempre rispettoso delle leggi.

Sarà l'età, o una tardiva maturità che porta anche verso un certo moralismo, ma in effetti, letta così, *Vita spericolata* sembra proprio una canzone scritta pensando alle spericolate manovre che Valentino è solito regalare ai suoi tanti ammiratori, uno dei pochi capaci di divertirsi e divertire mettendo sempre a rischio la propria vita, visto e considerato che il suo divertimento si concretizza a oltre trecento chilometri all'ora.

Ma a parte la *Vita spericolata*, intesa come canzone e mestiere, Vasco e Valentino hanno davvero in comune l'amore per le moto. Cosa ovvia per il secondo, un po' meno per il primo. Anche se l'aver poi abbandonato il progetto nel momento in cui, nel 2000, avrà raggiunto il titolo iridato nella 125 grazie al pilota Roberto Locatelli, dimostra che non di mero interesse economico si trattava, ma di amore. Al punto da lasciare i giochi finché si è dei vincenti, invece di aspettare che subentrino la noia e la routine.

I due Rossi si sono conosciuti proprio durante una delle gare seguite da Vasco per il suo Racing Team. Già in precedenza non c'era stata intervista fatta al rocker che non contemplasse una domanda sul suo quasi omonimo pilota. Da parte sua, Valentino amava da sempre le canzoni del Blasco, moda diffusa tra quasi tutti i giovani italiani, campioni del mondo di moto o meno.

Fare la conoscenza con un proprio mito non è in effetti cosa che capiti a tutti, ma la notorietà porta un sacco di vantaggi, si sa.

Il primo incontro avviene nel circuito di Jerez de la Frontera, in Spagna, nel 1999, e i due decidono di cenare insieme, per fare due chiacchiere. Da quell'occasione in poi non lasceranno mai passare troppo tempo fra un incontro e l'altro, sempre lontano dai riflettori.

Quando è possibile, ancora oggi i due si scambiano la cortesia di andarsi a vedere nelle loro vesti ufficiali. Vedere infatti Vasco ai Gran Premi che fa il tifo per il pluricampione mondiale, tanto più che ora il suo Team ha smesso di gareggiare, o vedere Valentino ai concerti di Vasco, non è evento così raro.

Per dire, durante una delle storiche date del 2003 a San Siro, quelle da ottantamila spettatori a botta, Vasco ha annunciato la presenza di Valentino al microfono, scatenando un boato che ha sicuramente causato non poco stress agli abitanti della zona, perennemente sul piede di guerra per l'eccesso di decibel provenienti dal Meazza.

I due sembrano fatti della stessa pasta, anche se uno è stato per anni dipinto come un esempio negativo, un cattivo maestro, tanto quanto l'altro è un esempio positivo, nonostante la furia sportiva, vagamente cannibalesca, che da sempre ne caratterizza lo stile di guida.

Per tornare alle coincidenze. Il cognome, abbiamo detto. L'amore per le moto. L'amore per il rock. Ma c'è dell'altro. Analizziamo i loro dati anagrafici.

Vasco è nato il 7 febbraio del 1952 a Zocca, un paese di montagna in provincia di Modena.

Valentino è nato il 16 febbraio del 1979 a Tavullia, un paese di collina in provincia di Pesaro.

Entrambi dell'Acquario, quindi, ed entrambi provenienti da paesini con circa cinquemila abitanti. Zocca e Tavullia, paesi famosi solo in quanto luoghi natii di cotanti eroi.

«In provincia è diverso, non è sempre più difficile. Ci sono proprio percorsi mentali diversi. Quando arrivi da un posto come Tavullia, o in generale da un paese, sei abituato a doverti battere e sbattere per conquistarti tutto. Parti da niente e devi guadagnarti qualsiasi cosa tu voglia fare o qualsiasi traguardo tu voglia raggiungere» ha spesso dichiarato il campione delle moto, come a indicare nell'essere un provinciale parte del segreto del proprio successo.

«In provincia si sogna molto, si viaggia molto con l'immaginazione. Penso che il fatto che l'immaginazione ti faccia viaggiare molto ti dia quella spinta in più rispetto agli altri. Gli altri sono già più contenti.»

Moto a parte, il 1998 è l'anno in cui Vasco, disattendendo tutte le aspettative, esce con il suo dodicesimo album di inediti, a soli due anni dal precedente «Nessun pericolo... per te».

È il 18 aprile quando «Canzoni per me» arriva in tutti i negozi di dischi e, stando al balzo che lo conduce subito in testa alle classifiche di vendita, ci rimane anche per pochissimo, per finire direttamente a casa dei tanti fan. Anche in questo caso i numeri raggiunti nelle vendite sono da record, con otto dischi di platino conquistati nel giro di pochi mesi, per di più in un periodo in cui il mercato discografico vive una profonda crisi, un po' per la possibilità di scaricarsi gratis le canzoni da internet e un po' per la mancanza di altri nomi come il suo, in grado di catalizzare l'attenzione di masse tanto vaste.

Ancora una volta, Vasco si dimostra attento alle innovazioni tecnologiche, e così il CD (ormai da anni non esistono più i vinili, ahinoi) contiene una traccia CD-rom per computer che permette di seguire il *making of* del videoclip di *Io no*, girato a Londra.

Vasco, nel video come nella copertina dell'album, tutto giocato su toni del blu, appare per la prima (e unica) volta nella sua carriera con i capelli quasi rasati, basette a punta e pizzetto sale e pepe. Lo sguardo è intenso, a metà strada tra il minaccioso e il sensuale. A osservarlo bene, non tanto sulla copertina, ma nelle rare apparizioni televisive o dal vivo di questo periodo, si nota che Vasco sta diventando calvo, con una chierica che comincia a farsi largo proprio al centro della testa. Nel periodo di «Buoni o cattivi», verso il 2004, Vasco prenderà l'abitudine di presentarsi in pubblico con un cappello, spesso verde, calato sugli occhi, in modo da nascondere la pelata.

Ma non è della calvizie di Vasco che si stava parlando, bensì del suo nuovo lavoro di studio che a un primo ascolto, magari veloce, sembra combaciare alla perfezione con il suo nuovo look. «Canzoni per me», infatti, sembra un album con i capelli corti, sorta di addio al passato rock.

O meglio, un ritorno al passato remoto, quello in cui Vasco giocava a fare il cantautore, prima di «Siamo solo noi». Lo stesso Vasco, in effetti, comincia a promuovere questo nuovo lavoro ripetendo fino alla noia che alcuni testi e anche alcuni spunti musicali sono stati tirati fuori dal cassetto, dove erano rimasti per parecchio tempo.

Vasco si rasa e mette insieme un album partendo da appunti trovati nel baule dei ricordi: che siano finite le idee nuove? E allora perché realizzare subito un altro lavoro, visto che nessuno se lo aspettava così presto?

Dubbi legittimi.

In realtà *Io no*, il primo singolo, diventa subito un inno per il popolo del Blasco, dimostrando, se mai ce ne fosse bisogno, che spesso i dubbi avanzati dai critici musicali, compreso colui che sta scrivendo queste pagine, sono aria fritta. È però vero che tutto l'album ha un suono più dimesso, sottotono, almeno rispetto alle ultime produzioni, decisamente più rock, più granitiche.

Il fatto è che uno si era abituato a vedere il Blasco come un rockettaro impenitente e ora, a trovarselo lì, intimista, pensieroso, c'è da rimanere quanto meno spiazzati.

Di fatto, a parte il primo posto in classifica e le novecentomila copie bruciate in pochi mesi, Vasco ha ormai dalla sua non solo il pubblico, ma anche i media, che lo proclamano «santo subito», sfiorando quasi la piaggeria.

Piaggeria che diventerà addirittura isteria nazionale quando tutti, ma proprio tutti, lo imploreranno di tornare sulle proprie scelte nel momento in cui dichiarerà di non voler portare in tournée le nuove canzoni.

Vasco esce con un album che nessuno si aspettava.

Vasco realizza un album cantautorale.

Vasco propone un album con otto canzoni, proprio il

numero di canzoni che formavano le tracklist dei suoi primi lavori.

Vasco sforna un album di sole otto canzoni, per di più recuperando vecchi spunti.

Vasco non porta le canzoni in tour.

Vasco, l'uomo «contro» per antonomasia, che si vede tutta la critica musicale, le firme storiche della carta stampata – sempre quelle, da Mario Luzzatto Fegiz a Marinella Venegoni – lì a prodigarsi in inchini e salamelecchi.

Il mondo sta proprio cambiando.

Ma nonostante questi dubbi, legittimi, «Canzoni per me» non è affatto un album minore. Del resto Vasco non avrebbe bisogno di pubblicare un lavoro se non ne fosse pienamente convinto. Ormai può fare quello che vuole, ai ritmi che vuole.

È vero, le canzoni di questo album sembrano rifarsi al vecchio repertorio, per gli arrangiamenti, per la vena cantautorale, per come arrivano all'ascoltatore; ma in realtà il suono è quello iperprodotto degli ultimi album, quadrato e monolitico, anche grazie ai turnisti di prima grandezza che ci hanno lavorato, da Michael Landau e Paolo Gianolio alle chitarre, a Celso Valli alle tastiere e agli arrangiamenti, da Tony Levin al basso, a Vinnie Colaiuta e Paolo Valli alla batteria.

La voce di Vasco, poi, è quella degli ultimi tempi, meno biascicata, più calda e in grado di raggiungere note alte.

L'album comincia con *E il mattino*, un mid-tempo acustico che parla di un risveglio in compagnia di una ragazza, un risveglio da ricordare.

Visto che lo stesso Vasco ha parlato di vecchie canzoni recuperate, senza però specificare quali fossero, viene naturale pensare che *E il mattino* sia saltata fuori dal famoso cassetto dei ricordi, in compagnia di *La favola antica* e *Idea 77*, un po' perché suona molto vintage, un po' perché ha un retrogusto antico, non si sa se voluto o meno.

Discorso completamente diverso per *L'una per te*, brano che sembra nato appositamente per essere eseguito durante i concerti, puro Vasco Rossi style al cento per cento. Un rock caldo e acustico, trascinante e irregolare, con la voce del Blasco che si alza come un lamento.

E qui si apre un primo spiraglio che lascia intravedere come, ancora una volta, «Canzoni per me» non sia stato un passo falso, ma un vero blockbuster annunciato, come in effetti i numeri di vendita dimostreranno. Vasco usa la voce con una maturità notevole, mai evidenziata prima. Quelli che un tempo potevano sembrare difetti, come la totale mancanza di precisione nel pronunciare le parole, sono adesso diventati punti di forza. E lì dove un tempo c'era un atteggiamento strafottente e sfacciato, della serie «sono una rockstar e faccio quello che mi pare», adesso c'è un serissimo professionista che ha una completa padronanza dei propri mezzi vocali e degli studi di registrazione.

E non potrebbe essere altrimenti, visto che Vasco si trova lì, al centro dalla scena, da ormai oltre vent'anni.

Vent'anni di carriera che trovano in *Io no* l'ennesimo inno, pronto per essere intonato in coro dal suo popolo, ai concerti come in casa.

Fateci caso: *Io no*, come molte delle hit sfornate dal nostro, al primo ascolto sembra una di quelle canzoni già sentite milioni di volte. Caratteristica che può sembrare superficialmente un difetto, ma che, a ben vedere, dimostra come il rocker sia ancora in grado di tirare fuori dal cappello brani che suonano dannatamente alla Vasco, classici senza tempo. Perché anche se l'impressione di *déjà vu* (che in realtà significa «già visto», non «già sentito», ma rende bene l'idea) rimane, concentrandosi bene, non ti viene comunque in mente a quale canzone assomigli un brano come *Io no*, perché non esiste.

Un classico è tale per questo, e la grandezza di uno come Vasco sta anche nell'avere uno stile riconoscibile, unico, suo. In questo caso specifico, Vasco dirà di aver recuperato un testo vecchio di parecchi anni, un testo che parla di una storia d'amore andata male. Anche lì, un cliché trito e ritrito reso unico.

Quando, parlando con Vincenzo Mollica nel 2007, dirà che le donne, nel corso della sua vita, gli hanno spezzato più volte il cuore, e che proprio per questo il suo cuore, oggi, è tutto fasciato, renderà bene l'idea: Vasco deve proprio avere il cuore tutto rattoppato se, a distanza di tanti anni, un amore finito fa tirare fuori canzoni del genere.

Quando la storia di *Io no* lasciò ferite difficili da cicatrizzare sul cuore di Vasco, probabilmente la protagonista di *Quanti anni hai* non era nemmeno nata. Questa è infatti l'ennesima canzone del rocker dedicata a una ragazzina, come la precedente *Gabri*.

Altra passione vaschiana, evidentemente, oltre a quella per le moto.

La *Laura* della successiva canzone, invece, per stessa ammissione di Vasco, non sarebbe la sua Laura Schmidt, compagna da ormai un decennio e madre di Luca. La canzone racconta, in chiave sempre intima e cantautorale, di una maternità difficile. Se di coincidenza si tratta, e se quindi il testo è precedente alla storia che vede il Blasco legato alla giovane Laura (non così giovane, però, da poter essere identificata con la protagonista di *Quanti anni hai*), c'è da gridare al miracolo, e Vasco più che una divinità si rivela un profeta, uno in grado di prevedere il futuro.

Le seguenti *La favola antica*, bluesaccio fuori dai canoni del suo repertorio, così come *Idea 77*, datata sin dal titolo, sembrano finite nell'album direttamente da una ristampa degli anni Settanta, anche se, l'ho già detto, di recupero vintage si tratta.

Ma «Canzoni per me» non verrà ricordato tanto come

l'album del ritorno al passato, o per quello che contiene tre classici come *L'una per te*, *Io no* e *Quanti anni hai*, quanto per la vera hit dell'estate 1998, quella *Rewind* che diventerà il tormentone delle radio come delle discoteche di mezza Italia.

Rock elettronico, con un testo esplicito, *Rewind* sarà oggetto di diversi remix da parte di celebri DJ italiani, Molella in testa, al punto che il successo del brano si prolungherà fino all'estate successiva.

Questa del Blasco in chiave dance è una novità degli anni Novanta proseguita anche nel nuovo millennio, dovuta al grande gradimento di brani come *Delusa*, *Rewind* e in seguito anche di *Ti prendo e ti porto via*, contenuta nell'album successivo, «Stupido Hotel». Una novità inattesa, visto che di solito il mondo del rock e quello delle discoteche non trovano facilmente punti di comunione.

Rewind, sicuramente, non fa parte delle canzoni tirate fuori dal cassetto, almeno musicalmente. È il brano più contemporaneo dell'album, sia per i suoni che per il tema, anche se il sesso era tale anche nei Settanta (ma nessuno parlava di rewind, termine diventato di uso comune con l'avvento di massa dei videoregistratori).

Nonostante le iniziali perplessità legate alla natura particolare del nuovo repertorio, il 1998 regalerà a Vasco non solo otto dischi di platino, ma anche una netta vittoria al Festivalbar, la seconda dopo il successo di *Bollicine*, nel 1983. Durante la serata finale di settembre Vasco canterà *L'una per te* e *Io no*.

Il 22 ottobre, poi, il Blasco metterà tutti d'accordo, andando a ritirare a Sanremo, proprio al teatro Ariston, quello del Festival, la Targa Tenco per il brano *Quanti anni hai*, rarissimo caso di artista che trova il plauso del pubblico e della critica (il Premio Tenco, infatti, era nato proprio per prendere le distanze dalla musica commerciale, presente sempre a Sanremo durante la kermesse del Festival della canzone italiana).

Ultima esibizione dell'anno è quella tenuta al PalaDozza di Bologna il 10 novembre, dove registra una puntata del fortunato programma di RAI 1 *Tarattattà*.

Ma il vero evento dell'anno, quello per cui Vasco finirà nel Guinness dei primati come protagonista del concerto con più paganti in Italia e che, soprattutto, inaugurerà la nuova stagione dei megaraduni del Blasco, stagione tuttora in corso, sarà il concerto che il rocker di Zocca terrà presso l'Autodromo Enzo e Dino Ferrari di Imola il 20 giugno, seconda serata della prima edizione dell'Heineken Jammin' Festival. Un concerto ormai nella storia della musica leggera italiana.

17

NESSUNA TOURNÉE PER VASCO, SOLO UN CONCERTO DA RECORD: IMOLA 20 GIUGNO 1998

Niente tournée, ragazzi, non porterò «Canzoni per me» in giro per l'Italia, perché è un disco troppo personale. Questo, pressappoco, il conciso messaggio lanciato da Vasco al suo popolo dopo la pubblicazione dell'album. E se la repentina uscita con un lavoro nuovo di studio, a neanche due anni da «Nessun pericolo... per te», aveva piacevolmente sorpreso tutti, il sapere che al nuovo disco non sarebbe seguito un tour è davvero la notizia negativa dell'anno.

Ormai il Blasco aveva abituato il suo popolo alla consueta routine – disco, tour, pausa, e via a seguire – e il sovvertimento di questa regola non scritta, l'interruzione di questo ritmo viene presa da molti come un tradimento.

Che estate sarà mai senza una tournée di Vasco Rossi?

E poi che significa: un album troppo personale? Non erano troppo personali anche tutti gli altri? L'autobiografismo non è sempre stato la quintessenza delle sue canzoni?

In realtà, il rocker ha un'altra sorpresa in mente, qualcosa di davvero eclatante, di cui si sarebbe parlato negli anni a venire (anche se al momento questa era più una speranza che una certezza): Vasco pensa di concentrare la propria attività live in un unico evento, secco. Un megaraduno dove convogliare tutti i suoi fan, da ogni angolo d'Italia. Il luogo preposto per un evento del genere non poteva che essere l'Autodromo di Imola, un po' per la sua collocazione geografica, lì in mezzo allo stivale, e un po' per il fascino che un posto del genere ha sempre esercitato per Vasco, uno che ha sempre amato i motori, come il neonato Racing Team dimostra.

L'occasione, invece, è una vera novità per tutto il Paese: Vasco, infatti, sarebbe stato l'headliner (leggi artista di punta) della prima edizione dell'Heineken Jammin' Festival, che da quell'anno in poi sarebbe diventato il vero appuntamento estivo con il grande rock (tour di Vasco a parte).

E così, il 20 giugno del 1998 il popolo del Blasco si raduna a Imola, per festeggiare con il suo profeta l'uscita di un nuovo album e per scatenarsi in un concerto di quelli indimenticabili.

Superando le più rosee aspettative, che per gli organizzatori si attestavano intorno agli ottantamila paganti, Vasco richiama intorno a sé qualcosa come centotrentamila persone (anche se c'è chi dice addirittura centocinquantamila), un autentico record per quel che riguarda i concerti a pagamento in Italia. Record che verrà superato in seguito dal Liga, con il concerto del Campovolo di Reggio Emilia del 2005.

«Non ho dubbi. Il concerto più bello della mia storia è stato quello di Imola» mi dirà Vasco nel corso di un'intervista. «Perché? Be', proprio perché era a Imola, innanzitutto. E poi perché c'erano centotrentamila persone. E anche per la scaletta che avevamo scelto. Si cominciava con *Quanti anni hai* e c'era Massimo Riva alla chitarra. Una chitarra acustica davanti a centotrentamila persone, una cosa che mi aveva sempre fatto impazzire. Un uomo solo a cantare accompagnato dalla sola chitarra acustica. Io e lui contro tutto il mondo...»

Del resto, già i vari concerti a San Siro, la Scala del calcio, avevano fatto assaporare a Vasco esperienze del genere, davanti a una marea di persone.

«Ah, il primo concerto che ho fatto a San Siro, come posso scordarlo? Be', gli italiani non c'erano mai riusciti a riempire uno spazio di quel genere. E infatti tutti dicevano che neanch'io ci sarei riuscito. Quando i giornali parlavano di grandi concerti mettevano sempre Sting in copertina, perché era il più bello, anche se poi più pubblico, quello vero, lo facevo io. Parlo dei tour precedenti, quello nei palasport. Ma sta di fatto che i tour che finivano sulle copertine dei giornali erano sempre quelli degli artisti stranieri. Noi italiani, come dicevo prima, non ci avevamo neanche mai provato a toccare con i nostri concerti quelle megastrutture, anche se proprio a quell'epoca pure Lucio Dalla stava lavorando a qualcosa negli stadi, anche lui ci stava provando. Insomma, stava nascendo un tentativo tutto nostro d'impossessarci di quelle aree. Io venivo dalle tournée nei palasport, però certo l'idea di suonare a San Siro era tutta un'altra faccenda. E che posso dire? È stato un concerto indimenticabile, come pure gli altri che sono venuti dopo, tutti incredibili, con tutta quella gente che era arrivata lì per me. Non parlo solo di Milano, penso anche al Delle Alpi, all'Olimpico, per dire...»

In effetti, questi sono tutti eventi entrati nella memoria collettiva, oltre che in quella dello stesso Vasco.

«Ma il più bello è stato quello di Imola. Non sai che energia ti possono dare centotrentamila persone. Una carica paurosa. Una carica che però devi governare. Il concerto è una cosa che devi non dico dominare, ma tenere sotto controllo. Devi capire le emozioni del pubblico, non devi farlo distrarre, mai. Non devi far distrarre nessuno, al concerto devono essere tutti partecipi della stessa emozione. Bisogna stare molto, molto concentrati.»

E, in effetti, chi ha avuto modo di prendere parte a queste «Sante Messe del Rock» ha potuto assistere a spettacoli impeccabili, in cui il rock, cioè una musica che parte dallo stomaco, passava attraverso una macchina perfettamente rodata.

«Già, c'è da sottolineare questo aspetto, quando si parla dei miei concerti. I musicisti della mia band sono tra i migliori al mondo. Non parlo solo dell'Italia, proprio perché i miei musicisti arrivano da tutte le parti del mondo. Questo è un aspetto che gli altri cantanti curano poco, ma per me è fondamentale. Perché ci sono diversi tipi di approccio al live; c'è chi vuole la band sicura, quadrata. E magari l'affida al direttore di palco, volendo avere alle spalle una band che non lascia possibilità di errore. Anche quella è una scelta rispettabile, però poi i concerti suonano tutti uguali, come se fossero in playback. E, a proposito di playback, ci sarebbe da parlare dei miei colleghi che mettono in piedi questi spettacoli mastodontici, che durano anche delle ore, ma che poi non hanno dentro quasi nulla di suonato dal vivo. Io tempo fa ho fatto pure una polemica con un mio collega, ma adesso non mi va più di parlarne. Io i concerti li faccio anche con fatica fisica, ma la musica che si sente è tutta musica suonata da noi, davvero. Perché io preferisco una band di gente cresciuta con me, che conosco bene, magari rafforzata da dei fenomeni che ho scelto a Los Angeles, i migliori. Così esco sul palco e sono pronto a confrontarmi con la folla. Tutti insieme contro il mondo...»

Non si può dargli torto: la band di Vasco, anche in questa occasione, è di quelle che non lasciano via di scampo, una vera e propria macchina da guerra. C'è Stef Burns alle chitarre elettriche, il caro Massimo Riva alla chitarra ritmica e ai cori, Jonathan Moffett alla batteria, Claudio Golinelli, detto Galina, al basso, Alberto Rocchetti alle tastiere, Frank Nemola alle tastiere, ai computer, alle trombe e ai

cori, Andrea Innesto, detto Cucchia, al sax e ai fiati, Clara
Moroni, ex Clara and The Black Cars, ai cori.

E allora, visto che la band c'è, e visto che il non cambiare idea è caratteristica primaria degli stupidi, ecco che il
20 giugno del 1998 Vasco si immerge anima e corpo in un
bagno di folla.

Perché se uno dice che non vuole riproporre dal vivo un
album come «Canzoni per me» perché è troppo personale
e poi cambia idea, allora ci sta che, tanto per non farsi mancare nulla, lo faccia direttamente di fronte a centotrentamila persone.

Così, indeciso se passare l'estate al mare o in montagna,
o se magari andare a fare un viaggetto in un posto caldo, tipo i Caraibi, Vasco si ritrova catapultato davanti al più
grande mare di pubblico a pagamento che la storia della
musica italiana ricordi.

Vasco ha il compito di lanciare l'Heineken Jammin' Festival, che in quel 1998 esordisce con la prima edizione.
Un Festival che negli anni a venire avrà in Vasco non tanto il suo punto di forza – nelle edizioni successive si susse-
guiranno sul palco artisti di primissimo livello, circostanza
naturale nei festival – ma una vera e propria ragion d'essere. Vasco *è* l'Heineken Jammin' Festival, del 1998 come
del futuro, visto che in nessun'altra occasione si sfioreran-
no più quei numeri, neanche lontanamente.

Cen-to-tren-ta-mi-la-per-so-ne.

Immaginateveli, se ci riuscite. Centotrentamila persone.
Sono più degli abitanti di tante città italiane, compresi diversi capoluoghi di provincia e di regione. Per dire, la città
dove è nato l'autore di questa biografia, Ancona, non ne
conta neanche centomila.

Invece Vasco ne raduna di fronte a sé centotrentamila,
per di più accorse da mezza Italia, sotto il sole cocente, e
pure pagando un biglietto.

Ma Vasco val bene qualche sacrifico, no? E ai tempi, come del resto anche oggi, il rocker era assolutamente cosciente del ruolo unico che andava a ricoprire, al punto da ironizzare sull'unico antagonista che sembrava pararglisi contro: Papa Wojtyla e i suoi Papaboys.

L'adunata del popolo del Blasco viene lanciata dai microfoni di *Roxy Bar*, programma televisivo del fido amico-nemico di vecchia data Red Ronnie (programma che proprio al bar reso immortale da Vasco in *Vita spericolata* – quello dove, si auspica, ci troveremo come le star a bere del whiskey – deve il nome).

Durante la puntata Vasco non si limita solo ad annunciare l'inaspettato live, contravvenendo a quanto dichiarato solo poche settimane prima, ma si esibisce anche in una versione per sola voce e chitarra acustica di *Sally* e *Albachiara*. Regalando a Red Ronnie e ai suoi telespettatori l'unica sua esibizione solista che si ricordi.

La scaletta del concerto di Imola vede i pezzi tratti dal nuovo album «Canzoni per me» riproposti in chiave simile all'originale, mentre i vecchi brani vengono riarrangiati per l'occasione.

Come sempre, accanto ai classici, ai successi conclamati, sono presenti anche brani rari, accantonati da tempo e recuperati per l'occasione.

Vasco ha modo di rodare lo show nelle serate del 16 e 17 giugno durante le quali tiene due concerti a Zurigo, «date zero» di quello che sarà il concerto dell'anno.

Ma andiamo con ordine. Sono circa le nove di sera. Il sole scompare lentamente all'orizzonte, ma ancora non si può dire faccia buio.

Il popolo del Blasco ha atteso con pazienza, ma adesso è davvero arrivata l'ora di partire, perché c'è urgenza di rock.

Ci siamo, si spengono le luci, l'adrenalina è così tanta

che uno la può tirare su col naso, manco fosse Rinazina. Il sudore, poi, è praticamente anche per terra, come pioggia raccolta in pozzanghere.

Già la partenza dimostra che le cose saranno davvero speciali, indimenticabili. Massimo Riva, l'amico ritrovato, parte con il giro di chitarra che subito tutti identificano come quello di *Quanti anni hai*. C'è solo lui, lì, che suona, e poi arriva Vasco che attacca a cantare. Chitarra acustica e voce, decisamente un modo originale per affrontare una marea montante come i centotrentamila di Imola.

Il ghiaccio (sempre che sia possibile parlare di ghiaccio con la temperatura, climatica ed emotiva, a questi livelli) è rotto. Da questo momento in poi è solo rock 'n' roll.

Segue infatti una rara versione di *Sballi ravvicinati del terzo tipo*, in una chiave dura e psichedelica che fa venire in mente i Pink Floyd del periodo Roger Waters.

Anche *Valium* è un altro vecchio brano che Blasco ha ripescato dal suo cappello da mago, anche se l'arrangiamento con cui lo propone è quello nuovo, già sentito nel 1997 nell'album antologico «Rock».

Seguono *E il mattino*, in una versione praticamente identica a quella incisa in studio, *Rewind*, che dal vivo già fa presagire il megasuccesso che otterrà nel corso dei due anni a venire, sia in radio che in discoteca, con tutti i centotrentamila a saltare come un sol uomo. E poi, ancora, una *Nessun pericolo... per te* dura come una legnata sui denti o, per dirla in gergo calcistico, un «Glasgow Kiss» (cioè una testata sul naso, omaggio con cui i tifosi dei Glasgow Rangers o dei Celtic Glasgow erano soliti regolare i conti coi propri avversari). Poi una quanto mai scanzonata *Blasco Rossi*, una tiratissima *Ormai è tardi* e una versione di *... Stupendo* capace come non mai di farti provare lo stesso schifo e la stessa rabbia che deve aver provato lui, Vasco, quando l'ha scritta.

Altro momento particolare è il medley acustico in cui si fondono tra loro *Incredibile romantica*, *Dormi, dormi*, *Laura*, *Ridere di te* e *Una canzone per te*. Poi, come a volere sottolineare una continuità già di per sé evidente tra due delle canzoni più toccanti uscite dalla sua penna, una rara *Jenny è pazza!* e *Sally*.

La gente è fuori di sé, come rapita da una follia collettiva. C'è chi se ne sta appollaiata sulle spalle del fidanzato, o chi, bandana in testa e canotta addosso, non smette un solo secondo di cantare, manco fosse lui a stare lì sul palco.

Seguono, in rapida carrellata, classici vecchi e nuovi, da *L'una per te*, al momento il cavallo di battaglia del nuovo album, a *Senza parole*, il brano inedito regalato agli iscritti al suo fan club un po' di anni prima, da *Gli angeli* a *Vivere*, impreziosita da uno splendido a solo alla chitarra elettrica di Stef Burns, da quel momento in poi vero pilastro della band, da *Siamo solo noi*, durante la quale verrà presentata la band, a una devastante *Mi si escludeva*, coi bassi che sollevano gli spettatori da terra, e una altrettanto granitica *Gli spari sopra*.

Vasco, vestito di nero, con gli occhiali da mosca, i capelli ancora rasati e il pizzetto brizzolato, tiene tutto il pubblico sul palmo della propria mano, come un vero dio del rock.

A vederlo dall'alto, nelle riprese fatte dall'elicottero, il popolo accorso sembra veramente una marea, qualcosa di difficile da gestire. Anche se, in realtà, di problemi non ce ne saranno affatto: per quanto Vasco sia ancora considerato da alcuni un cattivo maestro, evidentemente i suoi studenti sono venuti su bene, diligenti e ordinati.

Gli unici a vivere qualche momento di difficoltà, infatti, saranno gli stessi fan, costretti a stare sotto il sole cocente, prima in coda in autostrada, e poi lì, all'Autodromo.

Purtroppo ci sarà pure chi non arriverà a Imola che a

concerto iniziato, incastrato negli ingorghi lungo la A14 e poi obbligato a parcheggiare a chilometri di distanza dall'Enzo e Dino Ferrari.

Il concerto, se è possibile chiamarlo solo così (difficile trovare le parole per descrivere centotrentamila persone che cantano e ballano all'unisono, in effetti), volge al termine. E Vasco ha riservato per il finale alcune delle migliori cartucce.

Nell'ordine, prima fa ballare i presenti come degli ossessi sotto i bassi pulsanti di *Delusa*, poi li fa cantare con gli accendini accesi *Io no*.

Arriva il momento della rabbia, con una *C'è chi dice no* metallica e tagliente.

Chiudono tre evergreen: l'irriverente, sardonica *Bolliccine*, e poi *Vita spericolata* e *Albachiara*, su cui è difficile, nonché inutile, aggiungere commenti.

Solo a vedere, anche alle tre di notte, la gente sfinita ma raggiante, in fila per tornare verso l'autostrada, come formichine ordinate, si capisce che questo è uno di quegli eventi che fanno la storia, anche se di storia della musica leggera (e quindi da scrivere con la esse minuscola) si tratta.

Una piccola notazione a margine. Una delle componenti più emozionanti di questo concerto, per certi versi epico, a vederla col senno di poi, è la presenza al fianco di Vasco di Massimo Riva.

Durante una spumeggiante presentazione, inserita, come al solito, all'interno di *Siamo solo noi*, il maestro di cerimonie Diego Spagnoli, fedele assistente di palco di Vasco, se ne uscirà con una frase che sentita poi su CD suona quasi tragica: «Sempre in forma splendente... sempre più magro che mai...». La morte, purtroppo, lo attende dietro l'angolo.

Perché, come il lettore più attento avrà già capito, due

saranno i momenti più significativi del futuro prossimo di Vasco.

Il primo è la pubblicazione del terzo album live della sua carriera, intitolato non a caso «Rewind».

L'album, pubblicato il 22 aprile del 1999, è il più maestoso dei live sfornati fino a quel punto da Vasco, sicuramente per questioni legate al concerto in questione, riproposto in maniera fedelissima, con tanto di urla del pubblico, e con tutti i piccoli errori dei musicisti e dello stesso Vasco. Il rocker, infatti, decide con il suo staff di adottare una tecnica vicina a quella che si ritrova solitamente nei *bootlegg*, i dischi pirata fatti dai fan ai concerti dei loro beniamini. In pratica si registra tutto, dall'inizio alla fine, e si ripulisce il minimo indispensabile, per far sì che chi ascolta abbia una versione il più fedele possibile di come sono andate realmente le cose.

Né con «Fronte del palco», né con «Va bene, va bene così» i concerti erano stati riproposti in maniera altrettanto veritiera.

Nelle due prove precedenti si era lavorato sui volumi, tirando fuori o appiattendo di volta in volta il pubblico. In questo caso no: tutto quello che si sente è come si sentiva dal vivo.

Anche la scaletta è praticamente invariata, se si escludono due brani misteriosamente scomparsi, *E il mattino* e *Gli angeli*. E se dico misteriosamente è perché «Rewind» è un doppio album, per di più in CD, quindi, volendo, non ci sarebbero stati problemi di spazio.

Se «Va bene, va bene così» era la fotografia dei primi tour di Vasco, del Vasco che si stava facendo le ossa cominciando a raccogliere intorno a sé il suo popolo, e «Fronte del palco» era la cristallizzazione del nuovo corso che vedeva Vasco più «americano», con un approccio alla musica più «professionale» e con riscontri di pubblico più massicci, «Rewind» è il manifesto del nuovo Vasco Rossi, quello che ancora oggi ha un seguito oceanico.

Il secondo evento fondamentale per Vasco, in questo 1999, è la prematura scomparsa del vecchio amico Massimo Riva, trovato morto per overdose il 1° di giugno, a pochi giorni dalla pubblicazione di «Rewind» e a pochi giorni dalla partenza del Rewind Tour.

Questa scomparsa peserà non poco sul mondo di Vasco, sia quello privato sia in quello pubblico. Se, infatti, da una parte ci saranno i soliti perbenisiti che continueranno a menarla con la vita spericolata, e con il «chi la fa la aspetti», dall'altra perdere un caro amico proprio nel momento in cui il mondo sembra essere ai tuoi piedi non potrà che spingere Vasco ancora di più verso una visione amara della vita.

Il Rewind Tour, quello con cui Vasco era intenzionato a tornare in giro per l'Italia, partirà come da programma il 12 giugno dallo stadio Renato Curi di Perugia, dopo nemmeno due settimane dalla morte di Riva, e in tutte le date ci sarà un toccante ricordo dell'amico scomparso.

«Nessuno muore mai completamente, qualcosa di lui rimane sempre vivo dentro di noi. Viva Massimo Riva...»

Le sue ultime esibizioni dal vivo, a fianco di Vasco, saranno quella del Concertone del primo maggio, in piazza San Giovanni a Roma, e una serata alla discoteca Alcatraz di Milano, tenuta come test della nuova scaletta il 29 aprile.

Il tour, secondo per numero di spettatori solo a quello del 1997, toccherà praticamente tutta Italia, da Firenze a Cagliari, da Roma a Bari, da Bologna a Torino, da Genova a Trieste, da Verona a Palermo, da Galatina a Cosenza, da Benevento ad Ancona, da Modena a Rosà, in provincia di Vicenza, per concludersi con Montichiari, in provincia di Brescia, il 16 settembre e Varese il 18.

Seicentoventimila spettatori, proclamato tour di maggior successo dell'anno in Italia.

Vasco, intanto, vengono assegnati diversi premi, dal Lunezia, con *Quanti anni hai*, come poeta del rock, ai tre premi ricevuti durante il PIM (il Premio Italiani della Musica), il 24 marzo 1999, quello per la migliore tournée, il disco italiano dell'anno e anche il premio della critica.

Il comune di Serravalle Sesia, in provincia di Vercelli, gli conferisce addirittura la cittadinanza onoraria, durante una cerimonia che vedrà anche la presentazione di una statua di Vasco in legno e il rito del calco delle mani.

L'anno seguente, il 2000, gli frutterà ancora un PIM, come miglior Tour con «Rewind», consegnatogli l'11 aprile in diretta tv.

Ma visto che il 1999, come i cabalisti ben sanno, è l'anno che sancisce la fine non solo di un secolo, ma addirittura di un millennio, Vasco decide di chiudere alla grande, regalando ai suoi fan un singolo nuovo di zecca, intitolato proprio *La fine del millennio* e pubblicato a settembre. Un singolo che poi troverà posto nella prima raccolta ufficiale, «Tracks», uscita nel 2002.

Si tratta di una canzone tagliente, al limite del sarcasmo, in cui Vasco se la prende con la mania tutta italiana di voler sempre vedere gli altri in forma, perfetti, bellissimi. La copertina del singolo raffigura un Cristo bendato, un'immagine di scena tratta da «Aktion» di Hermann Nitsch, performance svoltasi a Prinzendorf nel 1984. Il singolo contiene due tracce: la versione studio e la versione live del pezzo. L'incasso relativo ai diritti della canzone viene devoluto in beneficenza all'associazione dedicata a Massimo Riva, impegnata per il recupero dei tossicodipendenti.

Vasco Rossi è davvero un uomo nuovo, non ci sono più dubbi.

18

BENVENUTI NELLO STUPIDO HOTEL
DEL BLASCO, DALLE PARTI DI FABRIANO

Dopo l'inconsueta sovraesposizione del biennio 1998-1999, con la pubblicazione di due album, «Canzoni per me» e addirittura il doppio live «Rewind»; dopo il bagno di folla vissuto prima a Imola, nel megaconcerto all'Heineken Jammin' Festival, e poi nel fortunatissimo Rewind Tour, con oltre seicentocinquantamila spettatori paganti, e dopo i premi conquistati e i riconoscimenti da parte della critica – che hanno nella partecipazione al Premio Tenco e al Premio Lunezia, ancor più che nella conquista dei PIM, i loro picchi massimi –, tutti, ma proprio tutti si aspettano che Vasco scompaia per un bel pezzo.

Sono ormai lontani i tempi in cui il nostro era solito sfornare un lavoro ogni primavera, quando era più giovane e aveva energie da vendere: il Vasco degli anni Novanta si è dimostrato parco di pubblicazioni, con lavori tirati fuori dal cassetto ogni tre o quattro anni. Insomma, se la routine deve essere album-live e poi un paio di anni di riposo, amen.

Invece Vasco ha recuperato le forze e, messi definitivamente da parte i vizi e gli eccessi del periodo maledetto, ora si concentra con ferrea disciplina sul lavoro, da professionista implacabile.

Così nel 2000, l'anno che nelle aspettative dei più dovrebbe essere l'inizio del suo periodo sabbatico, il Blasco si impegna nella scrittura e produzione di canzoni per amici e colleghi.

Prima si dedica alla frizzante rocker fiorentina Irene Grandi, a cui fa dono del brano *Una ragazza sempre*, scritto in compagnia del solito Gaetano Curreri. La canzone, presentata al Festival della Canzone italiana di Sanremo, si piazza al secondo posto e inaugura una collaborazione che avrà il suo momento clou tre anni dopo, con l'album «Prima di partire».

Poi scrive e produce un paio di canzoni per Patty Pravo, già incrociata nel 1997, ai tempi della splendida *E dimmi che non vuoi morire*. Anche in questo caso, come quasi sempre accade quando Vasco scrive per altri artisti, le canzoni sono frutto della collaborazione con Curreri, autore delle musiche. Per Patty Pravo il duo scrive *Una donna da sognare*, canzone che dà anche il titolo al nuovo album della cantante veneziana, e *Una mattina d'estate*, presentata con successo dalla Pravo al Festivalbar del 2000.

Prima, però, l'11 aprile, Vasco porterà a casa l'ennesimo premio di questa lunga stagione inaugurata con «Canzoni per me». Si tratta del PIM per il miglior tour del 1999, ottenuto grazie ai concerti del Rewind Tour. Da notare che Vasco era stato nominato anche nelle categorie disco, video e canzone dell'anno, sempre per *Rewind*.

Durante l'anno, tanto per tenere caldi i fan, la vecchia etichetta di Vasco, la Carosello Records, pubblica una raccolta, non ufficiale, dal titolo «Sarà migliore». L'album contiene alcuni classici del suo repertorio, da *Bollicine* a *C'è chi dice no*, da *Dormi dormi* a *Fegato, fegato spappolato*. Unica traccia davvero appetitosa è però quella che dà il titolo all'album, *Sarà migliore*. In realtà non si tratta, come riportato dai giornali dell'epoca, di un inedito, ma inedita è la versione che si trova su questo CD. Il brano, infatti, era stato scritto da Vasco per Valentino nel lontano 1983, ma mai inciso da quest'ultimo. *Sarà migliore*, invece, era stata interpretata un paio di anni dopo da Fiordaliso, senza però lasciare tracce significative.

Con queste premesse – e con una medaglia d'oro ricevuta per meriti artistici dal Comune di Zocca il 20 gennaio del 2001 – il buon Vasco lascia tutti di stucco ripresentandosi nei negozi di dischi con dieci nuove canzoni, il 6 aprile dello stesso anno.

L'album è «Stupido Hotel», e in realtà era già stato anticipato da alcuni video spot lasciati in rete, circa una trentina, che mostravano il rocker e il suo staff al lavoro in studio. Un altro modo tecnologicamente all'avanguardia di farsi promozione e, in tutti i casi, di accontentare la fame insaziabile dei tanti fan. Anni dopo, nel 2007, quando saranno i Nine Inch Nails a ricorrere a un'operazione simile per il lancio del loro nuovo album «Year Zero», tutto il mondo griderà al genio di Trent Reznor. Verranno tirati in ballo il «guerrilla marketing» e si parlerà costantemente di avanguardia, ignorando che già sei anni prima c'era chi aveva segnato la stessa strada.

Sia come sia, il 6 aprile del 2001 è la data di pubblicazione del tredicesimo album di studio di Vasco Rossi, «Stupido Hotel».

Un successo annunciato (ma non troppo, visto che l'uscita di questo nuovo CD sorprende molti, sia fra i critici che fra i fan): l'album macina record su record bruciando ben trecentotrentamila copie in soli tre giorni (record mancato, tanto per fare un nome, anche dalla raccolta «Ones» dei Beatles). Le vendite, poi, continueranno anche nelle settimane e nei mesi successivi, sfiorando anche in questo caso il solito (si fa per dire...) milione di copie.

Partiamo dal titolo, esattamente come per «Gli spari sopra» eravamo partiti dalla copertina. Anche in questo caso, Vasco gioca con un'icona del rock, quella dell'hotel. Come ha avuto modo di spiegare lui stesso, «il cielo del rock è costellato di alberghi famosi, immortali».

Di quali alberghi si tratta?

Semplice: si passa dall'Hotel California, reso immortale dall'omonima canzone degli Eagles, al Chelsea Hotel, reso ahilui noto dagli eccessi di droga e di violenza di Sid Vicious, dallo psichedelico Morrison Hotel dei The Doors, al malinconico Heartbreak Hotel, l'albergo dei cuori spezzati, di Elvis Presley, dal claustrofobico Hotel Supramonte dell'amato Fabrizio De André, con cui il cantautore genovese si riferiva al luogo dove era stato tenuto nascosto dai suoi rapitori sardi, al Million Dollar Hotel di Bono degli U2, portato nelle sale cinematografiche dal regista tedesco più rock del mondo, Wim Wenders.

Da oggi un nuovo albergo arricchisce questa lunga fila di luoghi mitici, lo Stupido Hotel del Blasco, quello dove, ci spiegherà lo stesso Vasco, «bisogna fare i conti con se stessi». L'hotel dove non si va in compagnia per passare una notte (anche perché se no sarebbe un motel), ma dove si sta soli.

E la solitudine è il tema pulsante già del primo singolo dell'album, quello a cui Vasco ha affidato, insieme ai trenta video sparsi per la rete, il compito di annunciare al mondo il suo ritorno: *Siamo soli*, classica ballata alla Vasco Rossi. La canzone è stata scritta in compagnia di uno dei suoi più validi collaboratori, Tullio Ferro. Forse è il caso di sottolineare come Ferro (da non confondersi con Tiziano Ferro, come avrà modo di dire lo stesso Vasco nel presentarlo durante il lancio di «Buoni o cattivi») sia dietro a un sacco di brani del repertorio vaschiano, tutti brani di un certo successo. Fino alla pubblicazione di «Stupido Hotel», infatti, ha impiegato la sua penna per brani come *La noia*, *Vi-*

ta spericolata, Brava Giulia, Ciao, Ormai è tardi, Vivere senza te, Liberi Liberi, Guarda dove vai, Non appari mai, Vivere, Delusa, Occhi blu, Benvenuto, Gli angeli, Mi si escludeva, Sally, Le cose che non dici. In quest'album, poi, firmerà non solo il singolo *Siamo soli,* già un classico al momento dell'uscita, ma anche la canzone che dà il titolo al CD e *Stendimi.* In «Buoni o cattivi», invece, co-firmerà la mega-hit dell'estate 2004 *Come stai* e *Hai mai, Non basta niente* e *Da sola con te.* E, c'è da scommetterci, anche in futuro continuerà a mettere lo zampino in brani capaci come pochi di scardinare i cuori del popolo del Basco, uno grande anche nel sapersi scegliere i soci, evidentemente.

Tornando a *Siamo soli*: lo si capisce al primo ascolto, questa è una canzone destinata a fare breccia ancora una volta in una nuova generazione. L'incedere è arrabbiato, aggressivo, quasi malinconico. Stesso mood e stessa amara tristezza che si troverà alcune tracce più avanti nel brano *Tu vuoi da me qualcosa.*

Se nella prima canzone l'accento è posto sul protagonista, nella seconda grava sulla partner. Lì «vivere insieme a me, hai ragione hai ragione te, non è mica semplice, non lo è stato mai per me», qui «Per essere felici per te ci vuole un caffè, non ti fidi mai, non ci credi e lo sai, vuoi qualcosa di più, e dici che tu pretendi da me qualcosa che io non so.»

Sono entrambe splendidi esempi di liriche basate su pochissime parole, essenziali.

Una caratteristica, questa del rocker di Zocca, «maturata» nel tempo e che lo rende unico in Italia, una nazione dove, probabilmente a causa delle nostre radici classiche, i cantautori hanno questa mania di proporre sempre testi complessi, molto parlati, al limite della logorrea.

Vasco ha ridotto il suo stile all'osso, tanto per citare un'indicazione dello scrittore americano Raymond Carver, non a caso considerato il padre di un genere letterario chiamato Minimalismo. Poche frasi, poche parole e quello che c'è da dire arriva, dritto in faccia. Se puoi usare tre parole per esprimere un concetto, usane anche solo due, che è meglio.

E dire che nei primi lavori lo stile del Blasco era completamente diverso, con chiari riferimenti alla scuola dei cantautori genovesi, come De André, e dei poeti folk alla De Gregori.

Con l'esperienza, Vasco ha sottratto materiale, ha asciugato là dove c'era da asciugare: poche parole, spesso tronche. E ora il suo è un modello inimitabile.

Tornando alla coppia di canzoni di cui si parlava, c'è da dire che *Siamo soli* è in realtà assai più trascinante di *Tu vuoi da me qualcosa*, brano che difficilmente entrerà fra i cavalli di battaglia del nostro, anche perché sembra una bomba tenuta sempre sul punto di esplodere ma mai innescata, tanto quanto *Siamo soli* è invece un classico esempio di brano in crescendo, esaltante.

Lo stesso Vasco identifica in *Siamo soli* un punto focale della sua carriera.

«*Siamo solo noi* e *Siamo soli*: è tutto lì. Sono passato da *Siamo solo noi* a *Siamo soli*, la differenza che passa tra Vasco Rossi di venti anni fa e quello di adesso sta tutta in queste due canzoni. Cambia la consapevolezza, forse, ma il nocciolo è sempre quello...»

Accanto a queste ballate, ormai identificabili come «alla Vasco», l'album presenta anche brani più rock, ma di quel rock che un po' flirta con la dance, alla *Delusa* e *Rewind*. Brani che capita di sentire in discoteca o sul banco delle veline di *Striscia la notizia*, ahilui. In «Stupido Hotel» si trova *Ti prendo e ti porto via*, che con *Stendimi* e *Quel vestito semplice* condivide il compito di far muovere il culo agli ascoltatori (anche se la prima è più dichiaratamente pensata per le discoteche, e le altre due più rock, nonostante un consistente ricorso all'elettronica).

Ti prendo e ti porto via ha poi un'altra peculiarità che merita di essere raccontata. Il titolo di questa canzone, al momento dell'uscita, non è suonato molto originale alle orecchie dei fan, almeno a quelle di chi era abituato a frequentare anche le librerie. Si intitola così anche un libro di Niccolò Ammaniti, uno dei pochi superstiti del calderone della «gioventù cannibale», autore romano molto amato in Italia e all'estero. Per capirsi, quello che proprio nel 2001 pubblicherà il romanzo *Io non ho paura*, poi diventato fortunatissimo film di Gabriele Salvatores e opera tra le più vendute in Italia.

Vasco, amante della narrativa ironica e cruda di Ammaniti, decide di omaggiarlo riprendendo il titolo di un suo romanzo del 1999 per darlo a una di quelle canzoni, lui già lo sapeva, destinate a diventare un tormentone estivo. In realtà, dichiarerà Vasco, ha scelto quel titolo perché gli suonava bene la frase, in effetti molto incisiva, non solo perché gli era molto piaciuto il libro. Nei fatti, il libro e la canzone andranno a lungo a braccetto in testa alle rispettive classifiche di vendita, con buona pace di entrambi.

Altro scrittore del giro vaschiano è stato il giovanissimo culto letterario Enrico Brizzi, quello che ha sfornato appena diciassettenne, nell'anno del Signore 1993, quel *Jack Frusciante è uscito dal gruppo* entrato di diritto nella storia dell'editoria della fine del secolo scorso, con il suo milione e passa di copie vendute (e considerate che nel mondo dei libri di copie se ne vendono molto meno che in quello dei dischi...). Brizzi, che con Vasco condivideva ai tempi più che altro la città di residenza, Bologna, era stato chiamato dal nostro a scrivere la postfazione del fortunato libro del 1996, *Diario di bordo del capitano*. Una simpatica postfazione in cui Brizzi dichiarava, senza tanti giri di parole, che, appena conclusa la stesura della stessa, si sarebbe masturbato per festeggiare l'evento.

Brizzi tornerà a collaborare con Vasco dopo oltre un decennio, come autore della sceneggiatura del videoclip di *Basta poco* e del fumetto dedicato ai tre piccoli protagonisti del video stesso, frutto della fantasia del figlio del rocker, Luca. Ma di questo parleremo più avanti.

Tornando a «Stupido Hotel», ci sono altre canzoni che meritano di essere citate, a partire da quella che dà il titolo a tutto il lavoro.

Classica ballata acustica, giocata su un crescendo degno di *Siamo soli, Stupido Hotel* ha un testo amaro e corrosivo, di quelli che non lasciano via di scampo.

«Farmi la barba o uccidere, che differenza c'è?»: già questa frase, degna del titolo di un libro o di un film, spiega la situazione.

Il ritornello è di quelli che, quando vengono intonati negli stadi, in coro, fanno venire giù gli spalti, mettendo a rischio architetture pensate per le partite di calcio e non per i concerti, altro che decibel nocivi per la salute dei cavalli (questa la capirete tra poco, portate pazienza).

«Credi che sia facile, credi che sia semplice, vai a farti fottere. credi che sia... Una storia semplice... Cielo senza nuvole... Un amore utile... Sempre alla ricerca DOV'È?? Uhò dov'è? Fin là!! Dov'è? ... Uh! Dov'è... Questa felicità!»

Il videoclip di questa canzone è altrettanto significativo perché, per la prima volta, è stata messa a disposizione di un artista una location atipica e prestigiosa come le Grotte di Frasassi presso Genga, vero e proprio prodigio della natura nei pressi di Fabriano, nelle Marche.

Zona evidentemente cara a Vasco, visto che è da quelle parti che preparerà il successivo tour, inaugurato dalla data zero presso lo Stadio Comunale di Fabriano il 10 giugno (sempre da queste parti terrà i due concerti di prova del 25 e 26 giugno per le tre esibizioni del 2003), e visto che è proprio al Grand Hotel di Genga, dove si trovano le grotte in questione, che il nostro aveva posto la sua base operativa nei giorni precedenti i concerti.

Tornando alla tracklist dell'album «Stupido Hotel», segue *Io ti accontento*, brano ironico e sagace in cui per la prima volta a far compagnia al classico rock alla Vasco Rossi arriva il rap – davvero hot – degli americani Black Diamond e Monyka «Mo» Johnigan. Testi piuttosto espliciti, al limite del pornografico, anche se fortunatamente in inglese, e quindi non vittime di ipotetiche censure. Un brano dalle tinte forti, ma comunque molto radiofonico.

Standing ovation è un mid-tempo per chitarra acustica, con Vasco che si sdoppia e ci canta di una storia d'amore solare, una standing ovation per una donna.

Perché non piangi per me è un momento toccante dell'album, non tanto per il contenuto della canzone, quanto per la firma che porta in calce, quella dello scomparso Massimo Riva. Probabilmente, a meno che non salti fuori qualche inedito, sarà l'ultima canzone di Riva a comparire in un album del Blasco, e la cosa non lascia indifferenti i suoi tanti fan. È un brano per chitarra elettrica, non troppo veloce ma con un ritornello gridato e molto duro.

Tu vuoi da me qualcosa è il contraltare di *Siamo soli*, già l'ho detto, così come *Stendimi* e *Quel vestito semplice* lo sono, in chiave squisitamente rock, di *Ti prendo e ti porto via*.

Chiude il tutto l'ironica *Canzone generale*, brano che rifà il verso alla *Canzone popolare* di Ivano Fossati. «Alzati che si sta alzando la canzone generale...»

Uno sfottò rivolto al collega e anche a quanti hanno eletto quella canzone a riferimento di un certo modo di pensare, quello della sinistra moderata.

Vasco non è per le vie di mezzo, e quindi neanche per la moderazione.

Visto che ero partito dal titolo, chiudo il discorso su «Stupido Hotel» con la copertina, frutto di una foto di

Efrem Raimondi, fotografo ufficiale del nostro, elaborata da Arturo Bertusi di Chiaroscuro. Ci mostra un Vasco inquadrato di profilo, non al centro della scena, ma in un angolo, in alto a destra. Sullo sfondo una palazzina, verso l'ora del tramonto. La foto è su tonalità fra il grigio e il seppia, almeno nel cartonato, mentre sul grigio e il celeste nel booklet interno. Vasco appare pensoso, con lo sguardo rapito altrove. Ma un altrove non troppo lontano, semplicemente fuori dall'inquadratura. Come in un racconto di Carver, il minimalista, qualcosa è accaduto o sta per accadere, ma non qui e non ora.

Una volta tanto una copertina all'altezza dell'album.

Album che, per la cronaca, Vasco ha registrato in buona parte a Los Angeles, presso gli Hanson Studios, in compagnia di turnisti d'eccezione, come Vinnie Colaiuta alla batteria, Randy Jackson al basso, Michael Landau e Stef Burns alle chitarre, Celso Valli e Frank Memola alle tastiere, con Valli impegnato anche nella direzione d'orchestra degli archi di *Siamo soli* e *Stupido Hotel*. Il tutto prodotto dallo stesso Vasco in compagnia del fido Guido Elmi, e con la produzione esecutiva del vecchio amico e sodale Floriano Fini, quello che una lontana domenica mattina a Zocca si era alzato da poco e non era ancora sveglio...

Le vendite dell'album partono subito bene e proseguono anche meglio. In cinque mesi viene superato il mezzo milione di copie, per giungere fin quasi al milione entro l'anno.

Dopo aver testato il live show, prima nella data zero allo Stadio Comunale di Fabriano, il 10 giugno, e poi a Napoli il 12, il 16 giugno Vasco si ripresenta a Imola, il luogo del delitto. Anche stavolta è l'headliner dell'Heineken Jammin' Festival che, nel frattempo, anche e soprattutto grazie a Vasco, è diventato il vero momento clou degli eventi live italiani. Stavolta accorrono quasi duecentomila persone, al punto che molti resteranno in coda in autostrada e lungo le vie di accesso all'Autodromo durante tutto il tempo del concerto.

Seguirà un tour epocale, con date sold out che toccano mezza Italia. Torino, Verona, Bari, Palermo, Salerno, Roma, Udine, Ancona, Modena, Firenze, Padova, e in ogni città uno stadio pieno come un uovo, per quella che è riconosciuta unanimemente come la tournée dell'anno.

A pochi giorni dalle tre date conclusive – rispettivamente di Modena, Firenze e Padova – l'8 settembre Vasco vince a mani basse l'edizione 2001 del Festivalbar, con *Ti prendo e ti porto via*. Rivelazione dell'anno sarà Valeria Rossi, col brano *Tre parole (sole, cuore, amore)*, a dimostrazione che il nome, a volte, ha una sua importanza. La finale verrà trasmessa su Italia 1 l'11 e 12 settembre.

E visto che il Blasco ormai si è abituato a mietere successi come fossero grano, sempre con *Ti prendo e ti porto via*, stavolta nella versione remix, si porterà a casa anche il Dance Music Award.

19

SULLE TRACCE DI VASCO ROSSI, L'UOMO DEI RECORD

Vasco, ormai, di fermarsi non ne vuole più sapere. Ha trascorso la prima metà degli anni Novanta alternando periodi di clausura, dedicati alla famiglia ma anche alla scrittura di nuove canzoni, a periodi di grande esposizione, con i grandi album pubblicati e le fortunate tournée di «Gli spari sopra» e «Nessun pericolo... per te», intervallate da Rock Sotto Assedio. Dal momento in cui ha tirato fuori dal cappello «Canzoni per me», però, praticamente non si è più fermato.

E anche nel 2002, anno di transizione, dedicato a riflettere sul futuro, discografico e non, e soprattutto a ricaricarsi le pile, Vasco decide di tornare nei negozi di dischi, (che nel frattempo sono invece praticamente scomparsi dalla circolazione, sostituiti dai megastore e dai centri commerciali) con la sua prima raccolta, il suo primo Greatest Hits. O meglio, il primo ufficiale, curato direttamente da lui, perché (come ben sanno i suoi fan, e come sinteticamente potete trovare in fondo a questa biografia) di raccolte di Vasco ne esistono davvero a decine. Di tutti i tipi: da quelle rock a quelle d'amore, dagli inni ai classici. La caratteristica che distingue la nuova raccolta dalle altre è il fatto che, in precedenza, a scegliere le canzoni sia stata una casa discografica, non necessariamente coinvolgendo l'autore nell'operazione. Infatti, a eccezione di «Rock», raccolta che vedeva Vasco riproporre i suoi brani più duri con un vestito nuovo, per il resto si tratta di mere operazioni di mercato, di quelle che, nel suo caso, funzionano sempre.

«Tracks», questo il nome della raccolta ufficiale del 2002, è invece il primo lavoro del genere in cui a scegliere le canzoni è lo stesso Vasco Rossi.

Ma... Chiaramente c'è un ma, come in tutte le belle fiabe. Come subito salterà agli occhi anche dei meno attenti, la scaletta delle canzoni selezionate pende in maniera eccessiva sul repertorio più recente del Blasco, con canzoni molto amate dal suo pubblico tenute ingiustamente fuori dai giochi. Il motivo è squisitamente legato a logiche di catalogo. Vasco, infatti, ha selezionato molte canzoni pubblicate con la EMI, la sua attuale etichetta discografica, e quindi anche quella che pubblica «Tracks», perché i diritti delle vecchie canzoni appartengono ad altre case, dalla Lotus alla Carosello. Quindi, anche in questo caso, la selezione non è figlia solo del gusto dell'artista, ma anche del mercato.

Di fatto, però, «Tracks» presenta una scelta di canzoni davvero impressionante, di quelle che non lasciano adito a malcontenti (perché è vero che mancano dei classici, ma è anche vero che le canzoni presenti sono tutte di primissimo piano, e molto amate dai fan).

Come è ormai consuetudine, «Tracks» non esce solo come doppio CD, ma anche in versione DVD. E proprio all'interno di quest'ultimo si nasconde una chicca che non tutti i fan sono riusciti a scovare. Infatti, con un'attenta ricerca, utilizzando un PC, si potrà trovare un video inedito in cui il nostro ci racconta, confidenzialmente (forse perché cosciente che, così nascosto, non tutti troveranno il tesoro...), come ha passato le giornate a Los Angeles, durante il periodo trascorso lì per incidere «Stupido Hotel».

Chicche nascoste a parte, «Tracks» è già di per sé un album con una strana storia discografica.

Partiamo infatti dalla tracklist, concetto a cui il buon Vasco deve aver prestato non poca attenzione, visto che alla stessa ha poi dedicato la sua raccolta, «Tracks», appunto, giocando con il doppio significato di «traccia», nel senso di canzone e nel senso di segno lasciato, di orma. Da una veloce scorsa alle canzoni presenti nel doppio CD, ventiquattro in tutto, si nota subito che è presente un solo inedito. Un inedito particolare, visto che non si tratta di una nuova canzone, come era stato nel caso di *Va bene, va bene così*, per l'album omonimo, o di *Guarda dove vai*, per «Fronte del palco», ma della cover di un vecchio brano di De Gregori, di cui parlerò a breve.

Una raccolta con un solo inedito, per di più una cover: ce ne sarebbe abbastanza per far presagire un bel flop, di quelli che gli addetti ai lavori chiamano «bagno di sangue».

Se poi si considera che da anni, ormai, la discografia viene data per morta, vittima di un misterioso virus (sia questo virus la pirateria, internet, l'IVA troppo alta o gli stipendi d'oro dei discografici e di certi cantanti), il gioco è fatto: Vasco ha finalmente commesso il passo falso che tutti i suoi detrattori aspettavano da chissà quanto tempo.

Ma la stranezza e particolarità di «Tracks» non sta tanto nell'assenza di brani nuovi di Vasco, quanto nel fatto che la stessa raccolta, nonostante i dubbi di cui ho appena parlato, si catapulta subito (ancora una volta) al primo posto della classifica, e ci rimane anche per un bel pezzo, trasformando anche quest'anno sabbatico del Blasco in un ormai canonico «suo anno».

Con le sue oltre ottocentomila copie vendute, per di più, si candida a essere il Greatest Hits di maggior successo nella storia della discografia italiana, come se Vasco avesse bisogno di un nuovo record da aggiungere al suo carniere.

Ottocentomila copie. Una quantità davvero impressionante se si considera che, oggi come oggi, basta vendere poche migliaia di CD per arrivare in Top Ten, come dimostrano i veloci passaggi in Hit Parade di gruppi e cantanti semisconosciuti.

Nel caso di Vasco, bisogna anche tener conto di un particolare di non scarsa importanza: si tratta di ottocentomila copie originali vendute, senza quindi tenere conto di quelle pirata, che si trovano ormai a ogni angolo di strada di qualsiasi città italiana, e senza tenere conto di tutte quelle passate tra amici o scaricate illegalmente da internet.

Ultima notazione significativa è che la raccolta «Tracks» – quella con un solo inedito eccetera eccetera – è una doppia raccolta venduta al prezzo di una doppia raccolta. Nessuno sconto agli amici, o trucchi da illusionista (tipo quello attuato poco dopo da Biagio Antonacci, che ha splittato in due il suo album «Convivendo», vendendo le due metà a metà prezzo e piazzandosi quindi in testa alle classifiche degli album per molto tempo).

«Tracks» non è un album a prezzo speciale e non è stato venduto in edicola, tanto per fare paragoni con altri successi degli ultimi tempi, tutti a ben vedere di minore portata.

Ma torniamo all'inedito della raccolta: *Generale* di Francesco De Gregori.

È cosa risaputa che Vasco si sia sempre dichiarato un fan sfegatato di De Gregori. Cosa un po' più sorprendente è stato apprendere, solo pochi anni prima, che anche il Principe (così veniva un tempo chiamato il cantautore romano, per il suo portamento nobile), fosse a suo modo un fan di Vasco, al punto da interpretare durante la tournée del 1992 la sua *Vita spericolata*, evento immortalato l'anno seguente nel fortunato album dal vivo «Il bandito e il campione».

Vasco ama De Gregori, De Gregori ama Vasco.

Prendiamone atto.

De Gregori ha interpretato *Vita spericolata*: a questo punto diventa quasi doverosa l'interpretazione di una cover di De Gregori da parte di Vasco. Ma sentire il rocker emiliano interpretare *Generale* è un'esperienza fuori dal comune, perché di colpo è come se quella canzone, che ha fatto parte della colonna sonora della vita di quanti (come chi scrive) sono nati a cavallo tra i Sessanta e i Settanta, fosse diventata una canzone di Vasco Rossi, punto e basta.

Per un attimo uno pensa di essere dentro un film tipo *Ritorno al futuro*, quando Michael J. Fox decide di inventare, si fa per dire, il rock 'n' roll eseguendo *Johnny B. Good* di Chuck Berry, con tanto di passo dell'oca in anticipo sui tempi. Bene, Vasco, in questo film vestirebbe i panni dell'attore americano, e De Gregori quelli di Chuck Berry, lì al telefono con il cugino, pronto a rubare l'idea e a farne un classico della musica leggera italiana.

Vasco riesce a entrare dentro i tessuti di questa canzone e a farla propria come raramente è capitato di ascoltare in Italia. Sempre per fare paragoni cinematografici, è un po' come nello scontro finale tra Neo e l'agente Smith, in *Matrix*. Neo-Vasco si è infilato sotto la pelle dell'agente Smith-Generale, fino a diventare un tutt'uno.

Generale, suonata in chiave epico-rock, si trasforma in un vero inno contro tutte le guerre, come già era capitato di ascoltare dal vivo a tutti quelli che avevano assistito a Rock sotto Assedio (molti meno degli ottocentomila che acquisteranno «Tracks»), un altro classico vaschiano.

Non che l'originale fosse tanto diversa: testo, giro musicale e struttura rimangono praticamente invariati. Ma l'interpretazione che il rocker di Zocca dà di questo pezzo, il fatto che oltretutto il pezzo stesso suoni profeticamente attualissimo, visti i giorni neri e cupi che stiamo a tutt'oggi vivendo, fa sì che *Generale* diventi a tutti gli effetti una canzone di Vasco Rossi.

E magari qualche fan distratto l'avrà anche pensato: tu guarda, un'altra cover di Vasco fatta da De Gregori. Ironia della sorte.

Per il resto, «Tracks» propone il meglio a disposizione in casa EMI. E quindi da una parte ci sono vecchi classici riproposti in versioni dal vivo, dall'altra brani tratti dal repertorio che va da «Liberi Liberi» a «Stupido Hotel», compresi quelli usciti nei vari progetti collaterali di Vasco.

Oltre che a *Generale*, infatti, ci sono una versione dal vivo di *Albachiara*, tratta dal concerto di Imola del '98; *C'è chi dice no*, registrato all'Italsider di Bagnoli nel '97 e *Una canzone per te*, registrata a San Siro il 10 luglio del '90. C'è poi una carrellata impressionante di brani tratti dal repertorio più recente: *Guarda dove vai*, unico brano inedito contenuto nel Live «Fronte del palco», *Io no*, *... Stupendo*, *Gli spari sopra*, *Mi si escludeva*, *Liberi Liberi*, *Gli angeli*, *Vivere*, *Rewind*, *Quanti anni hai*, *Gabri* (messe così, una a fianco all'altra, unite dalla stessa tematica, l'amore di un uomo per una ragazzina), *Benvenuto*, *Sally*, *Siamo soli*. Sono presenti una versione registrata appositamente per l'occasione di *Ogni volta*, e poi *Splendida giornata* e *Toffee* nelle versioni originali, uniche due concessioni al repertorio del periodo Carosello. Completano il tutto tre brani precedentemente usciti come singoli, e mai entrati in un album di Vasco. Si tratta di *Senza parole*, allegato nel 1994 come regalo alla fanzine «Il Blasco» per i membri del fan club, *Se è vero o no*, contenuto nel CD del singolo *Gli spari sopra*, ma non nell'omonimo album, e *La fine del millennio*, uscito come singolo benefico nel settembre del 1999.

Su quest'ultimo brano mi voglio soffermare un attimo. Uscito a ridosso della pubblicazione di «Rewind», il doppio album dal vivo che immortalava il megaconcerto di Imola, e presto soffocato dall'uscita di «Stupido Hotel», questo corrosivo rock ha corso il rischio di passare un po' in sordina. In realtà questa canzone ha un testo che, non ce ne fossero già abbastanza, meriterebbe di diventare uno dei manifesti di Vasco. Dopo *Siamo solo noi*, *Vita spericolata*, le canzoni dell'illusione; dopo *Liberi Liberi*, quella della disillusione, ecco la canzone dell'incazzatura. Un'incazzatura rivolta a chi pretende di decidere sempre e comunque per il nostro bene. Quelli che vogliono che siamo tutti belli e sani, e che di conseguenza appaiono a loro volta sani e belli.

«Io non mi farò mai il lifting» mi dirà Vasco nel 2003, facendo un chiaro riferimento all'allora presidente del consiglio Silvio Berlusconi, colui che ha sdoganato la chirurgia estetica a beneficio della propria campagna elettorale. «Io non mi farò mai il lifting perché credo che bisogna invecchiare con dignità, questa è una cosa faticosa ma necessaria, altrimenti significa che si corre dietro a dei modelli falsi, quelli che imperversano in questo mondo: bisogna essere tutti belli, tutti magri, tutti vincenti.» Vasco, che in realtà non ne sbaglia una, è assolutamente dalle parte dei perdenti. «E i deboli sono trattati male. Anche per questo la dignità del drogato, come uomo, è totalmente calpestata. In virtù del fatto che è un delinquente, un criminale, ma anche, spesso, che è una persona brutta, malmessa.»

L'averla inserita lì, tra le tracce più significative della propria carriera, dà a *La fine del millennio* l'importanza che merita.

Accompagna il doppio album un bel booklet tutto giocato sul verde e sull'arancione, colore, quest'ultimo, che da lì in poi diventerà quello ufficiale del popolo del Blasco (un po' come il color pesca lo era per i fan di Prince ai tempi del capolavoro «Sign 'O' the Times»).

Vasco, un po' ingrassato e coi capelli radi in fronte che ricominciano ad allungarsi sulle spalle, è fotografato sulla copertina col viso particolarmente tirato, come se fosse sul punto di esplodere. Intorno a lui si muovono figure sfocate, gente di passaggio. Nelle pagine interne appaiono rari scatti che lo vedono imbracciare la chitarra, elettrica e acustica, strumento con cui è solito comporre le sue canzoni ma che quasi mai ha suonato pubblicamente.

Anche questo 2002 sarà quindi un anno segnato (tanto per fare riferimento al titolo scelto per la raccolta) da Vasco Rossi, che andrà a piazzare il suo Greatest Hits in testa agli album più venduti.

Sempre di più, quello di Vasco è il nome più vicino ai giovani, che lo vedono come l'unico in grado di cantare il proprio pensiero e che, almeno in questo, si trovano d'accordo con le generazioni precedenti.

Nel frattempo anche la percezione che i media e le istituzioni hanno di lui si è andata via via modificando: quello che un tempo era liquidato come balordo ora viene semplicemente considerato una rockstar, un poeta del rock.

Il cattivo maestro di un tempo, si può tranquillamente dire, è stato messo in pensione…

«Io non sono mai stato un cattivo maestro» mi dirà. «Non sono proprio un maestro, semmai sono cattivo, ma maestro no. Io non sono un esempio, sono una persona, un uomo. Io sono la voce di chi non ha voce, sono la voce della gente. Io quando canto racconto le storie, le emozioni che tutti provano, ecco perché ci capiamo. Parliamo da cuore a cuore. Io sul palco rappresento loro, non è che parlo a loro, non è che gli spiego come si fa a stare al mondo. Io sono la voce della gente. Magari la gente è troppa, ma sono la voce di tanta gente, tanta gente che non ha voce.»

20

LE TRE GIORNATE DI MILANO,
QUANDO VASCO CONQUISTÒ
DEFINITIVAMENTE SAN SIRO

Arriviamo al 2003, anno che, tanto per cambiare, avrà in Vasco un protagonista. Il motivo è entrato nella leggenda, quindi non sto tanto a tirarla per le lunghe: nei giorni del 4, 5 e 8 luglio 2003 Vasco Rossi tiene tre concerti sold out allo stadio Meazza di San Siro, portando alla sua corte qualcosa come duecentocinquantamila spettatori. Lo ripeto, duecentocinquantamila spettatori, quanto gli abitanti di una città medio-grande italiana.

Una cifra strabiliante, tanto più se si considera che, stando alle richieste ricevute nei punti di prevendita, e soprattutto dando un'occhiata alla folla sterminata che per tutte e tre le serate ha circondato San Siro nel vano tentativo di trovare uno spiraglio, un pertugio dove poter ficcare la testa e riuscire a partecipare all'evento dell'anno, c'è da scommettere (e queste sono state anche le dichiarazioni degli organizzatori) che di serate del genere il Blasco ne avrebbe potute tranquillamente fare cinque, se non addirittura di più.

Ma di problemi Vasco Rossi se ne procura già a sufficienza così, senza bisogno di esagerare. I problemi, chiaramente, non sono relativi ai concerti di per sé, perché quelli filano via lisci come l'olio, con lui e il suo popolo radunati per una grande festa di musica e adrenalina. No, i problemi arrivano da coloro che stanno lì appositamente per crearli: i comitati di quartiere, le associazioni dei genitori, i politici in cerca di un po' di notorietà riflessa.

I motivi legati a tanto clamore sono due, di natura completamente diversa.

Da una parte c'è il caos creato da Vasco nel momento in cui ha dichiarato, poco prima delle tre date clou dell'estate, che sarebbe salito sul palco con una maglietta con su stampata una bella foglia di marijuana.

Dall'altra la protesta dei comitati del quartiere che si sviluppa intorno allo stadio Meazza, che chiedono a gran voce (si fa per dire: casomai sottovoce, per non disturbare...) che il volume dei concerti venga ridotto, per non provocare crisi di stress, udite udite, non tanto agli abitanti stessi, ma ai cavalli che si trovano nell'adiacente Ippodromo.

Droga e rumore, ecco le cause dei problemi.

Per questo, nei giorni precedenti all'evento, Vasco si ritrova su tutti i giornali e non si parla d'altro.

Ci sono politici che fanno mozioni in Parlamento, che protestano, perché nel frattempo sta per essere approvato il decreto legge scritto da Gianfranco Fini, quello che prevede una tabella concernente le varie tipologie di droghe, senza distinzione alcuna tra quelle cosiddette leggere e quelle pesanti. Mozioni appoggiate anche dalle varie associazioni dei genitori, preoccupate che i propri figlioli possano seguire il cattivo esempio del loro beniamino.

Vasco, insieme ad altri artisti, ha infatti firmato un manifesto che si muove in direzione completamente opposta a quella del disegno di legge Fini, un manifesto che chiede la depenalizzazione delle droghe leggere.

È la logica del muro contro muro, un muro piuttosto solido, quello tirato su dal popolo del Blasco, tanto da far paura ai politici di professione. In questo clima si arriva a ridosso delle tre date, nell'incertezza più completa. Vasco, infatti, vuole indossare la maglietta incriminata per portare avanti una battaglia politica.

Per quel che riguarda il problema dei decibel, be', lì il discorso rasenta quasi la farsa, perché è impossibile trovare il dialogo con chi si fa paladino dell'instabile sistema nervoso della comunità di cavalli dell'Ippodromo di Milano.

E allora via, a tentare di abbassare il volume, anche se poi la gente che ha pagato il biglietto corre il rischio di non sentire niente. Cosa che poi si avvererà nelle prime due serate, quelle del 4 e del 5 luglio.

Nei tre giorni che dividono la seconda dalla terza data, nonostante gli sforzi fatti da Vasco e dal suo team per venire incontro alle richieste dei vari comitati, vai a sapere perché, tutti i giornali cominciano a passare la notizia, non si sa se vera, che ai primi due concerti di Vasco sono entrati in molti senza biglietto e che quindi, di conseguenza, il concerto dell'8 rischia di saltare.

Insomma, come contorno ce n'è anche per i più affamati.

Anche perché, chiaramente, Vasco la maglietta con la figlia di maria la indosserà, come promesso, e la metterà pure in vendita, per aiutare, coi proventi, la comunità di don Gallo di Genova, un vero eroe vaschiano della lotta alle tossicodipendenze e, più in generale, uno dei pochi «preti rock» presenti sul territorio (uno che, durante i tragici fatti del G8 del luglio di due anni prima, quella farsa trasformatasi in tragedia che ha portato alla morte di un giovane di nome Carlo Giuliani, invece di starsene chiuso al sicuro in sacrestia si è mosso tra i manifestanti, cercando di dare una mano come poteva, col suo inseparabile sigaro perennemente tra le labbra).

A parte tutti questi problemi e le relative chiacchiere, quello che realmente succede in queste tre notti di inizio estate è uno di quegli eventi a cui Vasco ormai ci ha abituato, di quelli che lo hanno fatto diventare la rockstar che è.

Per tre volte, nell'estate che verrà ricordata come la più torrida del secolo (e non solo), Vasco porterà ottantamila paganti a San Siro, e li guiderà in un viaggio nel mondo del rock degno di essere raccontato dal «National Geographic»: uno spettacolo imperdibile.

In occasione delle date zero del minitour del 2003 (minitour si fa per dire, visto che a fronte delle sole tre date di cui il mini tour stesso era composto, va sottolineato il fatto che di date a San Siro si trattavano, e che gli spettatori che ebbero la fortuna di assistere agli eventi, fra cui era presente anche l'autore di questo libro, ammontavano a qualcosa come duecentocinquantamila, mica scherzi...) ero parte di quel ristretto manipolo di giornalisti musicali che ha assistito alle prove aperte al pubblico, insieme a circa dodicimila fan infoiati. Era presente la crema della critica musicale dei quotidiani italiani, da Mario Luzzatto Fegiz (che si è esibito in prodigiose partite al flipper del suo portatile durante tutta l'esibizione del concerto, salvo tornare velocissimamente sul pezzo che aveva scritto prima del concerto medesimo, nel momento in cui Vasco ha inserito a sorpresa «Rock 'n' roll show», un inedito poi contenuto nell'album «Buoni o cattivi», all'interno della scaletta) a Marinella Venegoni, da Paolo Zaccagnini ad Andrea Spinelli. Insomma, il gotha del giornalismo musicale italiano, comprensivo della direttrice della rivista «Tutto Musica», testata per la quale lavoravo, e di Silvia Boschero de «l'Unità». E in mezzo a tali e tanti nomi, c'ero anche io.

Finito lo show (termine quanto mai appropriato, se avete presente quello che poi sarebbe andato in scena a San Siro) la risoluta Tania Sachs, ufficio stampa e sodale di Vasco, invita tutti i giornalisti presenti nel retropalco.

Ci dice che se vogliamo fare quattro chiacchiere con lui, be', non ci sono storie, c'è da aspettare.

C'è da aspettare? Aspettiamo. Del resto non è che uno arrivi a Fabriano, un luogo praticamente lontano da tutto (e lo dice uno che è nato e vissuto per i suoi primi ventotto anni ad Ancona, nella cui provincia si trova proprio Fabriano, guarda caso il comune più distante dal capoluogo...), e quando si tratta di poter incontrare lui, il motivo di tale spostamento, dice no, grazie, ho voglia di andare a dormire in albergo.

Io mi godo l'intrattenimento gentilmente offerto da Guido Elmi, storico produttore di Vasco, che si lascia andare a racconti sulle prove dei concerti, con tanto di aneddoti relativi alla scelta delle canzoni.

Ogni tanto passa da quelle parti Roccia, la ravveduta bodyguard, tornata all'ovile dopo l'abbandono raccontato sarcasticamente da Vasco in *Vivere senza te*. È lui l'artefice di continui giri nei pressi dei camerini, in compagnia di fanciulle spesso molto giovani, sempre di bella presenza.

Io aspetto, e del resto anche i miei colleghi.

Alla fine arriva Vasco, mai come stavolta accolto con entusiasmo dai presenti.

È quello di sempre, cordiale e in gran forma. Persi i chili di troppo, quelli che tutti gli artisti mettono su tra un tour e l'altro, appare davvero elettrizzato dal concerto appena tenuto, per quanto si sia trattato solo di una prova aperta al pubblico.

I miei colleghi hanno perso un po' della loro verve: nessuno, per dire, fa notare a Vasco il fatto, increscioso, che abbiamo dovuto aspettarlo. E io che me li immaginavo tutti lì, in fila, a ticchettare con il dito sul quadrante dell'orologio, lo sguardo severo di chi ha dovuto subire il ritardo di qualcun altro.

Il fatto poi che abbia salutato per nome anche me, li

mette in evidente difficoltà: fino a quel momento avevano guardato dalle mie parti come se ci fosse una sorta di ectoplasma impalpabile, quasi nebuloso, e di colpo eccomi qui.

Il tempo passa, e arriva il momento di salutarsi.

La Combriccola del Blasco, con l'aggiunta di un cospicuo numero delle fanciulle viste transitare poco prima dalle parti dei camerini, giovani o meno, fanciulle ordinatamente fatte salire su un pulmino bianco, tempestivamente comparso proprio nei pressi dell'uscita del backstage, andrà a proseguire la serata al Grand Hotel di Genga.

Io no, io no, io no, io non mi perdonerò... Di non esserci andato, ma questa è un'altra storia...

Avvantaggiato dall'aver assistito al concerto di prova che Vasco ha tenuto a Fabriano il 25 giugno, e conoscendo già la scaletta, per una volta voglio concentrarmi sull'altro protagonista di questi megaeventi, il pubblico. Del resto, se la coppia Vasco & San Siro funziona così bene, come è acclarato dalle esperienze precedenti, cioè quelle di «Fronte del palco» e di Rock Sotto Assedio, parte del merito va anche alle folle che ogni volta accorrono, diligenti, a prendere parte a queste enormi adunate.

E stavolta non è diversa dalle altre, anzi, sembra quasi che gli ottantamila si stiano riproducendo per osmosi, perché minuto dopo minuto la massa sembra lievitare. Quella che, sulle pagine rosa della «Gazzetta dello Sport», solitamente viene indicata come «la cornice dello Stadio Meazza», e soprattutto la marea di persone che sono accorse qui da tutta Italia, sin da prima dell'inizio del concerto lasciano intendere che daranno filo da torcere a Vasco con le sue canzoni nello spartirsi lo scettro di re delle serate.

E quando le musiche hanno inizio, e la band intona *Credi davvero*, tutte le polemiche finiscono in fumo e le previsioni diventano realtà.

Ci sono ottantamila persone che saltano all'unisono,

che cantano all'unisono, che sudano all'unisono (insomma, in realtà non si può saltare e sudare all'unisono, ma ci siamo capiti).

Lo spettacolo è davvero sorprendente e, non fossi così attento a seguire uno per uno gli ottantamila spettatori, mi sorprenderei ancora di più nel vedere e sentire Vasco che per oltre due ore canta e corre per il gigantesco palco, una piazza d'armi che rifà il verso alla Nave di felliniana memoria.

Lo confesso, mettendo da parte quel residuo di campanilismo che un contesto come San Siro non è ancora riuscito a soffocare, c'è una certa differenza a vedere questo concerto rispetto a quello tenuto solo pochi giorni prima a Fabriano.

E se là, nelle Marche, dalle parti di casa mia, ero rimasto colpito dalla vitalità del rocker di Zocca, dalla sua estrema generosità nel darsi per tutta la durata del concerto, qui a San Siro (nella serata dell'8, in cui il volume era quello giusto, non quello imposto dal Comune e dai comitati di quartiere, vivaddio) resto davvero di stucco di fronte all'energia che il pubblico riesce a sprigionare nell'aria, manco fosse polline in primavera.

E così, nonostante le mie reticenze, e nonostante non siano esattamente le mie canzoni del repertorio di Vasco preferite, mi ritrovo anche io a ballare come uno scalmanato pezzi come *Ti prendo e ti porto via*, *Rewind* e *Delusa* che, ascoltate qui, in mezzo a tanta umanità sudata, sembrano dannatamente belle.

Per non parlare poi di quando Vasco tira fuori dal suo cappello magico (che in realtà è un berretto con la visiera verde, simile a quelli dei cacciatori) i suoi classici, roba tipo *Vita spericolata* e *Albachiara*, eseguite come bis, o *Siamo solo noi* e *Sally*.

Uno si ritrova la pelle come un'aquila reale (l'oca è troppo piccola), lì ad abbracciare un energumeno tutto sudato che il destino ha posto al suo fianco, con gli occhi lucidi e l'accendino acceso, accendino apparso miracolosamente nelle sue mani, visto che il tipo neanche fuma.

Un'apoteosi, senza mezzi termini. La scaletta ha visto in successione trenta canzoni, con pochi momenti di respiro, anche se c'è chi giura che Vasco, non si sa bene quando, si sia recato dietro il palco per farsi ossigenare da una bombola strategicamente messa sulle scale che portano al backstage. Questa, chiaramente, è una leggenda metropolitana. Non perché sia necessariamente una notizia falsa, ma semplicemente perché non è una notizia basata su un fatto, ma su una supposizione. Supposizione che parte da un'altra leggenda metropolitana che gira da un po' di tempo, e che per dovere di cronaca sbrigherò qui, in poche parole: gira voce che Vasco si stia spendendo così tanto, in questo inizio di nuovo millennio, in quanto malato di non si sa bene che malattia gravissima. Insomma, gira voce che sia in fin di vita. Allora, se da una parte non ho difficoltà a trascrivere la leggenda, ben cosciente che cose del genere non portano male (anzi, voce popolare dice che allunghino la vita...), dall'altra devo dire che sono sempre stato infastidito da questi rumors, e non solo rispetto a uno come Vasco. Saranno stati gli eccessi vissuti in gioventù, sarà stato il fatto che, in effetti, dopo un periodo più ritirato adesso Vasco è permanentemente sotto i riflettori, si dice in giro che Vasco stia molto male, e che questo del 2003 potrebbe essere il suo ultimo minitour.

Del resto, il 19 gennaio Vasco era stato ricoverato per alcuni giorni presso il reparto di Medicina Generale dell'Ospedale di Padova, e voci insistenti avevano cominciato a girare, al punto da spingere l'entourage del cantante, capitanato dalla solita Tania Sachs, a una netta smentita.

Visto che non credo alla scaramanzia, andrò più in profondità, dicendo che le voci che giravano, e girano tuttora, parlano di fegati trapiantati o di tumori al cervello, e di cose del genere. Il fatto che durante il ricovero di Padova Vasco sia stato riconosciuto da alcuni pazienti in Radiologia ha sicuramente aiutato ad alimentare la leggenda. Posso garantire, però, che se avete avuto modo di vedere Vasco correre come un pazzo su e giù per il palco, e se lo avete sentito cantare con quella voce lì, roca e rock, non potete proprio avere dubbi a riguardo, a meno che non pensiate che (come un tempo si diceva a proposito del presidente dell'Unione Sovietica Brežnev) Vasco sia già morto e quello che sta lì è semplicemente un sosia (voce che farebbe il paio con quella che vuole morto da tempo anche Paul McCartney dei Beatles).

Tornando ai concerti di San Siro, dopo *Credi davvero*, Vasco o chi per lui ha infilato una dietro l'altra *Asilo «Republic»*, *Ti prendo e ti porto via*, *Splendida giornata* (quella che ha mandato ai pazzi la band, stando a quanto mi ha raccontato Guido Elmi nel dopoconcerto a Fabriano), *Se è vero o no*, *Vivere*, *Ogni volta*, *Fegato, fegato spappolato*, *Rewind*, *Io no*, *... Stupendo*, *Rock 'n' roll show* (brano inedito che poi avremo modo di riascoltare nell'album «Buoni o cattivi», che uscirà nell'aprile del 2004), *Non appari mai*, *Stupido Hotel*, *Toffee*, *Gabri*, *Una canzone per te*, *Sally*, *C'è chi dice no*, *Mi si escludeva*, *Gli spari sopra*, *Delusa*, *Siamo soli*, *Generale*, *Liberi Liberi*, *La fine del millennio*, *Bollicine*, *Siamo solo noi*, *Vita spericolata* e la conclusiva *Albachiara*, cantata in coro da ottantamila cloni del nostro, compreso chi scrive.

Ad accompagnarlo, una band con i contro-attributi, composta dal basso di Claudio Golinelli, le tastiere di Alberto Rocchetti, la chitarra ritmica di Maurizio Solieri, quella solista di Stef Burns, la batteria di Mike Baird, le macchine di Frank Nemola, il sax e i fiati di Andrea Innesto, e i cori della bella Clara Moroni.

Prima di passare oltre, alla pubblicazione del suo quattordicesimo album di studio, «Buoni o cattivi», vale la pena riportare alcune considerazioni dello stesso Vasco a proposito dei live.

«Se non ti tieni bene in forma non ce la puoi fare ad affrontare tre serate come queste. È un impegno fisico notevole, che ti richiede una preparazione simile a quella degli atleti. È per questo che ogni giorno faccio footing e che cerco di regolarmi a livello di alimentazione, per poter essere all'altezza della situazione, per rispetto del pubblico.»

Che sia questo il segreto del suo successo, una buona alimentazione? Che abbia sempre avuto ragione Rosanna Lambertucci?

«Non ci sono segreti. La questione è semplice e chiara a tutti. Io, come Vasco Rossi uomo, ho fatto un sacco di stronzate nella vita e probabilmente, tornando indietro, le rifarei tutte, una per una. Ma come artista non ne ho mai fatte, e di questo la gente si è accorta. Credo proprio che la gente capisca che sono vero, che non gli racconto palle. Questo la gente lo capisce benissimo. Io sono diretto, uso anche un linguaggio immediato, che arriva a generazioni differenti: il rock.»

Il rock, ma anche una lingua, quella usata da Vasco ultimamente, sempre più concisa, semplice, con frasi che sembrano quasi degli slogan.

Essere rock: forse è per questo che Vasco, nonostante abbia cinquantacinque anni compiuti e sia coetaneo di buona parte di quelli che vengono considerati cantautori – gente come Baglioni o Venditti, De Gregori o Fossati –, riesce a entrare subito nei cuori delle nuove generazioni, abbattendo limiti dettati dall'anagrafe, impresa quasi mai riuscita ai suoi colleghi.

«Io ho cominciato a fare musica che avevo già ventisei anni e, quindi, anche se ho la stessa età anagrafica di Baglioni o Fossati, sono più giovane di loro di almeno dieci anni da un punto di vista artistico. Non è un caso che quando io ho cominciato scrivendo canzoni come *Colpa d'Alfredo*, in cui dicevo quello che tutti pensavano, cioè che se c'era una ragione per cui si andava in discoteca era per portarsi a casa le ragazze prima che arrivasse il negro, proprio negli stessi tempi, in testa alle classifiche c'era Baglioni che cantava le sue canzoni d'amore. Siamo coetanei ma veniamo da situazioni diverse e comunichiamo in maniera diversa. Io sin dall'inizio mi sono divertito a provocare.»

Essere provocatori, però, almeno all'inizio, non è che abbia proprio pagato...

«Questo perché viviamo in una società fascista che ci vuole imporre le proprie idee, a tutti i costi. Adesso siamo addirittura arrivati all'assurdo per cui ci vogliono imporre pure la salute, ci vogliono obbligare a stare sempre bene. In giro sono diventati tutti buoni, buoni ma fastidiosi. Tutti ti vogliono aiutare, anche contro la tua volontà, facendoti violenza. In proposito ho scritto la canzone *La fine del millennio*. A me sembra assurdo che uno si debba vergognare anche del fatto che sta male, o del fatto che è brutto. È ovvio che di fronte a queste situazioni l'unico modo di reagire stia nella provocazione e nell'ironia.»

Il Vasco degli anni Ottanta come l'Eminem di oggi? «Eminem è uno forte. Ho visto il suo film, *8 Mile*, e mi è molto piaciuto, così come mi sono piaciute le cose che ho letto su di lui, le interviste, le sue dichiarazioni. Purtroppo non conosco abbastanza bene l'inglese da capire cosa dica nei testi delle sue canzoni, ma Eminem mi sembra davvero sincero. Sincero e scomodo. Così come mi sembra un bel personaggio Marilyn Manson. L'ho visto dal vivo, a un suo concerto. Devo dire che è davvero molto bravo. Il genere che fa, il dark, è quello che è, un delirio totale; ma sia lui che Eminem sono personé che vogliono disturbare, proprio come me. Chiaro, loro sono americani e disturbano all'americana, in modo un po' diverso dal nostro. Se devo trovare artisti che sento più vicini a me, dal punto di vista dell'ironia e della provocazione, penso più a gente come Enzo Jannacci o Fred Buscaglione.»

Ultima notazione a proposito di questo 2003.

Per celebrare quello che viene a ragione considerato uno degli eventi più significativi del panorama italiano degli ultimi anni, il 21 novembre arriva nei negozi di dischi il DVD «Vasco @ San Siro 03», piccolo antipasto del ricco piatto che il rocker tirerà fuori neanche sei mesi dopo.

21

VASCO SANTO SUBITO, NON IMPORTA
SE È BUONO O CATTIVO

Anno del Signore 2004. Vasco Rossi stupisce ancora una volta (sebbene ormai per lui sia difficile anche stupire, visto che da lui ci si aspetta sempre qualcosa di speciale). Siamo in aprile e Vasco sta per uscire col suo nuovo attesissimo album di studio, «Buoni o cattivi», quello anticipato durante i tre concerti di San Siro dall'allora inedito *Rock 'n' Roll Show*.

Per presentarlo al pubblico, il 30 marzo del 2004, Vasco sceglie una location anomala, fuori dalle regole dello show business: la sede torinese del Gruppo Abele di don Luigi Ciotti. Lui, il cattivo maestro della nostra musica leggera, o meglio, il cattivo maestro della cultura italiana, ormai lo si può dire a voce alta, sale sul palco della comunità da anni impegnata nel recupero di tossicodipendenti, alcolisti e prostitute, invece che in un locale alla moda, magari di proprietà di qualche stilista o di qualche calciatore, o in uno degli hotel esclusivi che di solito ospitano eventi del genere.

«In fondo io scrivo per i perdenti, per gli emarginati, per quelli che la società priva della dignità e del rispetto» spiega ai tanti giornalisti accorsi fin qui da tutta Italia, gente che non muoverebbe il culo dalla propria poltrona per nessun altro, ci sarebbe da scommetterci. Ma Vasco è Vasco e, ancor prima di arrivare nei negozi, il 2 aprile del 2004, ha già venduto in prenotazione quattrocentomila copie, altro ennesimo record nel suo carniere.

«Innanzitutto ci tengo a precisare che sono qui, in questa struttura di don Ciotti che si chiama "La fabbrica delle idee", perché ammiro il lavoro di questo tipo di comunità. Ne condivido lo spirito e la filosofia, che si può riassumere nello slogan: educare e non punire. Questa è una casa di accoglienza aperta a tutti, senza distinzioni e senza pregiudizi. Senza buoni o cattivi.»

«Buoni o cattivi», questo ormai lo sanno anche i sassi, è il titolo del suo nuovo album. Con una finezza, messa lì nel mezzo. Non «buoni e cattivi», ma «buoni o cattivi».

«È chiaro che tra buoni e cattivi io sto dalla parte degli ultimi, dei deboli. Io è a loro che do la voce, a quelli che non ce l'hanno. Sin dall'inizio della mia carriera mi sono sempre impegnato a provocare i benpensanti. Ho scritto canzoni "contro" quando non mi conosceva nessuno e continuo a scrivere canzoni "contro" anche oggi. Lo ripeto, io sto dalla parte di quelli più disperati, di quelli sfortunati, quelli che non ce la fanno, quelli che hanno avuto una brutta giornata, perché capita, spesso, e non si può chiudere la gente dentro un proprio errore, bisogna dargli una possibilità. Penso che dividere il mondo in buoni o cattivi sia pericoloso. Pericoloso, perché divide mentre qui tutto dovrebbe solo unire.»

Vasco – il balordo che barcollava sul palco dell'Ariston, quello stigmatizzato da Nantas Salvalaggio, quello trovato con ventisei grammi di cocaina nel capannone di Casalecchio di Reno, quello pizzicato con il «revolver» in macchina – sembra essere diventato un uomo maturo, ancora arrabbiato, ma con una nuova consapevolezza. Fosse un rapper americano, si potrebbe dire che oggi Vasco è *conscious*.

«In questo momento, in cui si sente sempre lo slogan

del tipo "tolleranza zero", che mi sembra un modo più po-
litically correct per dire "intolleranza", noi siamo per la tolleranza. Anzi, io credo che dobbiamo sforzarci di combattere contro i nostri pregiudizi e di non lasciarli radicare
dentro noi stessi. È troppo comodo, è troppo facile non capire, rifiutare. Bisogna sforzarsi di capire le ragioni degli altri, altrimenti si fa sempre guerra.»

Correggo quanto detto prima: più che un Vasco *conscious*, a sentire queste parole, pronunciate in conferenza
stampa qui a Torino, presso la sede di don Ciotti, non sembra più neanche lui, sembra proprio un altro uomo, uno
che con il Blasco non ha nulla a che fare, altro che chiacchiere.

«Io sono molto diverso da quando ho cominciato, cambio sempre e penso sia normale che si cresca. Anche se poi
sono rimasto in fondo lo stesso, sono rimasto il solito Vasco Rossi. "Buoni o cattivi" è un disco che, secondo me,
rappresenta bene il mondo di Vasco Rossi, che è sempre
quello, provocatorio nei confronti delle coscienze addor-
mentate, comode.»

A proposito di comodità, e anche citando il primo lavoro
che a Vasco ho dedicato proprio in occasione delle tre date di
San Siro di cui si è da poco parlato, vi racconto un brevissi-
mo aneddoto, che però la dice lunga sul suo modo di affrontare la vita. Anzi, lascio che a raccontarlo sia lui stesso. «Io
non sono comodo mai, neanche con me. Anzi, a partire da
me... A cascata, fino a colpire tutti. Una volta, nei camerini,
prima di un concerto, mi ha visto la Giovanna, quella che mi
segue nei concerti, la mia "mamma", quella che mi stira la roba, che mi aiuta a vestirmi. La Giovanna m'ha visto che mi
stavo infilando gli stivali e lo stavo facendo in piedi, come
sempre. E allora mi ha detto: "Ma mettiti seduto, che fai prima". Ecco, per dire, sono sempre scomodo. Io non sono capace di fare le cose semplici, comode.»

Torniamo alla presentazione di Torino, e al nuovo album che Vasco fa ascoltare in anteprima ai giornalisti, accorsi alla sua corte da mezza Italia. «Questo è un disco che è nato dalla collaborazione di tanti nomi importanti. Il primo, ovviamente, è Guido Elmi. Poi c'è Tullio Ferro, che non è Tiziano Ferro, con tutto l'affetto. Sai a volte, uno vede nel libretto del CD il nome dell'autore T. Ferro, e si fa delle idee... T. Ferro... Sarà mica Tiziano Ferro? No, è Tullio Ferro, che per la storia della musica di Vasco Rossi è importantissimo. Una su tutte, è l'autore della musica di *Vita spericolata* e di tante altre musiche fantastiche di cui io poi ho scritto i testi.»

Tiriamo un sospiro di sollievo, perché un duetto Vasco-Tiziano Ferro non lo avremmo proprio retto...

«Altro personaggio molto importante per "Buoni o cattivi" è Gaetano Curreri, di cui pochi conoscono il valore, mentre io lo conosco» prosegue Vasco ridendo. «Gaetano Curreri, quello degli Stadio, che in questo album ha scritto le musiche di *Buoni o cattivi* e di *Un senso*, quindi di due delle canzoni più importanti dell'album. Poi c'è Maria Pia Toccitto, che è un vero e proprio genio a scrivere canzoni, una ragazza da seguire, assolutamente. Ha già scritto anche per Irene Grandi, oltre che per me. Un vero genio. Un altro nome da tenere a mente è Roberto Casini, che è quello, per capirsi, che ha scritto con me canzoni tipo *Gabri* e anche *Va bene, va bene così*, e che in questo album ha scritto *Señorita*, e ha questo tipo di ironia feroce un po' romagnola che ci unisce... L'ironia è tornata. C'è una grande ironia, stavolta, è tornata molta ironia che in passato era diventata un po' amarezza. Sai, dopo aver cantato per anni *Siamo solo noi*, c'è stata questa consapevolezza di essere soli. Siamo soli, come dicevo nel singolo di "Stupido Hotel". Ora però sono tornato ad aggredire con l'ironia, come faccio anche in *Come stai*. Quella è una canzone feroce e ironica, una presa in giro su di me, su un certo modo di pensare e di vivere. Come stai? Ti trovi bene adesso che rispondi solo a te stesso, adesso che gli altri hanno messo tutti la testa a posto e tu non li capisci perché non riesci a metterla. Come stai? Va tutto bene? Rimane lì la domanda, perché risposte non ne ho. Non ne ho mai avute.»

Come stai diventerà un vero e proprio tormentone, una di quelle canzoni che, dopo averle ascoltate così tante volte, quasi le odi. Parte del successo sarà dovuto al fatto che Vasco la cederà a una compagnia telefonica per utilizzarla come colonna sonora degli spot estivi. E si sa: non c'è niente come una pubblicità per imporre un volto o una canzone. Canzone, questo va detto, che già di suo si sarebbe imposta, visto che è un brano alla Vasco Rossi al cento per cento. La scelta di concedere canzoni per gli spot è stata a lungo discussa su giornali e blog, perché non tutti hanno gradito l'atteggiamento del nostro, specie in relazione a una lunga campagna promozionale della FIAT, che vedeva una serie di canzoni associate al lancio della nuova Punto. Il fatto che prima Vasco abbia ceduto le canzoni e, solo dopo qualche tempo, diciamo pure qualche anno, e conseguentemente qualche milione di euro incassati, abbia deciso di tornare sui propri passi, non è stato visto come un gesto molto coerente. Perché se è vero – come Vasco ha scritto in un editoriale per il magazine «la Repubblica XL» – che aveva cambiato idea perché si rendeva conto che così facendo snaturava la percezione delle canzoni da parte del suo pubblico, è anche vero che questo snaturamento, dopo un paio di anni, era ormai abbondantemente avvenuto.

Ma queste son solo chiacchiere.

«Il fatto è che io mi sono sempre sforzato di fare canzoni diverse tra loro» prosegue Vasco sempre nella conferenza stampa di Torino. «Ecco perché non si ravvisa uno stile che le raffiguri. Io credo che sia importante nei confronti delle persone che ci ascoltano cercare di fare sempre qualcosa di diverso, di mettersi sempre in discussione. Perché è troppo comodo: hai trovato un giro musicale, hai trovato uno stile, una strada, e continui a percorre quella mescolando sempre la stessa minestra. Credo sia importante che uno cerchi sempre di fare qualcosa di nuovo.»

Nuovo come l'utilizzo del calembour, il gioco di parole che costringe l'ascoltatore a una fruizione particolarmente attenta delle canzoni, come se Vasco avesse trascorso i pochi giorni liberi degli ultimi anni, quando non era in tour o in studio a registrare nuove canzoni, a leggersi le pagine di Stefano Bartezzaghi.

«A parte il fatto che Bartezzaghi mi piace molto, devo dire che in quasi tutti i brani ho cercato di infilare qualche doppio senso, qualcosa che potesse essere scoperto solo dopo qualche ascolto. Io uso un linguaggio semplice, diretto, ma ciò non toglie che nelle mie canzoni ci possano essere più piani di lettura. Stavolta mi sono sbizzarrito. In quest'album ci sono un sacco di doppi, tripli, quadrupli sensi. Ci vuole un po' di ascolti per capirli, ma ci sono. Basta prestare attenzione. In canzoni tipo *Come stai* e *Hai mai* mi sono divertito a giocare con le parole, così come in *Señorita*.»

E se in «Buoni o cattivi» c'è l'ironia, il gioco di parole, il rock, quello che di certo non manca è l'amore, anche se sempre coniugato vaschianamente.

«È un po' per via del rock, che deve essere per sua natura violento o dolce, e quindi ci sono le canzoni per muoversi e quelle per le emozioni, le ballate. Anche in «Buoni o cattivi» non mancano le canzoni in cui parlo d'amore, anche se non sono mai solo autobiografico. A chi mi ha fatto notare che avevo messo in fila brani come *Dimenticarsi, Da sola con te, Cosa vuoi da me* ed *E...* – e ha fatto allusioni alla mia storia con Laura – non ho potuto non spiegare che nelle canzoni c'è sempre una parte delle emozioni che vivo, una parte delle sensazioni che vivo, ma non per questo c'era una canzone particolare dedicata a lei. Le mie sono canzoni che descrivono emozioni e sensazioni comuni a un sacco di gente. È per gli altri che le canto. Una volta che le ho scritte è al pubblico che appartengono, non sono più mie.»

E se *Buoni o cattivi*, la canzone che dà il titolo al tutto, è un rock di quelli classici, accompagnato, questo va detto, da un video che fa il verso a *Thriller* di Michael Jackson, con tanto di coreografie curate da Gianni Brezza, un video che è entrato di diritto nella Top Ten dei video più brutti nella storia della cinematografia musicale.

Se *Come stai* è la continuazione di ... *Stupendo*, rock in cui si parla di come si pensava di diventare e come, in effetti, si è diventati...

Se *Anymore* è una ballata per chitarra acustica, di quelle da intonare in spiaggia, anche perché il testo è talmente succinto che chiunque lo può imparare a memoria...

Se *Hai mai* è un'altra ballata per chitarra acustica, con un ritornello elettrico in crescendo, con forti venature rock e anche un po' west coast, forse figlie della permanenza di Vasco a Los Angeles, dove ha registrato l'album. «Hai mai dei guai per quello che sei? Hai mai dei guai per quello che fai» recita il ritornello, autobiografico...

Se *Non basta niente* è un lentone per orchestra (diretta dal solito Celso Valli) e ritmica elettronica, con la voce del nostro quasi stentata, vissuta...

Se *Dimenticarsi* è una canzone lenta, cupa, oscura, con un grande giro di basso...

Se *Da sola con te* è una ballata elettrica, con la voce di Vasco roca e un ritornello che richiama alla mente il repertorio del periodo *Liberi Liberi*...

Se *Cosa vuoi da me* è un rock tiratissimo, con un'intro che richiama molto molto da vicino (praticamente è identica, anche se non è segnalata tra i crediti...) quella di *Pretty Fly (for a white guy)*, hit contenuta nel blockbuster del 1998 «Americana» del gruppo punk Offspring, uno dei preferiti da Vasco, insieme ai Green Day...

Se *E...* è una ballata per pianoforte ascrivibile alla ormai lunga schiera di lenti di razza del suo repertorio, che stavolta apre spiragli verso una vita di coppia, «sei la cosa più cara che ho», anche se, a leggere attentamente il testo, si scorgono frasi abbastanza perentorie tipo «se hai bisogno e non mi trovi cercami in un sogno» o «Sei un piccolo fiore per me se l'odore che hai mi ricorda qualcosa. Va be'...». Ancora una volta, una canzone dedicata a una lei piuttosto giovane, sulla falsariga di *Albachiara*, *Gabri* e *Quanti anni hai*...

Se *Señorita* è un mid-tempo molto tagliente, in cui Vasco ringrazia Dio per non essersi chiamato Mario, divenendo così «Mario Rossi», un tempo indicato come il prototipo dell'italiano medio...

Se *Rock 'n' Roll Show* è un pezzo piuttosto tirato, adatto all'esecuzione live, come già dimostrato nei precedenti concerti del 2003...

È però *Un senso* la vera perla di quest'album che, diciamolo apertamente, non è esattamente un capolavoro (ma vedrete tra poco quanto queste mie parole lascino il tempo che trovano). *Un senso* è una ballata per orchestra e pianoforte che si candida a diventare un classico, alla *Albachiara* e *Vita spericolata*, che dal vivo darà vita a migliaia di accendini accesi e un coro di decine di migliaia di voci. Una canzone superiore alla media già alta di Vasco, con tanto di errore di grammatica piazzato lì, con strafottenza, proprio a pochi istanti dal finale: «Voglio trovare un senso a tante cose anche se tante cose un senso non ce l'ha».

Non a caso, questa canzone aveva anticipato di poco meno di un mese l'uscita dell'album, essendo stata inclusa nella colonna sonora del film di Sergio Castellitto, *Non ti muovere*, con Penelope Cruz e lo stesso attore-regista romano, uno dei film campioni d'incassi dell'anno.

Anche quest'album, come tutti gli ultimi lavori di studio, è stato registrato all'estero, a Los Angeles, da uno stuolo di turnisti di primo livello, alcuni dei quali già al fianco del nostro nei precedenti lavori e anche dal vivo. Si va da Vinnie Colaiuta alla batteria a Tony Franklin, Lee Sklar e Paul Bushnell ai bassi, da Stef Burns, Michael Landau, Michael Thompson, Tim Pierce, Giacomo Castellano e Maurizio Solieri alle chitarre elettriche a Dean Parks alle acustiche, da Luca Bignardi e Frank Nemola alle programmazioni a Patrick Warren ai pianoforti, fino ai cori della solita Clara Moroni, coadiuvata da Silvio Bozzoli, Nando Bovini alle orchestrazioni del maestro Celso Valli, a volte impegnato anche all'Hammond.

La copertina, poi, non passa inosservata, non fosse altro che per la custodia in plastica, di quelle in cui l'immagine cambia se le inclini e le muovi, come certe figurine di quando eravamo piccoli, o certe immagini sacre. Anche la foto, comunque, è piuttosto significativa. C'è Vasco, completamente vestito di arancione, con addosso una tuta da ginnastica, il cappuccio infilato in testa e gli inseparabili occhiali da sole neri a coprire gli occhi azzurri. Il tutto in mezzo a una tipica strada americana, con le auto parcheggiate sulla sinistra e alcuni passanti non molto a fuoco alle spalle del rocker.

«Mi piace l'idea che in copertina io appaia in tuta da ginnastica, indumento che utilizzo molto, specie quando vado a fare footing e la gente che incontro mi guarda un po' come se fossi un alieno, io lì che corro per tenermi in forma per i concerti. E un po' come fossi un alieno appaio in questa copertina, perché quello che io rappresento sulla copertina dell'album potrebbe essere il buono, o il cattivo, o un alieno che è arrivato qui, su questo pianeta, e che chiede di essere semplicemente rispettato per la sua dignità, anche se è diverso.»

Ancora un riferimento all'attualità, un riferimento non molto rassicurante, se è vero che dalle canzoni, come dalle interviste, traspare un rocker sempre amaro, quasi definitivamente disilluso.

«Non sono dei bei tempi quelli in cui viviamo. C'è un libro scritto da un filosofo, uscito ultimamente, che si intitola *Mala tempora*, e se lo ha scritto lui che è un filosofo dobbiamo credergli, perché è abbastanza al di sopra delle parti. Stiamo vivendo in un periodo veramente brutto. Mi danno fastidio, di questi tempi, soprattutto l'ipocrisia, la falsità e l'arroganza. E di falsità e arroganza, soprattutto, ne vedo molte in giro. C'è come una sorta di capacità di essere impuniti e di raccontarlo bene. Chi è capace di avere della chiacchiera e di parlare può fare quello che vuole, pare. Vista la potenza della comunicazione credo che questi brutti tempi dureranno a lungo, ma non voglio cominciare a parlare di politica, se no mi perdo.»

E dire che, se solo volesse, potrebbe candidarsi e conquistare senza problemi un posto importante nel mondo della politica italiana, con tutto il seguito che ha. Ma il mondo del rock, almeno quello di Vasco, e il mondo del Palazzo sembrano inconciliabili tra loro.

«Io non posso candidarmi, perché per candidarsi bisogna essere candidi, e come potrei farlo io... E poi le cose in cui credo sono tante e confuse. Credo che sia importante non fare del male agli altri, ad esempio. Cercare di non fare del male agli altri è già sufficiente. Non è importante essere buoni, ma non fare del male. Poi credo nella musica, credo che sia una grandissima consolazione. E una grande magia. Un altro mondo, un altro piano di esistenza. È incredibile perché ti porta in un mondo fantastico, che non è quello della realtà. Con la musica puoi ricordare delle sensazioni, delle situazioni dolorose; e ricordandolo con la musica, non dico che diventano piacevoli, ma sicuramente si trasfigurano. Le cose dolorose diventano piacevoli ricordandole attraverso la musica. Come nel brano del mio ultimo album, *Anymore*, in cui si sente il piacere dell'amaro dentro il cuore. È una strana cosa, un miracolo. La musica è la mia droga numero uno, e fortunatamente non dà dipendenza e non ha effetti collaterali. Magari, se va avanti così, la proibiranno...»

Nel 2004, stando alla cronaca, la droga preferita di Vasco, la musica, non è stata ancora messa al bando. E la prima posizione resterà saldamente in mano sua per molte settimane, visto che «Buoni o cattivi» riuscirà nell'impresa fallita dai suoi ultimi lavori, superare il milione di copie vendute.

Un milione di copie vendute oggi, che ci sono la pirateria, il download (legale o meno), i masterizzatori praticamente in ogni casa, in piena crisi della discografia, un vero e proprio miracolo italiano, altro che Silvio Berlusconi.

Di lì a poco, Vasco si imbarcherà nell'ormai consueta tournée per gli stadi, una tournée talmente fortunata da essere replicata l'anno seguente, per poter rispondere alle tante richieste di biglietti rimaste insoddisfatte. Una tournée conclusasi con un altro evento di quelli «alla Vasco». Un concerto da quattrocentomila e passa spettatori, tenuto dal rocker di Zocca a Catanzaro.

22

DUE ANNI DIFFICILI DA SCORDARE, IL BUONI O CATTIVI TOUR '04-'05

Dopo la pubblicazione di «Buoni o cattivi», il 2 aprile del 2004, le cinquecentomila copie vendute nel giro di un solo fine settimana, la prima posizione in classifica conquistata e resa inespugnabile dai numeri di cui sopra, e dopo aver cominciato il cammino che lo porterà a vendere oltre un milione di copie di quest'album, Vasco decide che è arrivato, finalmente, il momento di mettere in piedi una tournée vera e propria, la prima dallo Stupido Hotel Tour del 2001, e di portare anche nel resto d'Italia il concerto che nel 2003 ha visto San Siro invasa da duecentocinquantamila spettatori. Con in più l'aggiunta delle canzoni tratte dal nuovo lavoro, particolare non da poco, visto che nel frattempo le radio non fanno che passare *Come stai*, manco fosse un dovere morale.

Nel giro di un'ora – dico un'ora – i biglietti delle prime otto date del tour verranno venduti, stabilendo un altro dei tanti record di Vasco.

La band è sempre quella delle tre giornate di San Siro, e non potrebbe essere altrimenti, visto l'impatto dirompente che questi musicisti sono in grado di assicurare. Al gruppo si unisce Riccardo Mori, alle chitarre acustiche.

Vasco non ha intenzione di scherzare e vuole proporre

uno spettacolo compatto, rock, in grado di reggere il confronto con le megaproduzioni straniere. Si comincia con la nuova *Cosa vuoi da me*, brano dallo spirito punk che dal vivo rende anche meglio che in studio; poi è la volta di due classici del passato, *Fegato, fegato spappolato* e *Cosa succede in città*. Si passa quindi ad altre due canzoni dal nuovo album, tanto per rodarle un po' dal vivo, quindi via con *Non basta niente* e la ballad *Anymore*, il cui ritornello acquista ulteriormente forza nella versione live. Altra canzone tenuta nel cassetto e riportata in vita è la sovversiva *Portatemi Dio*, cui segue la fortunatissima *Come stai*. Altre due tracce da «Buoni o cattivi», *Hai mai* e la ballad *E...* , poi un'altra ballad, *Sally*, uno dei momenti più emotivamente densi di tutto il concerto. Tocca a ... *Stupendo* e, dopo una pausa affidata alla band (il momento in cui Vasco farebbe ricorso alla famosa bombola dell'ossigeno, ricordate?), è la volta di *Stendimi*, la canzone che dà il titolo al nuovo album, di *Domenica lunatica* e del brano che più di ogni altro fa saltare in aria lo stadio: *Rewind*. Dopo l'ironia di *Señorita*, Vasco presenta la band durante *Stupido Hotel*, cui seguono le rockeggianti *C'è chi dice no*, *Gli spari sopra* e *Siamo soli*. A questo punto si accendono gli zippo in tutto lo stadio, e parte il coro di decine di migliaia di spettatori per *Un senso*, brano che dal vivo ha ancor più ragion d'essere. Dopo un altro classico ripescato dal passato, *Bollicine*, Vasco si lascia andare ai ricordi con un medley semi-acustico, in cui esegue *Brava*, *Cosa c'è*, *Brava Giulia* e *Dormi dormi*. Il concerto sta per finire, e allora via: altri accendini accesi per *Vivere*, altri cori da stadio per *Siamo solo noi*, e il degno finale con *Canzone* e *Albachiara*.

Il tour, dopo una data zero tenuta a Latina il 30 maggio, parte dallo Stadio Olimpico di Roma il 5 giugno. Segue il Dall'Ara di Bologna, due tappe a San Siro, ormai seconda casa di Vasco, una al Friuli di Udine, al Ferraris di Genova, al Bentegodi di Verona, al Curi di Perugia, allo Stadio del Conero di Ancona, al Franchi di Firenze, al San Paolo di Napoli, al Campo Volo di Reggio Emilia, al Nereo Rocco di Trieste, all'Euganeo di Padova, allo Stadio Adriatico di Pescara, all'Arena della Vittoria di Bari per poi chiudersi, il 25 settembre, con gli oltre quattrocentocinquantamila spettatori dell'area Germaneto, a Catanzaro.

È vero, il concerto di Catanzaro è gratuito, quindi non si può paragonare un simile evento a quelli di San Siro o, per fare il nome di un altro rocker, ai quasi duecentomila che accorreranno l'anno seguente al Campo Volo di Reggio Emilia per assistere al concerto di Ligabue. Ma, anche se di concerto gratuito si tratta, considerando che Catanzaro non è esattamente la piazza più comoda da raggiungere dal resto d'Italia, considerando che la tappa non era stata annunciata, e che nel frattempo Vasco aveva riempito, con tutte date sold out, gli stadi di mezza Italia, considerando che Italia 1 avrebbe trasmesso il concerto in differita televisiva solo pochi giorni dopo… Insomma, a voler essere obiettivi, il concerto di Catanzaro, con quasi mezzo milione di spettatori, è un altro record difficilmente superabile del Blasco.

A questo punto un piccolo intermezzo.

La bodyguard all'ingresso della discoteca nell'area antistante il Palarossini controlla il mio invito attraverso i suoi occhiali da sole (inutili, visto che è mezzanotte). Si gira tra le mani la mia «black card», chiave d'accesso all'aftershow più ambito dell'anno, e poi, senza muovere neanche uno dei muscoli del viso, tipo Max Headroom o lo stilista Renato Balestra, mi lascia entrare. Cerco di imitare la sua indifferenza, ma non sono altrettanto professionale. Il fatto è che io e la bodyguard ci conosciamo dai tempi dell'asilo. Si chiama Marco, e nella vita fa l'operaio ai Cantieri Morini, giù al porto della nostra città. Abbiamo passato l'infanzia a giocare a pallone nel campetto dell'oratorio, ma ora stiamo giocando a un altro gioco, e le regole sono queste.

Siamo ad Ancona, durante una delle ultime tappe della prima parte della fortunatissima tournée di Vasco Rossi, il Buoni o cattivi Tour. Ho scelto Ancona per venire a salutare Vasco per due validi motivi: primo, questa è la mia città natale, e mi sembra una scusa valida per fare ritorno in città, salutare i parenti e via discorrendo; secondo, sono sicuro che a queste latitudini non troverò altri giornalisti e voglio, per una volta, essere il solo gallo nel pollaio.

Il pollaio in questione è una perfetta imitazione di una discoteca milanese. Divanetti e tavolini rasoterra in puro stile giapponese disposti con parsimonia in giro, per un'area piuttosto spaziosa. Una postazione dj, un paio di tavoloni imbanditi con pietanze orientaleggianti a base di pesce crudo, un bar che pubblicizza bevande refrigeranti al rum, di quelle che sembrano analcoliche ma che, se non stai attento, ti ubriacano senza che neanche te ne accorgi (ragionamento che, fatto nell'aftershow di Vasco Rossi, lascia davvero il tempo che trova, direi).

In giro si vede un'umanità varia. Ragazze tirate a lucido, palestrati che esibiscono corpi di forme improbabili, qualche raro volto televisivo che cerca di celarsi sotto cappelli ingombranti, finendo per sottolineare quello che andrebbe tenuto nascosto (che io, in fin dei conti, sia ancora uno spirito puro?). Poi ci sono quelli che esibiscono il pass, le persone più ricercate della serata: a tutti è chiaro che sono quei pezzetti di plastica la vera chiave d'accesso a Vasco Rossi, l'ospite d'onore della serata. Vasco Rossi che, dopo un paio d'ore dall'inizio dell'aftershow, ancora non si è fatto vedere. Inizio a temere il peggio. Sarà che ho passato diverse ore ad aspettarlo nel backstage prima del concerto di Fabriano del giugno scorso, incontrando tutto l'entourage del Blasco – da Maurizio Solieri, erroneamente confuso con Bobby

Solo, al produttore Guido Elmi – prima di poterlo incontrare. Sarà che mi immagino che le oltre due ore di concerto da poco tenuto allo Stadio del Conero siano difficili da smaltire.

Di fatto, comincio a dubitare che il rocker di Zocca si farà vedere. Nonostante tutto continuo a fissare fiducioso l'ingresso. A vedermi da lontano devo sembrare un asceta in meditazione, tale è la mia concentrazione. Concentrazione rotta dal vociare che arriva da un privé di fronte alla discoteca. Vasco è già lì, passato da un ingresso segreto. Mi avvicino. Stavolta non ci sono «black card» da esibire, ma sorrisi da porgere alla gentilissima Tania Sachs, efficiente ufficio stampa con la grinta di un rottweiler. Posso entrare nel privé, lasciandomi alle spalle il resto della festa.

Il privé di un aftershow di Vasco Rossi non è come me lo immaginavo. Nulla a che spartire con Sodoma e Gomorra, per capirsi. Siamo in pochi, e nessuno commette gesti illegali o peccati capitali.

I tempi sono cambiati, mi dico.

Vasco se ne sta seduto su un divanetto, col viso parzialmente coperto dagli inseparabili occhiali da sole e dal cappellino verde d'ordinanza, una birra in mano. Intorno a lui Roccia, al secolo Danilo D'Alessandro, la sua personale bodyguard, e un paio di ragazze molto giovani e molto carine. Io vengo presentato da Tania a un paio di notabili anconetani che, probabilmente per compiacerla, fingono di conoscermi da tempo.

La fidanzata del figlio di uno dei notabili, che conosco di vista, al momento è «poco» vestita. Ha una scollatura vertiginosa, per altro non giustificata dal fisico, che non le ho mai visto esibire in pubblico (anche perché quelle occasioni, quasi sempre, coincidevano con cerimonie religiose presso il Duomo di San Ciriaco). Sarà che per accedere alla corte di Mr. Rossi bisogna indossare una divisa? In tal caso, io non dovrei essere ammesso, visto che non ho seguito un particolare dress code. E lo stesso dicasi per mia moglie, che del resto se ne sta in disparte, in fase di studio più che di partecipazione.

Comunque sia, scambiate quattro battute di circostanza sul tempo, sul mare e, immagino, sul Rotary Club, di cui, è evidente, sono il solo a non essere socio, mi avvicino a Vasco, per salutarlo e complimentarmi con lui per il bellissimo concerto da poco terminato.

Mi studia e, per un momento, temo non mi abbia neanche riconosciuto. Subito il mio subconscio manda al mio cervello input di autodifesa: «Se non ti ha riconosciuto significa che le storie sugli stravizi cui Vasco sarebbe dedito durante i dopo concerto sono tutte vere; probabilmente quella che sta trangugiando non è una birra ma chissà quale nuova droga sintetica...». Il mio subconscio, lo ammetto, mi vuole molto bene. È Vasco a metterlo a tacere, salutandomi calorosamente.

«Ciao Michele, come stai?» dice, facendo il verso alla canzone più ascoltata dell'estate. Una sua canzone, per altro.

«Bene» rispondo.

Mia moglie è qualche metro dietro di me, oltretutto. Lei non è voluta venire a conoscere Vasco. Quando Tania Sachs le ha detto che era il nostro momento di avvicinarci l'ha freddata con le parole: «Non mi interessa entrare in un circo del genere». Dubito che la cosa non mi verrà fatta pagare in maniera pesantissima, ma come non capirla.

«Pensa te, temevo non mi avessi riconosciuto...» dico.

Silenzio.

«Come faccio a non riconoscerti, con quella faccia da fricchettone che c'hai?»

Vasco Rossi mi dà del fricchettone, i tempi sono proprio cambiati.

Fine dell'intermezzo, anche se resto sempre a casa mia, ad Ancona, ma nel frattempo siamo nel 2005 (quando si è ai party il tempo vola…).

Sembra ieri. Eravamo in quarantamila, pronti a saltare come un sol uomo e a cantare all'unisono ogni singola canzone nella cornice dello Stadio del Conero, una volta tanto testimone di un evento degno del proprio nome.

A guidare questa massa festante lui, il solo in Italia in grado di muovere questi numeri (quarantamila persone in una città di centomila abitanti), il rocker per antonomasia, Vasco. Sembra ieri, e invece è già passato un anno. Un anno esatto, tra quel 3 luglio 2004 e oggi, il 2 luglio 2005, giorno in cui il Blasco torna a calcare quello stesso palco, per celebrare il rito pagano dei nostri giorni, quel rock and roll show diventato non a caso titolo di un brano del suo ultimo, fortunatissimo album. Un anno che ha visto ancora una volta Vasco al centro dell'attenzione mediatica, come ormai sembra inevitabile.

«Buoni o cattivi», l'ultimo suo lavoro di studio, ha continuato a stazionare ai vertici delle classifiche di vendita, col quasi impossibile traguardo del milione di copie vendute ormai praticamente raggiunto. *Come stai* è stato il tormentone dell'estate, tanto quanto *Un senso* ed *E...* lo sono stati dell'inverno e della primavera.

La prima tranche della tournée è stata sold out, sorte che sta toccando anche alla seconda parte, e ha avuto come conclusione l'apoteosi di Catanzaro, un concerto trasmesso su Italia 1 che ha visto la presenza di qualcosa come mezzo milione di spettatori, vero e proprio record dei record per quel che riguarda gli spettacoli dal vivo nel nostro Meridione.

Vasco è tornato a calcare le assi del teatro Ariston di Sanremo, a distanza di venticinque anni (fatta eccezione per la partecipazione al Premio Tenco, ma quella era un'altra storia), durante l'edizione del Festival della Canzone italiana vinta da Francesco Renga, la prima da anni ad aver messo d'accordo critica e pubblico.

Un ritorno a Sanremo che ha il sapore della rivincita, considerando che l'ultima volta la sua canzone *Vita spericolata*, ormai un classico del nostro patrimonio musicale, era stata eliminata al primo turno della gara, mentre stavolta Vasco è all'Ariston in veste di Superospite d'onore, accompagnato dal fido Maurizio Solieri, con cui esegue proprio quel classico e il nuovo *Un senso*.

Situazione che, a dire il vero, ha fatto un po' storcere il naso ai fan più puristi e alternativi, che hanno visto nel ritorno del figliol prodigo un «imborghesimento» di Vasco, un tempo artista «contro» e ora «di regime».

E ancora più di regime è stata considerata da molti la laurea *ad honorem* in Scienze della comunicazione che ha fatto di Vasco il dottor Rossi, il 12 maggio 2005, a pochi giorni dalla laurea all'altro celebre Rossi, Valentino.

Vasco dottore?

Sì, può suonare strano: lui, quello che ha sempre dato voce a quelli che vanno a letto la mattina presto e si svegliano con il mal di testa, adesso è un signore di mezza età laureato in comunicazione presso lo IULM, famosa università privata di Milano.

Ma chi meglio di lui è in grado di comunicare?

Chi è stato capace, in Italia, di mettere insieme un pubblico che raccoglie così tante generazioni, dai suoi coetanei, ormai cinquantenni, alle ultime leve, ragazzini di quindici anni che lo hanno conosciuto con le sue nuove canzoni?

Vasco è Vasco, sia che trascini le folle dell'Heineken Jammin' Festival di Imola, come l'11 giugno 2005, sia che indossi l'ermellino di fronte al parterre di professoroni dello IULM.

E, non ci sono dubbi, anche stasera lo dimostrerà ai

quarantamila che ancora una volta salteranno come un sol uomo e canteranno all'unisono ogni sua singola canzone nella cornice dello Stadio del Conero, mai come stavolta testimoni di un evento degno di questo nome.

La scaletta, come nel tour precedente, è un alternarsi di nuove e vecchie canzoni. Si parte da *Un gran bel film*, quindi con un rock potente, e si prosegue su questa china con *Deviazioni* e *Dimentichiamoci questa città* e la nuova, punkeggiante, *Cosa vuoi da me*. Si prende un po' di fiato con l'acustica *Dillo alla luna*, per poi tornare al rock – e come potrebbe essere altrimenti? – di *Portatemi Dio*. A questo punto, ecco la nuova hit *Come stai*, per interpretare la quale il nostro si veste come sulla copertina dell'album, con tuta da ginnastica arancione, cappuccio e occhiali da sole calati sugli occhi. È poi la volta di *Cosa succede in città*, la romantica *E...*, estratta da «Buoni o cattivi», e la ballata senza tempo *Sally*. Seguono l'amara ... *Stupendo*, la rockeggiante *Buoni o cattivi*, *Domenica lunatica*, ed è poi la volta di far saltare in aria lo stadio con *Rewind*, canzone in grado di far muovere il culo anche al più pigro degli spettatori, me.

Dopo aver graffiato un po' con l'ironica *Señorita*, è la volta della disillusione con *Stupido Hotel*. Il concerto ha un'impennata di ritmo, col rock duro dell'inno *C'è chi dice no*, con *Gli spari sopra* e con la malinconica e graffiante *Siamo soli*. È il momento di accendere gli zippo, e *Un senso* trova la sua ragion d'essere nei cori da stadio. Seguono *Bollicine*, *Vivere* e *Senza parole*, con il concerto che volge al termine. Dopo essersi ricaricato dietro il palco, con tutto il pubblico a richiedere il bis, Vasco esce di nuovo per cantare *Senza parole*, *Vita spericolata* e l'accoppiata *Canzone* e *Albachiara*. A questo punto, si sa, i giochi sono davvero finiti.

Oltre alla tappa di Ancona del 2 luglio, il Buoni o cattivi Tour 2005 ha visto Vasco esibirsi a Grado, nella prima data, il 3 giugno, e poi a Torino il 7 giugno, all'Heineken Jammin' Festival il 10, a Terni il 14, a Cagliari il 18, a Lecce il 22, a Palermo il 25, a Salerno il 29, a Firenze il 5 luglio e a Udine il 9. Tagliate fuori sia Milano che Roma, in quanto già toccate dalla prima parte del tour.

A queste due fortunate stagioni di concerti tenuti in giro per l'Italia seguirà la pubblicazione di un doppio CD (disponibile anche in versione de luxe, con annesso un triplo DVD, una roba proprio da fanatici), dal titolo non troppo originale – «Buoni o cattivi tour Anthology 04-04» – pubblicato nell'inconsueto mese di dicembre, il 2. L'album, come è consuetudine, arriverà diritto al primo posto e, nonostante la natura di CD live, l'assenza di inediti, e anche l'oggettiva pessima resa dei suoni (per una volta il pubblico è troppo presente, e si fatica a sentire cosa stanno combinando sul palco Vasco e i suoi), alla fine del 2006 si piazzerà al settimo posto della classifica di vendita generale.

La scaletta dell'album è la stessa dei due tour, senza significative assenze e, ovviamente, senza ripetizioni. Ma Vasco in questo periodo non riesce proprio a star fermo e, a rischio di invadere letteralmente il mercato, sforna un suo libro, edito da Mondadori, *Le mie canzoni*, che vede per la prima volta racchiusi in un unico volume tutte le sue liriche, con alcuni, sinteticissimi, commenti (libro che si piazzerà a sua volta al primo posto nelle vendite). Poi, prima di tornare in scena con il doppio CD dal vivo, presenta al pubblico il primo movie-clip italiano, *È solo un rock 'n' roll show*, doppio DVD uscito il 9 settembre.

Stefano Salvati, regista del lavoro, ha dichiarato a proposito dell'ideazione del film: «Io e Vasco, in collaborazione con Carlo Lucarelli, abbiamo costruito una storia, una sceneggiatura che tenesse insieme frammenti di vita vissuta, sognata, desiderata di Vasco Rossi trasposti nell'immaginario di una giovane fan».

In parole povere, si tratta di un collage dei videoclip dei brani di «Buoni o cattivi» e delle scene degli stessi brani tratte dai concerti dell'omonimo tour. Il tutto tenuto insieme dalla trama scritta dal giallista emiliano e, al pari di operazioni del genere presenti sui mercati stranieri (si pensi, senza offesa, al film delle Spice Girls) confezionato con ottima cura. La sottile trama racconta della passione di una giovane fan nei confronti del suo idolo. La fan è interpretata dall'attrice slovacca Andrea Lehotska, meravigliosa creatura in seguito ospite fissa del programma di Piero Chiambretti *Markette*. Peccato solo che i video di Vasco, tranne alcune rare eccezioni, tipo *Gli angeli* o *Stupido Hotel*, si siano fatti sempre notare per un certo gusto kitsch. Del resto, come altro descrivere le facce compiaciute che Vasco rivolge alla camera mentre se ne va in giro a bordo di un macchinone per un'assolata strada americana frequentata da ragazze praticamente nude, scena tratta dal videoclip di *Señorita*? Scena che si ripete a bordo di una piscina, e che non stonerebbe nella videoteca di un David Lee Roth...

Vasco in movie-clip ce lo saremmo onestamente risparmiato ma, chiaramente, le oltre duecentocinquantamila persone che nel giro della prima settimana corrono a comprarselo dimostrano che questi sono giudizi che lasciano il tempo che trovano. Solo parole.

Non sono invece parole l'invito che Vasco riceverà nel 2007 a partecipare alla manifestazione Los Angeles Italia, dedicata al cinema italiano nel mondo. Manifestazione che si terrà a Hollywood la settimana successiva alla consegna degli Oscar, a fine febbraio, e a cui il nostro parteciperà.

Tornando al 2005, il 17 dicembre, a conclusione di un anno indimenticabile, Vasco torna a casa, a Zocca, la sua città natale, dove i vecchi amici d'infanzia e tutta la comunità locale hanno organizzato un tributo in suo onore, tra cui una mostra fotografica a lui dedicata.

Anche il 2005 è stato l'anno di Vasco Rossi, con un fortunato tour, un doppio DVD campione di vendite e un doppio CD dal vivo finito al primo posto in classifica.

Un altro anno di Vasco Rossi, ma questa non è certo una notizia.

23

L'AVESSE SCRITTA LUI, DIREMMO: LA VITA È ADESSO, IL VASCO ROSSI TOUR 2007

Dopo tanta sovraesposizione, con un sacco di uscite sul mercato, concerti tenuti in giro per l'Italia, canzoni che girano in radio e che fanno da colonna sonora a pubblicità molto in voga, Vasco Rossi vive un 2006 ritirato, prendendosi tutto il tempo di cui ha bisogno per comporre le canzoni che andranno a formare la tracklist del successore di «Buoni o cattivi» (ancora inedito al momento della stesura di questo libro), e per godersi un po' di quella vita privata la cui assenza, c'è da scommetterci, è l'aspetto della notorietà che più pesa al rocker di Zocca. Gli unici momenti pubblici sono legati alla politica, altra cosa che dimostra come, nella vita, si faccia sempre in tempo a cambiare idea.

Vasco infatti sostiene il partito della Rosa nel pugno (nato dalla fusione dei radicali di Marco Pannella e i socialisti di Boselli) nella campagna elettorale per le elezioni politiche 2006. La sua *Siamo solo noi* diventa la colonna sonora dello spot elettorale del nuovo partito. Ma Vasco non si ferma qui: visto che ormai si è esposto, decide di finanziare la coalizione dell'Ulivo, di cui fa parte anche la Rosa nel pugno, quella che propone Romano Prodi come candidato premier e che vincerà per una manciata di voti le elezioni. È la prima volta che Vasco prende una posizione politica così netta; in passato si era limitato a simpatizzare per le lotte abolizioniste di Marco Pannella, prendendo la tessera del partito radicale e prestando il volto ad alcune campagne antiproibizioniste del partito, negli anni Ottanta.

Visto il tipo di aura che ormai lo circonda, non sorprende nessuno che durante l'elezione del presidente della Repubblica, il successore di Carlo Azeglio Ciampi, Vasco riceverà un voto nella seconda e terza votazione. Vasco for president.

Alla fine verrà eletto Giorgio Napolitano.

Il 2006 passa nel silenzio, interrotto solo dalla rubrica «Dillo alla Luna!» che il Blasco tiene su «XL», il magazine musicale di «la Repubblica». Colonne dalle quali manifesterà prima la volontà di abbandonare il mondo della pubblicità, e poi il ritorno sulle scene live, annuncio fatto in contemporanea a quello che sancisce la fine di quella rubrica giornalistica.

Il 19 gennaio 2007 esce il nuovo singolo, *Basta poco*. Vasco si dice stanco della solita routine che vuole l'artista costretto a pubblicare un album, fare un tour, stare fermo e via, di nuovo sulla strada; per cui decide che il singolo non sarà venduto nei negozi di dischi, ma che lo si potrà ascoltare esclusivamente tramite radio oppure che lo si potrà scaricare dal web o dal portale di una nota azienda telefonica. Downloadare, si dice nel nuovo linguaggio.

Basta poco registra il record italiano di download legali, oltre centomila a distanza di due giorni dall'uscita del brano.

Nel febbraio 2007, in un'intervista all'organo ufficiale della Polizia di Stato, Vasco dichiara: «Quella dei poliziotti è la vera vita spericolata!» aggiungendo che si sente dispiaciuto che il testo della canzone sia stato interpretato come un inno allo sballo, dichiarando che il significato che lui le attribuiva era diverso. Più avanti Vasco dirà a «Sportsweek» che, in realtà, nel corso dell'intervista aveva detto «anche quella dei poliziotti è una vita spericolata», salvo poi vedere la propria dichiarazione pubblicata in forma lievemente modificata. Ciò non toglie che il Vasco Rossi del 2007 sia decisamente diverso da quello degli anni passati. E anche il raccontare il proprio passato trasformando gli eventi in una specie di coincidenze fortuite, per cui lui non sarebbe stato un tossico o un donnaiolo, ma uno che la gente ha sempre voluto vedere così, è figlio di questo nuovo corso, che lo vuole più responsabile nei confronti del proprio pubblico e, probabilmente, anche nei confronti della propria famiglia. Sempre più spesso, infatti, lo sentiremo cantare le lodi di Laura, la sua compagna, e del figliolo Luca, in qualche modo connesso al lancio di *Basta poco*.

L'11 di maggio, infatti, Vasco torna sui propri passi, e pubblica un mini CD, «Vasco Extended Play» che, oltre a *Basta poco*, nelle versioni normale, original demo e video, contiene una cover della canzone *La compagnia*, resa famosa da Lucio Battisti.

Il video, scritto dal giovane autore bolognese Enrico Brizzi, è disegnato dal figlio Luca, inventore di Piernitro, Caleb e Junior, i tre personaggi protagonisti di un fumetto, pubblicato il seguente 7 luglio dalla Panini e intitolato, guarda caso, «Basta poco, il marchio dell'infamia».

La trama del video, concepita alla fine del 2006, anticipa la bufera di Vallettopoli, vera e propria tempesta mediatica e giudiziaria che colpirà l'Italia all'inizio dell'anno successivo.

Vasco si piazza subito al primo posto dei singoli, sia su iTunes che nei negozi di dischi, dimostrando che il normale mercato, nel suo caso, segue a ruota i nuovi mezzi come internet. A scalzarlo dalla prima posizione dei download arriverà dopo un paio di settimane una nuova canzone che con Vasco ha a che fare, eccome.

Il brano in questione si intitola *Come Vasco Rossi*, ed è cantato da Gaia & Luna, due sorelline di sei e nove anni.

«Vasco lo sai, per me sei un dio, spero che un giorno lo sia anch'io» recitano le sorelle Carollo, e ancora «voglio anch'io una vita spericolata, ci incontreremo ai roxy bar».

La più grande delle due sorelline accompagna l'esibizione con la chitarra, l'altra canta soltanto, articolando a fatica le parole. A fare pubblicità alle piccole ci ha pensato il padre, Agostino Carollo, musicista e discografico, che ha inserito una doppia intervista, sul genere di quelle fatte dal programma tv *Le iene*, su YouTube (oltre che, naturalmente, il video della canzone). E così, *Come Vasco Rossi* ha battuto il Blasco in carne o ossa e si è piazzata al primo posto nella hit parade dei brani più venduti su iTunes, proprio davanti al rocker di Zocca.

Arriva finalmente il momento tanto atteso del ritorno sul palco. L'idea, l'ho già scritto all'inizio di queste pagine, è quella di cominciare col botto, andando a tirare ancora una volta le fila della decima edizione dell'Heineken Jammin' Festival, per l'occasione spostatosi da Imola a Mestre, presso il parco San Giuliano.

Gli organizzatori prevedono almeno centomila spettatori, ma già si scommette su una cifra pari quasi al doppio. Tanto Vasco è imbattibile, quando si tratta di portare persone a un concerto.

Il concerto salterà a causa di una tromba d'aria che colpisce la zona un paio di giorni prima. Una tromba d'aria che non solo farà crollare le quattro torri che sorreggono luci e casse, ma che provocherà il ferimento di una trentina di persone, e il conseguente, legittimo, annullamento di tutto l'evento.

Vasco deve saltare la prima data del suo tour.

«Ieri ero sotto shock, oggi sono triste. Non mi era ancora capitato che un mio concerto fosse annullato. Ero pronto, teso come un arco e improvvisamente sono qui solo... in una camera d'albergo inutile e frustrato...»

Vasco utilizzerà il suo sito internet ufficiale, www.vascorossi.net, per raccontare ai suoi fan il disagio provato nel vedere annullata la tappa di Mestre.

«Doveva esserci la grande festa del mio concerto all'Heineken ed è stato cancellato da una maledetta tromba d'aria che ha devastato mezza città e il bellissimo parco San Giuliano.»

Vasco non si capacita di quello che è successo solo poche ore prima.

«I biglietti saranno rimborsati dall'organizzazione, ma la gioia di ritrovarsi insieme sul prato ad ascoltare musica dal vivo chi ce la rimborsa? Avete ragione, ma non è facile organizzare un concerto per centomila persone e il parco, mi dicono, non sarà più disponibile almeno fino all'anno prossimo.»

Tutti, in un primo momento, hanno pensato che il concerto sarebbe stato rinviato, magari solo di qualche giorno. Poi è subentrato il disincanto: un evento del genere non si può mettere su in pochi giorni.

«Non so ancora in che modo e dove, ma vi prometto che qualche cosa mi inventerò, magari a settembre.»

Poi Vasco si lascia andare, sempre nel suo sito, a una considerazione un po' più approfondita.

«Un lavoro di preparazione e di attesa di mesi va in fumo per dieci minuti di uragano» scrive. «Questo mi ha fatto pensare a quanto siamo piccoli e impotenti di fronte alla natura capricciosa e selvaggia e a quanto siamo fortunati quando va tutto bene. Di fronte alle calamità naturali bisogna arrendersi, piegarsi per non spezzarsi. Guardare oltre l'orizzonte e ricominciare da capo… senza perdersi d'animo mai… e combattere e lottare contro tutto, contro…» continua, citando la sua *Vivere*, «questo è il destino degli uomini ed è questo che ci rende grandi.»

Poi chiosa: «Oggi sono "spento" ma giovedì a San Siro sarò acceso!».

E in effetti le cronache racconteranno di un'ennesima tournée dai grandi numeri, con un Vasco quanto mai in vena di comunicare col suo popolo.

Per prepararsi alle date di San Siro, e anche alle altre sette che seguiranno, Vasco si ritira con la sua band – quella degli ultimi anni con un solo cambio, con l'arrivo del nuovo batterista Matt Laug, già al fianco di assi come Slash – a Latina, scelta come base dopo il periodo fabrianese.

A Latina, dove terrà anche la data zero del tour, Vasco Rossi si presenta alla conferenza stampa con gli appunti, del tutto intenzionato a non perdere il filo dei propri pensieri. «Il palco rappresenta una città invasa dalla giungla, la civiltà assediata dall'inciviltà, la gente normale assediata dagli estremismi. Noi pensavamo di poter rispondere alle leggi degli uomini e non a quelle di Dio. Ma quale Dio? La nostra civiltà ha delle crepe dentro cui si inseriscono i kamikaze. La vita è una giungla e c'è chi vuole la vita garantita. Chi dice che le soluzioni sono semplici è un farabutto.»

Il tour prevede 9 date. Vasco e la Milano Concerti hanno investito 15 milioni di euro per reggere «il confronto con le produzioni internazionali che ammortizzano i costi di centinaia di date mentre noi lo facciamo in nove concerti».

Questo è l'obiettivo di Vasco per il 2007, non essere da meno degli americani. «Noi ci difendiamo bene dallo strapotere della cultura angloamericana. Tutto è frutto di casualità: se Hitler non fosse stato un pazzo drogato di anfetamine come una pera, forse i grandi cervelli non scappavano dalla Germania e la tivù la inventavano i tedeschi. Chissà. Trent'anni fa abbiamo iniziato a fare rock in italiano e ora siamo finalmente credibili. E non parlo solo di me, ma di tanti altri. D'altronde, io non canto in inglese, perché so solo l'italiano, vivo in Italia e mangio pure italiano.»

Il Vasco live 2007 ha richiesto per Rossi e il suo staff

– capitanato dal solito produttore Guido Elmi – qualcosa come quattro mesi di lavoro.

Le date, oltre a quella del 13 giugno a Latina, sono quelle del 21 e 22 giugno allo Stadio San Siro di Milano, il 27 e 28 giugno allo Stadio Olimpico di Roma, il 3 luglio allo Stadio delle Alpi di Torino, il 7 luglio allo Stadio San Filippo di Messina, il 10 luglio allo Stadio San Nicola di Bari, il 14 luglio allo Stadio del Conero di Ancona. Notazioni tecniche: il palco del concerto è largo 75 metri, profondo 26 e presenta 6 torri che vanno dai 18 ai 28 metri di altezza, due passerelle laterali lunghe 20 metri e 10 schermi luminosi.

Notazioni di costume: anche quest'anno, come in precedenza, le tappe di Milano sono state anticipate da sterili polemiche rispetto al numero di decibel che il concerto avrebbe dovuto produrre. Con un limite, quello dei settantotto decibel, davvero risibile, visto che anche solo un applauso dei circa ottantamila presenti è già in grado di superare quella soglia. Nei fatti, alle polemiche sono seguite le minacce da parte dell'organizzazione di annullare la data; alla fine, su tutto, ha vinto la voglia di suonare e di divertire il pubblico. Il Blasco, chiaramente, non ha mancato di introdurre le serate con una stoccatina ai comitati di quartiere e all'assessore che ha imposto un limite così basso. Salendo sul palco dello Stadio Meazza, infatti, ha esordito dicendo: «Ssst, siamo a San Siro…». Anche il pubblico non è stato ovviamente da meno, con striscioni dedicati all'evento. Su tutti uno che recitava, sardonico: «Basta poco x farli inkazzare, alza il volume e facci cantare».

Polemiche a parte, lo spettacolo comincia con l'ouverture della *Cavalleria Rusticana*, per proseguire con la nuova hit *Basta poco*. Poi Vasco si lancia in un viaggio nel suo repertorio più vecchio, con tre brani ripescati dal passato:

Cosa c'è, *Blasco Rossi* e *Voglio andare al mare*. In scaletta arriva a questo punto *La compagnia*, resa celebre da Battisti e presentata alle nuove generazioni.

Vasco ormai ha alle spalle un repertorio di oltre trent'anni, e nei live si può permettere di scegliere tra oltre centotrenta canzoni. Eccolo quindi eseguire *Buoni o cattivi* e di seguito *Lunedì*, rockettone ironico assente da parecchi anni dai suoi concerti.

È quindi la volta dell'unico inedito proposto nel corso della tournée, *Non sopporto*, un punkettone dal testo duro e crudo, nella migliore tradizione vaschiana. Un brano che andrà a finire nel nuovo album, registrato tra il 2006 e l'inizio del 2007 a Los Angeles, sempre con la collaborazione di grandi turnisti. Album di cui al momento non si conosce ancora la data di pubblicazione, come racconta lo stesso Vasco alla conferenza stampa di Latina.

«Lo definisco il disco volante. Io sono pronto, ma ho problemi con la mia etichetta. Con questa crisi discografica non si sa più con chi parlare, le persone vengono mandate via da un momento all'altro. Ha inciso la pirateria, che è un furto ma viene affrontata in modo blando. E non le ha fatto bene la campagna per abbassare il prezzo dei CD... eppure non sento mai dire che un jeans di Dolce & Gabbana costa troppo. Le radio sono un misto di esterofilia e non si sforzano di far ascoltare la musica italiana.»

Gli fa eco il produttore Guido Elmi: «Le radio fanno sostanzialmente un furto legalizzato perché non pagano correttamente il diritto d'autore: sono l'unica azienda che investe soltanto il 2 per cento nell'acquisto della materia prima del proprio business».

Tornando alla scaletta del concerto, dopo *Non sopporto* c'è un tuffo nel passato, con un'altra canzone da tempo assente dal repertorio live del Blasco: *Anima fragile*, dedicata al padre scomparso da anni. Poi due classici più recenti,

Siamo soli e la ballata *Un senso*, coi soliti accendini accesi a fare da cornice alla canzone. Arriva il momento del medley, altra tappa fissa dei live vaschiani. Questi sono momenti in cui, di solito, il rocker di Zocca recupera, in chiave acustica, canzoni ingiustamente considerate minori del suo repertorio, fondendole insieme. Durante la tournée del 2007 saranno riproposte *Domani sì adesso no, La strega (La diva del sabato sera), Cosa vuoi da me, Delusa* e *Sono ancora in coma*, in un'inedita sorta di mix rock.

Arriva il momento della malinconia e del rimpianto, con la ballad *Vivere una favola* e le due canzoni gemelle ... *Stupendo* e *Come stai*, hit di tre estati prima.

E dopo la sempre commovente *Sally* arrivano le bordate rock di *C'è chi dice no* e *Gli spari sopra*, per poi passare all'inno transgenerazionale *Siamo solo noi* e al riempipista *Rewind*, sempre in grado di far saltare contemporaneamente tutti gli esseri umani presenti nell'arco di diverse centinaia di metri (manco l'avesse composta un testone della NASA).

Il concerto volge al termine, e Vasco tira fuori dal cappello la vecchia e rara *Ciao*, con cui si chiudono i giochi. In realtà si tratta di una finta, e tutti i presenti lo sanno. Basta alzare un po' la voce che Vasco ritorna sul palco, per eseguire il crescendo composto da *Stupido Hotel*, durante la quale presenta la band, *Bollicine*, la ballad *Vivere*, l'altro inno *Vita spericolata* e arrivare al finalone con il medley *Canzone* e *Quanti anni hai*, per sola voce e piano (anche se le voci sono diverse decine di migliaia) e la conclusiva *Albachiara*.

Una scaletta composta da oltre trenta canzoni, tra vecchie e nuove, con la cover di Battisti e l'inedita *Non sopporto*: un concerto praticamente a prova di bomba.

Una chicca è data dalla presenza alla consolle, prima dell'inizio del concerto, di uno dei tre figli di Vasco, Davide Rossi, aspirante attore con velleità da dj. È lui infatti che deve intrattenere il popolo del Blasco durante le ultime ore del pomeriggio, prima che a salire sul palco siano la band dei Frontiera e J-Ax, ex cantante degli Articolo 31, incaricati di scaldare il pubblico.

Poi è il momento di Vasco, ed è solo un rock'n'roll show.

Come si dice in questi casi, basta poco...

24

PERCHÉ VASCO? PERCHÉ IO?
IN ALTRE PAROLE, UNA POSTFAZIONE
O, SE PREFERITE, UN BIS

Perché scrivere un libro sulla vita di Vasco Rossi?

È la domanda con cui ho convissuto negli ultimi anni, cioè da quando ho cominciato a studiare il rocker di Zocca, prima per scriverci su articoli, e poi libri. E me lo sono continuato a chiedere, sempre più insistentemente, come dentro un'ossessione di quelle buone per farci un film con Jim Carrey, da quando questo libro ha cominciato a farsi strada dapprima nella mia testa, e poi in quella dell'editore.

È una domanda che mi sono fatto da solo, ma che soprattutto mi hanno rivolto colleghi scrittori, spinti più che altro dalla spocchia di chi guarda al mondo del rock dall'alto in basso, nella convinzione che la musica leggera, in quanto tale – leggera, appunto –, sia arte minore rispetto alla letteratura.

La risposta che mi sono dato è semplice e complessa al tempo stesso: Vasco Rossi è l'unico personaggio italiano (giuro che non me ne vengono altri in mente, se ne avete fatemelo sapere, che finito un libro è già tempo di cominciare a scriverne un altro...) capace di attraversare gli ultimi venticinque-trent'anni toccando il cuore delle nuove generazioni e conquistandosi un ruolo di primaria importanza nella cultura italiana tout court.

Chi ha avuto il piacere di assistere a un suo concerto, non uno specifico, ma uno dei tanti che Vasco ha tenuto in giro per l'Italia durante quest'ultima estate o nelle estati precedenti (estate, ormai, è sinonimo di concertone di Vasco Rossi, si sa, come di nuovi gusti del gelato, di crisi energetica dovuta all'utilizzo eccessivo dei climatizzatori e di zanzare tigre ormai diventate indistruttibili, manco fossero aliene), avrà notato come gli spalti e il prato del campo sportivo fossero pieni sì di ragazzi, a volte anche di bambini, ma come tra il pubblico fossero presenti anche persone coetanee dello stesso rocker, ossia sopra i cinquant'anni.

Non che l'essere transgenerazionale sia un motivo sufficiente per diventare oggetto di un libro, sia chiaro.

Non è sufficiente, ma sicuramente aiuta. Così come ha aiutato me, che questo libro l'ho scritto, il fatto che per lavoro, nel corso degli ultimi anni, ho avuto modo di incontrare più volte Vasco, di seguire parecchi concerti e soprattutto di fargli una lunghissima intervista, in più tappe.

Come per un entomologo che tiene l'insetto che sta studiando sotto la lente del microscopio, questa serie di incontri mi ha dato modo di conoscere aspetti del Blasco che non conoscevo, e che ora voi potete trovare nero su bianco in queste pagine.

Ho avuto modo di conoscere certi aspetti della sua vita che ignoravo, io che non rientro decisamente nella categoria dei suoi fan ma che, come chiunque abbia vissuto in Italia negli ultimi venticinque-trent'anni in stato di coscienza vigile, ho avuto modo di ascoltare tante sue canzoni che hanno scalato le classifiche e ho conosciuto le sue vicende personali, quelle stesse vicende che hanno occupato le pagine dei giornali, non solo nella sezione dedicata agli spettacoli.

Sì, perché Vasco, e qui sta un altro motivo per cui ho deciso di occuparmi di lui e di scrivere la sua biografia, è un personaggio a tutto tondo. Uno che ha vissuto la propria vita fino in fondo, passando dall'essere considerato un cattivo mae-

stro all'essere idolatrato come un dio. Diavolo e acqua santa, avrebbero detto ai tempi di Don Camillo e Peppone (personaggi che, guarda caso, nella fantasia di Guareschi vivevano proprio dalle parti di Vasco, nell'Emilia rossa e crapulona), solo che in questo caso l'uno e l'altro convivono nella stessa persona. Don Peppone?

È stato durante le diverse interviste che ho avuto modo di fargli che mi ha raccontato di quando, durante i primi concerti, era preso di mira da spettatori impietosi che gli tiravano lattine e freccette di carta. O di quando, in una torrida estate bolognese, scrisse Voglio andare al mare *in compagnia del fedele amico Massimo Riva, cercando nella musica l'unica via d'uscita dal caldo e dalla mancanza di soldi per potersi permettere una vacanza.*

E poi tanti altri aneddoti e commenti su passaggi della sua carriera, e anche di quella di alcuni suoi colleghi, non conosciuti ai più. Così Vasco mi ha raccontato come andò quella volta che Claudio Baglioni venne scelto al posto suo per partecipare al concerto di Torino per Amnesty International, mi ha raccontato del suo amore per il punk inglese, ma anche per Jannacci, per Paolo Conte e per Buscaglione, ma anche per gli urlatori, Tony Dallara e Little Tony in testa. Mi ha spiegato le sue collaborazioni degli ultimi anni, da Patty Pravo a Irene Grandi, e ha detto la sua sulle nuove leve della musica leggera italiana, da Gianluca Grignani a Carmen Consoli.

Io, per parte mia, spinto dai suoi racconti, ho cominciato a studiare la sua vita in maniera sempre più approfondita, leggendo praticamente tutto quello che è stato pubblicato su di lui, dall'intervista per il quotidiano locale agli editoriali tenuti per questo o quel magazine, con l'atteggiamento di uno storico che abbia per oggetto di studio un suo contemporaneo, con tutte le difficoltà che la vicinanza comporta (provate a osservare un quadro col naso attaccato alla tela e ditemi se riuscite ad avere una visione d'insieme...) e con lo sguardo del *critico musicale, che cerca nelle canzoni i dettagli che spesso le cronache non riescono a mettere in evidenza.*

La vita di Vasco, mi sono detto – mentre il materiale che ha costituito il corpo di questo libro cominciava a rendere la mia scrivania un vero campo di battaglia –, sarebbe degna di diventare l'oggetto di un romanzo, più che di una biografia. Sì, un bel romanzo di cadute e resurrezioni, di delusioni e successi. Una storia col lieto fine: anzi, una storia quasi tutta lieta. Magari con una partenza un po' in salita, ma con una virata verso il successo che ormai va avanti da oltre venti anni consecutivi.

Un romanzo accompagnato dalle emozioni di tutte le sue canzoni, i suoi album, i suoi concerti, con i passaggi più significativi della sua carriera così come della sua vita privata. Il tutto raccontato, spero, con uno sguardo obiettivo, distaccato, sincero: il mio.

Non sono un fan di Vasco Rossi, come ho avuto già modo di dire in passato. Non sono un suo fan e non lo sono certo diventato dopo averci lavorato sopra così a lungo, per lo stesso principio per cui chi lavora in pasticceria, spesso e volentieri, diventa insofferente anche solo alla vista di un dolce. Non sono un fan di Vasco Rossi, ma ho lavorato a lungo a questo libro, frutto di studi e interviste, ascolti e visioni, a ben vedere la prima biografia vera e propria a lui dedicata in oltre trent'anni di carriera.

Prima di tornare alla vostra vita, dopo magari aver dato una veloce consultazione alla parte disco-bibliografica, consentitemi una piccola incursione nella mia, di vita, perché è arrivato il momento dei ringraziamenti.

Questo libro non sarebbe stato scritto se non ci fossero state le persone che mi hanno spinto, vai a sapere perché, a occuparmi professionalmente di musica. È per questo che ringrazio Luca Valtorta e Patrizia Ricci della defunta rivista «Tutto Musica», i primi a crederci davvero. Poi grazie a

«*Rockstar*» e «*Donna Moderna*», e soprattutto a «*Rolling Stone Italia*», «*Panorama*» e «*Diario*», che ancora oggi mi fanno scrivere di musica.

Ma visto che questo non è un libro sul rock in generale, o meglio lo è, ma solo perché Vasco Rossi, almeno da noi, incarna il rock meglio di chiunque altro, voglio ringraziare Tania Sachs, il suo ufficio stampa e la sua custode (o come dice Vasco: la sua interfaccia), che mi ha permesso a più riprese di intervistarlo.

E poi grazie a Luca Ussia e alla casa editrice, che hanno creduto in questo progetto, tentando una strada finora inesplorata.

Un grazie anche a chi non lo verrà mai a sapere, cioè a quegli autori di biografie cui ho fatto riferimento durante la stesura di questo libro, gente che se non fossi dotato di un certo senso della misura nonché di una provata concretezza potrei definire miei colleghi, vale a dire Barry Miles, Nick Tosches e Joyce Carol Oates.

Grazie a Learco e Angela Monina, i miei genitori, che inconsapevolmente hanno lasciato che questa passione crescesse fino a diventare il mio mestiere.

E per finire grazie alla mia famiglia, cioè mia moglie Marina e i miei figli Lucia e Tommaso, che subiscono e sopportano questo strano capellone che a trentotto anni suonati si aggira per casa canticchiando strane canzoni e suonando una chitarra immaginaria, sostenendo che sta lavorando.

È tutto.

Ah, dimenticavo... Un grazie a Vasco, per la sua disponibilità e per essere la rockstar che è.

I ringraziamenti sono finiti, il libro anche.

Milano, luglio 2007

DISCOGRAFIA UFFICIALE

ALBUM

Ma cosa vuoi che sia una canzone
Lotus Records & Tapes – 1978

Title tracks:
La nostra relazione
... E poi mi parli di una vita insieme
Silvia
Tu che dormivi piano (volò via)
Jenny è pazza!
Ambarabaciccicoccò
Ed il tempo crea eroi
Ciao

Testi e musiche di Vasco Rossi
Prodotto da Alan Taylor
Arrangiamenti di Gaetano Curreri

Non siamo mica gli americani
Lotus Records & Tapes – 1979

Title tracks:
Io non so più cosa fare
Fegato, fegato spappolato
Sballi ravvicinati del terzo tipo
(Per quello che ho da fare) Faccio il militare
La strega (la diva del sabato sera) (di V. Rossi-Silvestri)

Albachiara (di V. Rossi-A. Taylor-V. Rossi)
Quindici anni fa
Va be' (Se proprio te lo devo dire)

Testi e musiche di Vasco Rossi tranne dove indicato
Arrangiamenti coordinati da Gaetano Curreri

Colpa d'Alfredo
Targa Records –1980

Title Tracks:
Non l'hai mica capito
Colpa d'Alfredo
Susanna
Anima fragile
Alibi
Sensazioni forti
Tropico del cancro
Asilo «Republic»

Testi e musiche di Vasco Rossi
Prodotto da Vasco Rossi

Siamo solo noi
Targa Records –1981

Title Tracks:
Siamo solo noi
Ieri ho sgozzato mio figlio
Che ironia
Voglio andare al mare
Brava
Dimentichiamoci questa città
Incredibile romantica
Valium

Testi, musiche e arrangiamenti di Vasco Rossi
Prodotto da Mario Rapallo & Guido Elmi

Vado al massimo
Carosello Records & Tapes – 1982

Title Tracks:
Sono ancora in coma
Cosa ti fai
Ogni volta
Vado al massimo
Credi davvero
Amore
Canzone (V. Rossi-M. Solieri-V. Rossi)
Splendida giornata (V. Rossi-T. Ferro)
La noia (V. Rossi-T. Ferro)

Testi e musiche di Vasco Rossi, tranne dove indicato
Arrangiamenti di Vasco Rossi
Arrangiamenti e direzione dei fiati Rudy Trevisi
Produzione, art direction Guido Elmi

Bollicine
Carosello Records & Tapes – 1983

Title Tracks:
Bollicine
Una canzone per te
Portatemi Dio
Vita spericolata (di V. Rossi, T. Ferro)
Deviazioni
Giocala
Ultimo domicilio conosciuto
Mi piaci perché
Parole e musica di Vasco Rossi, tranne dove indicato
Arrangiato da Vasco Rossi
Produttore esecutivo Guido Elmi
Prodotto e mixato da Guido Elmi e Maurizio Biancani

Va bene, va bene così
Carosello Records & Tapes – 1984

Title Tracks:
Va bene, va bene così (di V. Rossi-R. Casini)
Colpa d'Alfredo
Deviazioni
Fegato, fegato spappolato
Vita spericolata (di V. Rossi-T. Ferro)
Ogni volta
Albachiara (V. Rossi-A. Taylor-V. Rossi)
Bollicine
Siamo solo noi

Parole e musiche di Vasco Rossi, tranne dove indicato
Produttori esecutivi Guido Elmi & Mario Rapallo
Produttori Guido Elmi & Maurizio Biancani
Registrato a «Verona 2000», Verona, «Teatro Tenda», Bologna,
«Palasport», Cantù, nel novembre del 1983

Cosa succede in città
Carosello Records & Tapes – 1985

Title Tracks:
Cosa c'è
Domani sì adesso no
Cosa succede in città
Toffee
Ti taglio la gola
Una nuova canzone per lei (V. Rossi-G. Sims-F. Di Stefano-G. Sims)
T'immagini (V. Rossi-A. Quarantotto-V. Rossi)
Bolle di sapone
Dormi, dormi (V. Rossi-M. Solieri)

Testi e musiche di Vasco Rossi, tranne dove indicato
Prodotto da Guido Elmi & Maurizio Biancani

C'è chi dice no
Carosello Records & Tapes – 1987

Title Tracks:
Vivere una favola (V. Rossi-M. Riva-G. Elmi)
C'è chi dice no (V. Rossi-M. Solieri)
Ridere di te (V. Rossi-M. Solieri)
«Blasco» Rossi
Brava Giulia (V. Rossi-T. Ferro-R. Trevisi-G. Elmi)
Ciao (V. Rossi-T. Ferro)
Non mi va (V. Rossi-M. Riva)
... Lunedì

Testi e musiche di Vasco Rossi, tranne dove indicato
Produttori Guido Elmi & Maurizio Biancani
Produttore esecutivo Guido Elmi per Alta Sierra

Liberi Liberi
EMI – 1989

Title Tracks:
Domenica lunatica
Ormai è tardi (V. Rossi-T. Ferro-V. Rossi)
... Muoviti
Vivere senza te (V. Rossi-Grifoni-T. Ferro-R. Trevisi)
Tango... (della gelosia)
Liberi Liberi (V. Rossi-T. Ferro)
Dillo alla luna
Stasera (V. Rossi-M. Solieri)
Parole e musiche di Vasco Rossi, tranne dove indicato
Produttore Vasco Rossi
Produttore esecutivo Terry Balls
Arrangiato da Vasco Rossi & Rudy Trevisi

Fronte del palco
EMI – 1990

Title Tracks:
... Muoviti

«Blasco» Rossi
C'è chi dice no
Dillo alla luna
Tango... (della gelosia)
Deviazioni
Ogni volta
Ridere di te
... Lunedì
Vivere una favola
Vita spericolata
Liberi Liberi
Vivere senza te
Domenica lunatica
Siamo solo noi
Canzone
Albachiara
Guarda dove vai

Unico inedito: Guarda dove vai (V. Rossi-T. Ferro-V. Rossi)
Produzione Floriano Fini
Registrato durante la tournée del 1989

10/07/90 Live in San Siro
EMI – 1990

Title Tracks:
Brava
Dormi, dormi
Va bene, va bene così
Colpa d'Alfredo
Una canzone per te
Bollicine

Produttore Floriano Fini
Registrato a Milano il 10 luglio del 1990

Gli spari sopra
EMI – 1993

Title Tracks:
Lo show (V. Rossi-M. Solieri)
Non appari mai (V. Rossi-T. Ferro)
Gli spari sopra (V. Rossi-G. Whelan-E. Wryatt-D. Frew-
M. Murphy)
Vivere (V. Rossi-T. Ferro-M. Riva)
Gabri (V. Rossi-R. Casini)
Ci credi (V. Rossi-G. Elmi-V. Rossi)
Delusa (V. Rossi-T. Ferro)
Stupendo (V. Rossi-M. Riva-T. Ferro)
Vuoi star ferma (V. Rossi-M. Solieri)
L'uomo che hai di fronte (V. Rossi-S. Bertonazzi-G. Elmi)
Occhi blu (V. Rossi-T. Ferro-G. Elmi)
Hai ragione tu (V. Rossi-D. Stewart)
Walzer di gomma
Gli spari sopra (Intro Video)

Testi e musiche di Vasco Rossi, tranne dove indicato
Produzione esecutiva Maurizio Lolli
Hai ragione tu prodotta da Dave Stewart, arrangiata da Guido
Elmi e Vasco Rossi
Coordinatore alla produzione Floriano Fini

Nessun pericolo per te
EMI – 1996

Title Tracks:
Un gran bel film (V. Rossi-M. Riva)
Benvenuto (V. Rossi-T. Ferro-V. Rossi)
Gli angeli (V. Rossi-T. Ferro)
Mi si escludeva (V. Rossi-T. Ferro-G. Elmi)
Sally (V. Rossi-T. Ferro-V. Rossi)
Praticamente perfetto
Le cose che non dici (V. Rossi-T. Ferro-V. Rossi)
Nessun pericolo... per te (V. Rossi-G. Elmi)

Io perderò
Marea

Testi e musiche di Vasco Rossi, tranne dove indicato
Prodotto da Guido Elmi e Vasco Rossi
Produzione esecutiva Floriano Fini
Arrangiato da Guido Elmi, tranne Sally e Marea arrangiato e
realizzato da Celso Valli

**Canzoni per me
EMI – 1998**

Title Tracks:
E il mattino
L'una per te
Io no... (V. Rossi-S. Bittelli-V. Rossi)
Quanti anni hai
Laura
La favola antica
Idea 77 (V. Rossi-G. Curreri-V. Rossi)
Rewind (V. Rossi-G. Curreri)

Testi e musiche di Vasco Rossi, tranne dove indicato
Prodotto da Vasco Rossi e Celso Valli
Arrangiato e realizzato da Celso Valli

**Rewind - Live at Imola 1998
EMI – 1998**

Title Tracks:

CD1
Quanti anni hai
Sballi ravvicinati del terzo tipo
Valium
Rewind
Nessun pericolo per te

Blasco Rossi
Ormai è tardi
Stupendo
Medley acustico
Incredibile romantica
Dormi dormi
Laura
Ridere di te
Una canzone per te
Jenny è pazza!
Sally
L'una per te
Senza parole

CD2
Vivere
Siamo solo noi
Mi si escludeva
Gli spari sopra
Delusa
Io no...
C'è chi dice no
Bollicine
Vita spericolata
Albachiara
Rewind-radio edit

Prodotto da Guido Elmi e Vasco Rossi
Produzione esecutiva Floriano Fini

Stupido Hotel
EMI – 2001

Title Tracks:
Siamo soli (V.Rossi-T. Ferro-G. Elmi)
Ti prendo e ti porto via (V. Rossi-G. Curreri-S. Grandi)
Standing ovation (V. Rossi-G. Elmi-S. Bittelli-V. Rossi)

Stupido Hotel (V. Rossi-T. Ferro-G. Elmi)
Io ti accontento (V. Rossi-G. Elmi-A. Mingozzi-V. Rossi)
Perché non piangi per me (V. Rossi-G. Elmi-M. Riva)
Tu vuoi da me qualcosa (V. Rossi-S. Bittelli-V. Rossi)
Stendimi (V. Rossi-T. Ferro)
Quel vestito semplice (V. Rossi-G. Novi-G. Elmi-G. Curreri-V. Rossi)
Canzone generale

Testi e musiche di Vasco Rossi, tranne dove indicato
Prodotto da Guido Elmi e Vasco Rossi
Produzione esecutiva Floriano Fini

Tracks
EMI – 2002

Title Tracks:
CD 1
Albachiara
Generale
Guarda dove vai
Io no
... Stupendo
C'è chi dice no
Gli spari sopra
Mi si escludeva
Liberi Liberi
Gli angeli
Vivere
La fine del millennio
CD 2
Ogni volta
Splendida giornata
Rewind
Quanti anni hai
Gabri
Benvenuto
Sally
Una canzone per te

Senza parole
Toffee
Se è vero o no
Siamo soli

Unico inedito: Generale (F. De Gregori)
Ideazione artistica Guido Elmi
Produzione esecutiva Floriano Fini

Buoni o cattivi
EMI – 2004

Title Tracks:
Buoni o cattivi (V. Rossi-G. Curreri-S. Grandi)
Come stai (V. Rossi-G. Elmi-T. Ferro)
Anymore
Hai mai (V. Rossi-G. Elmi-T. Ferro)
Non basta niente (V. Rossi-T. Ferro-V. Rossi)
Dimenticarsi (V. Rossi-G. Elmi-V. Rossi)
Da sola con te (V. Rossi-T. Ferro)
Cosa vuoi da me (V. Rossi-G. Elmi-T. Ferro)
E... (V. Rossi-M.P. Tuccitto-M.P. Tuccitto-G. Cristini)
Señorita (V. Rossi-R. Casini-V. Rossi-R. Casini)
Rock'n'roll show (V. Rossi-M. Solieri)
Un senso (V. Rossi-S. Grandi-V. Rossi-S. Grandi-G. Curreri)

Testi e musiche di Vasco Rossi, tranne dove indicato
Prodotto da Guido Elmi e Vasco Rossi
Produttore esecutivo Floriano Fini

Buoni o cattivi Tour Anthology 04-05
EMI – 2005

Track list:
CD 1
Cosa vuoi da me

Fegato, fegato spappolato
Non basta niente
Anymore
Come stai
Hai mai
E...
Sally
Stendimi
Domenica lunatica
Rewind
Stupido Hotel
Bollicine
Vivere
Medley:
Brava
Cosa c'è
Brava Giulia
Dormi, dormi
Siamo solo noi

CD 2
Un gran bel film
Deviazioni
Dimentichiamoci questa città
Dillo alla luna
Portatemi Dio
Cosa succede in città
... Stupendo
Buoni o cattivi
Señorita
C'è chi dice no
Gli spari sopra
Siamo soli
Un senso
Senza parole
Vita spericolata
Albachiara
Prodotto da: Guido Elmi e Vasco Rossi

SINGOLI

Jenny / Silvia
Disco Jeans – 1977

La nostra relazione / ... E poi mi parli di una vita insieme
Lotus Records – 1978

Albachiara / Fegato, fegato spappolato
Lotus Records – 1979

Non l'hai mica capito / Asilo «Republic»
Targa Records & Tapes – 1980

Voglio andare al mare / Brava
Targa Records & Tapes – 1981

Vado al massimo / Ogni volta
Carosello Records & Tapes – 1982

Splendida giornata Remix / Splendida giornata (instrumental)
Carosello Records & Tapes – 1982

Vita spericolata / Mi piaci perché
Carosello Records & Tapes – 1983

Non mi va Remix / Non mi va (LP version) / Non mi va

(Cappella)
Carosello Records & Tapes – 1987
Gli spari sopra / Delusa (Rock party mix) / Se è vero o no /
L'uomo che hai di fronte
Se è vero o no (V. Rossi-M. Solieri) inedito
EMI – 1993

Gli spari sopra (Hard attack mix) / Delusa (Mode mix) / Delusa
(Club mix)
EMI – 1993

Senza parole
Senza parole (V. Rossi) inedito
EMI – 1994

Senza parole (Let the guitar play mix) / Senza parole (Blue blahut
 mix) / Senza parole (Radio version)
EMI – 1994

Praticamente perfetto (Club mix) / Praticamente perfetto (Bad
blue mix) / Praticamente perfetto (Radio mix) / Io perderò
(Space mix) / Io perderò (Creatura mix)
EMI – 1996

Gli angeli
EMI – 1996

La fine del millennio (live) / La fine del millennio (demo)
La fine del millennio (V. Rossi) inedito
EMI – 1999
Rewind (radio edit)
EMI – 1999
Ti prendo e ti porto via Remixes: Ti prendo e ti porto via Molella
radio edit/ Ti prendo e ti porto via Eiffel 65 radio edit/ Ti prendo e
ti porto via X-treme radio edit/ Ti prendo e ti porto via Sigma
Tibet radio edit
EMI – 2001
Io ti accontento Remix: Io ti accontento Sigma Tibet remix radio

edit/ Io ti accontento Sigma Tibet remix extended/ Io ti
accontento Sigma Tibet remix instrumental
EMI – 2002
Buoni o cattivi Remix: Buoni o cattivi Molella radio edit/ Buoni o
cattivi Remix Dub-Jay
EMI – 2004
Basta poco (Versione download)
EMI – 2007
Vasco Extend Play: Basta poco/ La compagnia
(Mogol-C. Donida)/ Basta poco (original demo)/ Basta poco
(videoclip)

RACCOLTE E BEST

Vasco Rossi – Vasco Rossi (3 vinili)
Targa Records – 1984

Title Tracks:
Albachiara
Siamo solo noi
Non l'hai mica capito
Colpa d'Alfredo
Voglio andare al mare
Faccio il militare
Sensazioni forti
Va be' (se proprio te lo devo dire)
Io non so più cosa fare
Incredibile romantica

Vasco Rossi – Le canzoni d'amore
Targa Records – 1986

Title Tracks:
Albachiara
Incredibile romantica
La strega (la diva del sabato sera)
Anima fragile
La nostra relazione
Non l'hai mica capito

Io non so più cosa fare
Brava
Susanna
Va be' (se proprio te lo devo dire)
Tropico del cancro
Sballi ravvicinati del terzo tipo
Tu che dormivi piano (volò via)

Vasco Rossi – Va bene
Ricordi – 1987

Title Tracks:
Va bene, va bene così
Vado al massimo
Splendida giornata
Bollicine
Una canzone per te
Portatemi Dio
Vita spericolata
Ogni volta
La noia
Sono ancora in coma

Vasco Rossi – Bravo Vasco
Fonit Cetra Carosello – 1988

Title Tracks:
Sono ancora in coma
Credi davvero
Brava Giulia
Mi piaci perché
Dormi dormi
Domani sì, adesso no
Portatemi Dio
Bollicine
Ti taglio la gola
Cosa ti fai

Vasco Rossi – Gli slogan del Blasco
Carosello Records & Tapes – 1988

Title Tracks:
Siamo solo noi (live)
C'è chi dice no
Ogni volta
Cosa succede in città
Vita spericolata
Sono ancora in coma
Va bene, va bene così
Vado al massimo
Splendida giornata
Non mi va
Deviazioni
Blasco Rossi

Vasco Rossi – Vasco Rossi
Carosello Records & Tapes – 1991

Title Tracks:
Domenica lunatica
Ormai è tardi
Liberi Liberi
Brava Giulia
Ridere di te
Vivere una favola
Ciao
Blasco Rossi (live)
C'è chi dice no (live)
Tango (della gelosia) (live)
Vivere senza te (live)
Domenica lunatica (live)

Vasco Rossi – Viaggiando
Fonit Cetra – 1991

Title Tracks:

Siamo solo noi
Una canzone per te
Tu che dormivi piano (volò via)
Che ironia
Giocala
Anima fragile
Brava Giulia
Canzone
Toffee
C'è chi dice no
Sensazioni forti
Va be' (se proprio te lo devo dire)

Vasco Rossi – Voglio proprio esagerare 1
Fma – 1993

Title Tracks:
CD 1
Albachiara (live)
Faccio il militare
Colpa d'Alfredo (live)
Ciao
Vita spericolata
Ridere di te
Bollicine
Splendida giornata
Dormi, dormi
Brava

CD 2
Vado al massimo
Non l'hai mica capito
Cosa c'è
Una nuova canzone per lei
Deviazioni
Ogni volta
C'è chi dice no

Mi piaci perché
Voglio andare al mare
Amore aiuto

Vasco Rossi – Vita spericolata
Carosello Records & Tapes – 1995

Title Tracks:
C'è chi dice no (remix)
Vado al massimo
Una canzone per te
Bollicine
Brava Giulia
Vivere una favola
Ti taglio la gola
Splendida giornata
Va bene, va bene così
Ogni volta
Cosa succede in città
Toffee
Colpa d'Alfredo (live)
Fegato, fegato spappolato (live)
Albachiara (live)

Vasco Rossi – Grazie Vasco (remix)
EMI – 1995

Title Tracks:
Delusa
Bollicine
Una splendida giornata
Vado al massimo
Ogni volta
Non l'hai mica capito
Toffee
Liberi Liberi
Portatemi Dio
Vita spericolata

Vasco Rossi – Remixed
EMI – 1996

Title Tracks:
Mi si escludeva (Re paludone mix)
Nessun pericolo per te (Carlito's mix)
Mi si escludeva (New bass mix)
Benvenuto (Talban mix)
Mi si escludeva (Hairdresser mix)
Gli angeli (Italian mainstream mix)
Benvenuto (Stork mix)
Io perderò (Frozen mix)
Benvenuto (Old demo)
Bonus Beats

Vasco Rossi – Sensazioni forti
Lineatre – 1996

Title Tracks:
Colpa d'Alfredo
Sensazioni forti
Valium
Albachiara
Tu che dormivi piano (volò via)
Siamo solo noi
Voglio andare al mare
Io non so più cosa fare
La nostra relazione
Non l'hai mica capito

Vasco Rossi – Siamo solo noi (remix)
Carosello Records & Tapes – 1997

Title Tracks:
Una canzone per te (remix)
Non mi va (remix)

C'è chi dice no (remix)
Portatemi Dio
Mi piaci perché
Va bene, va bene così
Ti taglio la gola
Bollicine (live)
Valium (live)
Voglio andare al mare (live)
Ogni volta (live)
Vita spericolata (live)
Siamo solo noi (live)

Vasco Rossi – Rock
Bmg Ricordi – 1997

Title Tracks:
Valium '97
Sballi ravvicinati del terzo tipo
Ieri ho sgozzato mio figlio
Anima fragile
Colpa d'Alfredo
Incredibile romantica
Dimentichiamoci questa città
Brava
Susanna
Siamo solo noi
Asilo «Republic» (new demo)
Alibi

Vasco Rossi – Voglio proprio esagerare 2
Fonit Cetra – 1998

Title Tracks:
Splendida giornata (remix)
Sono ancora in coma
Cosa succede in città

T'immagini
Ultimo domicilio conosciuto
Vivere una favola
Non mi va
Bolle di sapone
Toffee
La noia
Lunedì
Fegato, fegato spappolato (live)

Vasco Rossi – I miti musica
Bmg Ricordi – 1999

Title Tracks:
Albachiara
Anima fragile
Voglio andare al mare
Che ironia
Siamo solo noi
Colpa d'Alfredo
Valium
Sballi ravvicinati del terzo tipo
Va be' (se proprio te lo devo dire)
Tu che dormivi piano (volò via)

Vasco Rossi – Compilation «la Repubblica»
Gruppo L'Espresso – 1999

Title Tracks:
C'è chi dice no
Valium
Cosa succede in città
Toffee
Voglio andare al mare
Sono ancora in coma
Vivere una favola

Ti taglio la gola
Giocala
Fegato, fegato spappolato

Vasco Rossi – Sarà migliore
Carosello – 1999

Title Tracks:
Sarà migliore
Jenny è pazza!
Silvia
Non l'hai mica capito
Ogni volta
Vado al massimo
Va bene, va bene così
Ridere di te
Splendida giornata
Una canzone per te
Vita spericolata
Canzone
Dormi, dormi
Colpa d'Alfredo
Albachiara
Siamo solo noi

Vasco Rossi – Le canzoni d'amore
Bmg Ricordi – 2002

Title Tracks:
Albachiara
Incredibile romantica
La strega (la diva del sabato sera)
Anima fragile
La nostra relazione
Non l'hai mica capito
Io non so più cosa fare

Brava
Susanna
Va be' (se proprio te lo devo dire)
Tropico del cancro
Sballi ravvicinati del terzo tipo
Tu che dormivi piano (volò via)

Vasco Rossi – Numeri 1
Bmg Ricordi – 2003

Title Tracks:
Amina fragile
Io non so più cosa fare
Sensazioni forti
Albachiara
Incredibile romantica
Siamo solo noi
Non l'hai mica capito
Voglio andare al mare
La nostra relazione
Che ironia
Sballi ravvicinati del terzo tipo
Colpa d'Alfredo
Va be' (se proprio te lo devo dire)
... E poi mi parli di una vita insieme

Vasco Rossi – I grandi successi di Vasco Rossi
Bmg Ricordi – 2003

Title Tracks:
Siamo solo noi
Albachiara
Incredibile romantica
Voglio andare al mare
Non l'hai mica capito
E poi mi parli di una vita insieme

Valium
Anima fragile
La strega (la diva del sabato sera)
Alibi

Vasco Rossi – Sarà migliore – la musica di Vasco (2 CD)
Carosello Records & Tapes – 2003

Title Tracks:
CD 1
Sarà migliore
Splendida giornata
Deviazioni
Fegato, fegato spappolato
Dormi dormi
Brava Giulia
La noia
T'immagini
Lunedì
Bollicine
Giocala
Blasco Rossi
C'è chi dice no

CD 2
Credi davvero
Colpa d'Alfredo (live)
Va bene va bene così
Domani si, adesso no
Toffee
Una canzone per te
Ogni volta
Vado al massimo
Cosa succede in città
Non mi va
Vita spericolata
Siamo solo noi (live)
Albachiara (live)

Vasco Rossi – Tutto Vasco – Vivere una favola (2 CD)
Carosello Records – 2006

Title tracks:
CD 1
Vivere una favola
Dormi, dormi
Credi davvero
Ciao
Non mi va
Ridere di me
Va bene, va bene così
Canzone

CD 2
C'è chi dice no
Ti taglio la gola
Cosa succede in città
Lunedì
Blasco Rossi
Cosa c'è
Fegato, fegato spappolato (live)
Deviazioni

Vasco Rossi – Canzoni al massimo (3 CD)
Ricordi – 2006

Title tracks:
CD 1
Silvia
Jenny è pazza!
Ed il tempo crea eroi
… E poi mi parli di una vita insieme
Ambarabaciccicoccò
Tu che dormivi piano (volò via)
La nostra relazione
Albachiara
Va be' (se proprio te lo devo dire)
La strega (la diva del sabato sera)

Quindici anni fa
Fegato, fegato spappolato
Io non so più cosa fare
Sballi ravvicinati del terzo tipo
(Per quello che ho da fare) faccio il militare

CD 2
Non l'hai mica capito
Colpa d'Alfredo
Anima fragile
Susanna
Sensazioni forti
Asilo «Republic»
Alibi
Tropico del cancro
Che ironia
Valium
Ieri ho sgozzato mio figlio

CD 3
Incredibile romantica
Siamo solo noi
Brava
Dimentichiamoci questa città
Voglio andare al mare
Vado al massimo
Vita spericolata
Mi piaci perché
La faccia delle donne
Dormi, dormi
Cosa c'è
Ciao
Vivere una favola

Vasco Rossi – Ti amo
Sony BMG – 2006

Track list:
Incredibile romantica

Una canzone per te
La nostra relazione
... E poi mi parli di una vita insieme
Tu che dormivi piano (volò via)
Non l'hai mica capito
Toffee
Albachiara
Va bene, va bene così
Anima fragile
Vivere una favola
Brava
Ciao
Silvia
Brava Giulia
Dormi, dormi

Vasco Rossi – The Platinum Collection (3 CD)
EMI – 2006

Track list:
CD 1
Sally
Un senso
Vivere
E...
Ogni volta (2002 version)
Quanti anni hai
Senza parole
Tu vuoi da me qualcosa
Señorita
Liberi Liberi
Stupido Hotel
Gabri
Guarda dove vai
Gli angeli
Standing Ovation
Laura

CD 2
Gli spari sopra
Come stai
Mi si escludeva
Delusa
Ti prendo e ti porto via
Domenica lunatica
Nessun pericolo... per te
La fine del millennio
Buoni o cattivi
Lo Show
Io no
Siamo soli
Ormai è tardi
... Stupendo
Un gran bel film
Io ti accontento
L'una per te
Tango... (della gelosia)

CD 3
Generale
C'è chi dice no
Deviazioni
Dimentichiamoci questa città
Fegato, fegato spappolato
Portatemi Dio
Cosa succede in città
Va bene, va bene così
Dormi, dormi
Una canzone per te
Canzone
Rewind (Radio edit)
Colpa d'Alfredo
Siamo solo noi
Bollicine
Vita spericolata
Albachiara

Vasco Rossi – Sensazioni forti
Sony BMG – 2007

Track list:
Colpa d'Alfredo
Siamo solo noi
Voglio andare al mare
Fegato, fegato spappolato
Albachiara
Asilo «Republic»
Susanna
Non l'hai mica capito
Jenny è pazza!
Brava
Dimentichiamoci questa città
Anima fragile
Ieri ho sgozzato mio figlio
Incredibile romantica
La strega (la diva del sabato sera)
La nostra relazione

CANZONI SCRITTE PER ALTRI

... E dimmi che non vuoi morire (Patty Pravo – LP «Bye bye Patty – Sony» – 1997) V. Rossi-G. Curreri

Acqua e sapone (Stadio – LP «La faccia delle donne» – RCA – 1984) V. Rossi-G. Curreri

Al tuo fianco (Stadio – LP «Stabiliamo un contatto» – EMI – 1992) V. Rossi-A. Fornili-G. Curreri-S. Grandi

Bella città (Ladri di biciclette – LP «Figli di un DO minore» – EMI – 1991) V. Rossi

Bella più che mai (Stadio – LP «Canzoni allo stadio» – EMI – 1988) V. Rossi-G. Curreri

Benedetta passione (Laura Pausini – LP «Resta in ascolto» – WEA – 2004) V. Rossi-G. Curreri-C. Valli

Cerca di non esser via (Stadio – LP «Siamo tutti elefanti inventati» – EMI – 1991) V. Rossi

Ci sei tu (Massimo Riva – LP «Matti come tutti» – Psycho – 1992) V. Rossi-M. Riva

Dimmi cioè (Valentino – 45 giri – Targa 1981) V. Rossi

Domani è domenica (Valentino – 45 giri Sarà migliore/Domani è domenica – Targa – 1983) V. Rossi-G. Curreri-L. Dalla

Femmina come te (Steve Rogers Band – LP «I duri non ballano» – CBS –1986) V. Rossi-M. Solieri

Giorni (Simone – LP «Giorni-Bollicine» EMI – 2004) V. Rossi-S. Tomassini

Il temporale (Stadio – LP «Dammi cinque minuti» – EMI – 1997) V. Rossi-A. Fornili-G. Curreri

La canzone per conquistare (Marcello Pieri – LP «L'amore è sempre in giro» – EMI – 1997) V. Rossi

La faccia delle donne (Stadio & Vasco Rossi – LP «La faccia delle donne» – RCA 1984) V. Rossi-A. Lo Giudice-G. Curreri

La fontana di Alice (Stadio – Il canto delle pellicole – EMI – 1996 – musicale tratto dalla colonna sonora di Stasera a casa di Alice) V. Rossi-A. Fornili-G. Curreri

La tua ragazza sempre (Irene Grandi – LP «Verde rosso e blu» – CGD – 2000) V. Rossi-G. Curreri

Ladri d'amore (Maurizio Vandelli – LP «Se nei 90...» – Five Records – 1990) V. Rossi-G. Curreri

Lo zaino (Stadio – Lp «Ballate tra il cielo e il mare» – EMI – 1999) V. Rossi-G. Curreri

Mi piaci solo tu (Valentino – 45 giri Notte di luna/Mi piaci solo tu – Targav – 1984) V. Rossi

Neve nera (Steve Rogers Band – 45 giri Neve nera/Prendi e scappa – CBS – 1984) V. Rossi- M. Solieri

Ok sì (Steve Rogers Band – LP «I duri non ballano» – CBS – 1986) V. Rossi-M. Riva

Palpito d'amore (Sabrina Salerno – LP «Maschio dove sei» – CGD – 1995) V. Rossi-M. Riva-M. Solieri

Più in alto che c'è (Dodi Battaglia – LP «Più in alto che c'è» – CGD – 1985) V. Rossi-D. Battaglia

Pregi e difetti (Taglia 42 – LP «Due» – Universal – 1999) V. Rossi

Prendi e scappa (Steve Rogers Band – CBS 1981) V. Rossi-M. Solieri

Prima di partire per un lungo viaggio (Irene Grandi – LP «Prima di partire» – CGD – 2003) V. Rossi-G. Curreri-R. Drovandi

Questa sera Rock'n' roll (Steve Rogers Band – LP «I duri non ballano» – CBS – 1986) V. Rossi-M. Solieri

Sarà migliore (Fiordaliso – LP «A ciascuno la sua donna» – Durium – 1985) V. Rossi-A. Quarantotto

Sarà migliore (Valentino – 45 giri – Sarà migliore/Domani è domenica – Targa – 1983) V. Rossi-A. Quarantotto

Senza un alibi (Steve Rogers Band – LP «I duri non ballano» – CBS – 1986) V. Rossi-M. Riva

Sono la somma (Stadio – LP «Donne e colori» – EMI – 2000) V. Rossi-Novi-G. Curreri-Fornili

Sparami al cuore (Patty Pravo – LP «Una donna da sognare» – Sony – 2000) V. Rossi-M.P. Tuccitto-Felloni

Stupidi (Stadio – LP «Puoi fidarti di me» – EMI – 1992) V. Rossi-S. Grandi-G. Curreri

Tentazioni (Sharks – 45 giri Tentazioni – CGD – 1989) V. Rossi-Fochi-Palermo-Palermo-Di Foggia-Ge

Ti perdonerei (Stadio – LP «Di volpi di vizi e di virtù» – EMI – 1995) V. Rossi- G. Curreri- A. Zitelli

Tu vuoi qualcosa (Stadio – LP «Canzoni allo stadio» – EMI – 1988) V. Rossi-G. Curreri

Una donna da sognare (Patty Pravo – LP «Una donna da sognare» – Sony – 2000) V. Rossi-M.P. Tuccitto-M.P. Tuccitto-Curreri

Una sgommata e via (Paola Turci – LP «Una sgommata e via» – BMG Ariola – 1995) V. Rossi-R. Casini-A. Righi

Vacca (Valeria – 45 giri Vacca/Di testa di cuore – Virgin 1999) V. Rossi-M. Riva

BIBLIOGRAFIA

Franco Sabatino, *Vasco Rossi*, Forte Editore, 1983

Laura Reggiani, *Vasco Rossi*, Forte Editore, 1984

Massimo Poggini,*Vasco Rossi... una vita spericolata*, SugarCo Edizioni, 1985

Francesco De Vitis, *Vasco Rossi-Bollicine*, F.lli Gallo Editore, 1985

Annie Maffei, *Vasco Rossi*, Gammalibri, 1987

Aa.Vv., *Vasco Rossi*, Forte Editore, 1987

Aa.Vv. , *Vasco Rossi Super Big*, Forte Editore, 1987

Felicity Grey, *Vasco Rossi Rock*, Targa Italiana Editore, 1989

Aa.Vv., *Vasco Rossi*, F.lli Vallardi Editore, 1989

Aa.Vv., *Vasco Rossi Tutto Compact*, Silvio Berlusconi Editore, 1989

Lucia Morello, *Vasco Rossi Star People*, Edizioni Scorpio, 1989

Guido Peggiorin, *Vasco Story*, Forte Editore, 1990

Arturo Bertusi, *Vasco – Fronte del Palco Live*, G.Vincent Edizioni, 1991

Aa.Vv., *Vasco Rossi* , Forte Editore, 1992

Annie Maffei, *Vasco Rossi*, Gammalibri RockBooks, 1993

Il Blasco Fan Club, *Gli Spari Sopra 1993*, Editore Le Furie, 1993

Ivano Casamonti, *Io, Vasco*, Nuova ERI, 1993

Aa.Vv., *Vasco Rossi Big Collection*, Edizioni Eden, 1993

Aa.Vv., *Vasco Rossi*, Gruppo Editoriale Lo Vecchio, 1994

Angela Balboni, *Vasco – Un uomo un personaggio un mito*, Edizioni MN Bologna, 1996

Vasco Rossi, *Diario di Bordo*, Mondadori, 1996

Enzo Gentile, *Terremoto Vasco*, Arcana Editore, 1996

Il Blasco Fan Club, *Vasco – un gran bel film*, Zelig Editore, 1996

Aa.Vv., *Vasco Rossi*, Mondadori, 1997

Il Blasco Fan Club, *Vasco – Diario*, Il Blasco, 1997

Mattia Settimelli, *La vera storia di… Vasco Rossi*, Gremese Editore, 1998

Angelo Gregoris, *Vasco Rossi Superstar*, Gremese Editore, 1999

Diego Giachetti, *Siamo solo noi*, Edizioni Teoria, 1999

Sergio Efrem Raimondi, *Intorno a Vasco*, EMI – Omaggio, 2001

Arturo Bertusi, Roberto Villani, *Stupido Hotel Book*, News Spettacolo, 2001

Maurizio Macale, *Vasco Rossi Siamo solo noi*, Bastogi Editore, 2002

Pino Casamassima, *Vasco Rossi, Rock... mica balle*, De Ferrari Editore, 2003

Rita D'amario, *Hotel Albachiara*, Prospettiva Editrice, 2003

Valentina Pigmei, *Dio Vasco*, Arcana Musica Editore, 2003

Annalisa Canale, *Vasco 1978-2003: 25 anni di musica spericolata*, Editori Riuniti, 2003

Michele Monina, *Vasco Rossi – Per sempre scomodo*, Mondadori, 2003

Aa.Vv., *Vasco*, Pendragon Chiaroscuro, 2003

Alfredo Del Curatolo, *Vasco Rossi Reci-divo*, Bevivino Editore, 2004

Michele Monina, *Vasco chi?*, Marco Tropea Editore, 2004

Cavezzali Massimo, *Ogni volta che sono Vasco*, Coniglio Editore, 2004

Paolo West, *Ringo Johnny & Mario*, Cocorivolta Editore, 2005

Vasco Rossi, *Vasco, le mie canzoni* (libro + dvd), Mondadori, 2005

Luca De Gennaro, *E tutto il mondo fuori – Un dj in tournée con Vasco Rossi*, Mondadori, 2005

Corbetta Francesco, *Idea Vasco Rossi*, Phasar, 2005

Massimo Cotto, *Qui non arrivano gli angeli*, Aliberti, 2005

Aa.Vv., *Rewind – Vasco in cento foto dal mito alle origini*, Rizzoli, 2005

Manfredi Rimbotti, *Vasco è come Indurian*, I Fiori di Campo, 2005

Cerri Simona, *Vasco il mito al contrario*, Lo Vecchio, 2005

Alessandro Pizzarotti & Tommaso De Luca, *Vasco vintage – Dove arriva quel microfono 1982-85*, Pendragon, 2005

Vasco Rossi, *Parole e canzoni* (libro + dvd), Einaudi, 2006

Angelo Gregoris, *Vasco Rossi*, Gremese Editore, 2006

Corbetta Francesco, *Vasco Rossi... e poi voi!*, Phasar, 2006

Magliacano Gherardo, *Vasco. L'ultimo poeta maledetto*, Greco e Greco, 2006

PREMI E RICONOSCIMENTI UFFICIALI

Vince «L' Usignolo d'oro» con la canzone *Come nelle fiabe*, '65.

Premio Nazionale del Paroliere '82 per la canzone *Ogni Volta*

Discoinverno '83.

Vincitore del Festivalbar '83 con *Bollicine*.

Miglior cantante a Vota la Voce nell'84.

Viene votato tra i «Magnifici Sette» sul giornale «TV Sorrisi e Canzoni» nel '90.

Telegatto per la miglior tournée nel '91

Miglior disco dell'anno con «Gli spari sopra» e miglior tournée nel '93.

10 dischi di platino per l'album per «Gli spari sopra».

Telegatto per l'artista dell'anno e per il concerto dell'anno (Rock Sotto Assedio) nel '95.

Premio della critica al Festival della Canzone italiana di Sanremo con il brano *E dimmi che non vuoi morire*, interpretato da Patty Pravo.

Vincitore del Festivalbar nel '98.

Targa Tenco per il miglior album nel nel '99.

Disco Italiano con «*Canzoni per me*», tour italiano con il concerto di Imola all'Heineken Jammin' Festival e premio della critica al PIM (Premio Italiano della Musica) nel '99.

Secondo premio al Festival della Canzone italiana di Sanremo con il brano *La tua ragazza sempre*, interpretato da Irene Grandi nel 2000.

Vince il PIM come miglior tour con Rewind nel 2000.

Vincitore del Festivalbar nel 2001.

Premio Lunezia in qualità di Poeta del Rock nel 2001.

Medaglia d'oro per meriti artistici e ambasciatore di Zocca nel mondo nel 2001.

Vince il Festivalbar con *Ti prendo e ti porto via* nel 2001.

Miglior album, miglior tour e miglior artista italiano ai Grammy Award Italiani 2001.

Vince il Dance Music Award con il remix di *Ti prendo e ti porto via* nel 2002.

Vince un Music Award per il live a San Siro 2003.

Il DVD «Vasco Rossi @ San Siro 2003» vince il dvd di platino nel 2003.

Record di copie prenotate del disco «Buoni o cattivi» prima dell'uscita nel 2004.

Tapiro al Blasco per la lentezza del pagamento alle violiniste del video di *Un senso* nel 2005.

È solo un rock 'n 'roll show viene premiato come miglior videoclip italiano al MEI nel 2005.

Vince un Nastro d'argento per la colonna sonora del film *Non ti muovere* in cui è contenuta la canzone *Un senso* nel 2005.

Laurea *honoris causa* in Scienze della comunicazione conferitagli il 12/5/2005 dallo Iulm di Milano.

Telegatto di platino per la musica italiana 2006.

Telegatto d'oro personaggio musicale italiano dell'anno 2006.

Telegatto d'oro miglior tour dell'anno 2006.

VASCO ROSSI E IL CINEMA

Nel corso degli anni alcune canzoni di Vasco sono apparse in numerosi film (anche di grande successo):

Acqua e sapone (1983). Regia di Carlo Verdone.
La colonna sonora è a cura degli Stadio e Vasco Rossi collabora alla stesura del testo di *Acqua e sapone*, canzone che accompagna i titoli di coda del film

F.F.S.S. cioè che mi hai portato a fare sopra Posillipo se non mi vuoi più bene (1983). Regia di Renzo Arbore.
Nei titoli di coda, tra gli altri, compare un ringraziamento a Vasco Rossi

Ciao ma' (1988). Regia di Giandomenico Curi.
Il film corale racconta le storie di alcuni ragazzi della Roma-bene, delle borgate e di rockhettari sballati, e il tutto si svolge prima, durante e dopo un concerto di Vasco Rossi.

Stasera a casa di Alice (1990). Regia di Carlo Verdone.
Musiche di Vasco Rossi. La colonna sonora non è mai stata pubblicata ma il brano *La fontana di Alice* è contenuta nell'album degli Stadio «Il canto delle pellicole».

La Scuola (1995). Regia di Daniele Lucchetti.
La colonna sonora contiene un remix di *Senza parole*

Fuochi d'artificio (1997). Regia di Leonardo Pieraccioni.
La colonna sonora contiene *Una canzone per te*

Naja (1998). Regia di Angelo Longoni
La colonna sonora è impreziosita da tre brani di Vasco, *Un gran bel film*, *Gli angeli* e *Benvenuto*

Due amici (2002). Regia di Spiro Scimone e Francesco Sframeli.
Nella colonna sonora c'è *Una nuova canzone per lei*

Le chiavi di casa (2004). Regia di Gianni Amelio.
Tema centrale della colonna sonora è *Quanti anni hai*

Non ti muovere (2004), Regia di Sergio Castellitto.
La colonna sonora contiene *Un senso*

INDICE DEI NOMI

Ammaniti, Niccolò, 207
Amoroso, Joe, 112
Andreotti, Giulio, 146
An Emotional Fish, 155
Angiolini, Ambra, 158-159
Antonacci, Biagio, 216
Articolo 31, 266

Baggio, Roberto, 146
Baglioni, Claudio, 129, 139-140, 166, 230-231, 269
Baird, Mike, 229
Bartezzaghi, Stefano, 238
Battaglia, Dodi, 89, 100, 112, 115
Battisti, Lucio, 41, 64, 117, 126, 173, 259, 264-265
Baudo, Pippo, 60
Beatles, 136, 203
Bellei, Riccardo, 32
Berlusconi, Silvio, 219, 243
Berry, Chuck, 217
Berry, Halle, 16
Bertusi, Arturo, 210
Bignardi, Luca, 241
Bissonette, Gregg, 154
Black Diamond, 209
Bocelli, Andrea, 150
Boncompagni, Gianni, 158
Bono Vox (Paul David Hewson), 204
Bonolis, Paolo, 158
Bonvi (Franco Bonvicini), 33
Borgatti, Paolino, 38
Boschero, Silvia, 224
Boselli, Enrico, 257
Boston, 30
Bovini, Nando, 241
Bozzoli, Silvio, 241
Braido, Andrea, 142-143, 151, 156, 165
Brežnev, Leonid Il'ič, 229
Brezza, Gianni, 239
Brizzi, Enrico, 207-208, 259
Bunker, Max (Luciano Secchi), 13

Burns, Stef, 13, 165, 192, 196, 210, 229, 241
Buscaglione, Fred, 126, 232, 269
Bushnell, Paul, 241

Calderoli, Roberto, 177
Camporeale, Mimmo, 55-56, 99, 102
Cansino, Tinì, 115
Caponera, Stefano, 176
Carboni, Luca, 166
Cardoni, Mirco 104
Cariaggi, Pier Quinto, 147
Carollo, Agostino, 260
Carollo, Gaia, 259-260
Carollo, Luna, 259-260
Carrey, Jim, 267
Carver, Raymond, 205, 210
Casale, Rossana, 80
Casini, Roberto, 56, 99, 102, 110, 121, 151, 236
Castellano, Giacomo, 241
Castellitto, Sergio, 241
Celentano, Adriano, 129
Chiambretti, Piero, 255
Christian (Cristiano Rossi), 76
Ciampi, Carlo Azeglio, 258
Ciotti, Luigi, don, 109, 233-235
Clash, 50, 63
Colaiuta, Vinnie, 183, 210, 241
Consoli, Carmen, 170, 269
Conte, Paolo, 52, 269
Copeland, Stewart, 68
Corsi, Novella, *v.* Rossi, Novella
Cruz, Penelope, 241
Curi, Giandomenico, 130
Curreri, Gaetano, 32-33, 36-37, 39-40, 42-43, 48, 168-169, 202, 236
Cutugno, Toto, 150

D'Agostino, Roberto, 118
D'Alessandro, Danilo, detto Roccia, 50, 137, 225, 249

D'Alessio, Gigi, 159
Dalla, Lucio, 32, 166, 191
Dallara, Tony (Antonio Lardera), 269
Daniele, Pino, 159
D'Aprile, Mario Vincenzo, 104
De André, Fabrizio, 41, 49, 104, 125-126, 204, 206
Deep Purple, 25, 89
De Gregori, Francesco, 49, 91, 99, 126, 161, 206, 215-218, 230
Devoti, Davide, 142
Dire Straits, 124

Eagles, 204
Elia, Antonella, 158
Elisabetta II, regina d'Inghilterra, 30
Elmi, Guido, 55, 63, 65-66, 79, 89, 95, 99-100, 103-104, 132, 134, 136, 137, 139, 141, 151, 153, 155, 165, 210, 225, 229, 236, 249, 263-264
Eminem (Marshall Bruce Mathers III), 231-232

Farris, Steve, 154, 165
Ferro, Tiziano, 151, 204, 236
Ferro, Tullio, 79-80, 91, 125, 151, 204, 236
Fini, Floriano, 50, 210
Fini, Gianfranco, 222
Fiordaliso (Marina Fiordaliso), 203
Fogli, Riccardo, 73
Fossati, Ivano, 209, 230-231
Fox, Michael J., 217
Franklin, Tony, 241
Frontiera, 266
Funk Rock Sikter, 162

Gabriel, Peter, 140
Gallo, Luigi, don, 223

Gama, Vasco da, 164
Gerini, Claudia, 158
Gherardi, Marco, 23, 28
Ghezzi, Dori, 104
Gianolio, Paolo, 112, 115, 165, 183
Giovanni Paolo II (Karol Wojtyla), papa, 194
Giusti, Walter, 29
Goi, Ivan, 176
Golinelli, Claudio, 110, 134, 192, 229
Grandi, Irene, 168-170, 202, 236, 269
Green Day, 240
Grignani, Gianluca, 170-171, 269
Guccini, Francesco, 26, 127
Gurtler, Walter, 39

Hendrix, Jimi, 71
Hitler, Adolf, 262

Innesto, Andrea, 123, 134, 142, 193, 229

Jackman, Hugh, 14
Jackson, Michael, 239
Jackson, Randy, 154, 165, 210
Jagger, Mick, 126
Jannacci, Enzo, 115-116, 126-127, 232, 269
J-Ax (Alessandro Aleotti), 266
Jay-Z (Shawn Corey Carter), 164
Johnigan, Monyka "Mo", 209
Jones, Mick, 51
Jovanotti (Lorenzo Cherubini), 166

Kesey, Ken, 107
Killer, 22-23, 28
King Crimson, 30
Knopfler, Mark, 124
Kubrick, Stanley, 167

Lambertucci, Rosanna, 230
Landau, Mike (Michael), 165, 183, 210, 241
Laug, Matt, 262
Lee, Stan, 16
Lehotska, Andrea, 255
Lenzi, Ivana, 21
Levin, Tony, 183
Ligabue, Luciano, 20, 160, 190, 247
Little Boys, 22-23
Little Tony (Antonio Ciacci), 127, 269
Locatelli, Roberto, 177, 179
Lolli, Claudio, 26
Lolli, Maurizio, 103-104, 111, 134, 151, 166
Lorusso, Francesco, 25
Lucarelli, Carlo, 254
Luzzatto Fegiz, Mario, 183, 224

McCartney, Paul, 229
McQueen, Steve, 84, 132, 165
Magnus (Roberto Raviola), 13
Mailer, Norman, 122
Mangiarotti, Marco, 86
Mannoia, Fiorella, 168, 170
Manson, Marilyn (Brian Hugh Warner), 231-232
Marengo, Lorenzo, 22
Martinez, Paul, 142
Mastella, Clemente, 67
MC5, 89
Memola, Frank, 210
Metallica, 164
Merz, Alessia, 158
Mina (Anna Maria Mazzini), 52
Minà, Gianni, 104
Modugno, Domenico, 112
Moffett, Jonathan, 192
Molella (Maurizio Molella), 186
Mollica, Vincenzo, 81, 85, 185
Moretti, Nanni, 159
Mori, Riccardo, 245
Moroni, Clara, 193, 229, 241

Napolitano, Giorgio, 258
Nek (Filippo Neviani), 150
Nemola, Frank, 192, 229, 241
Nine Inch Nails, 203
Nitsch, Hermann, 200

Offspring, 240

Pannella, Marco, 257-258
Paoli, Gino, 71, 147
Parks, Dean, 241
Pausini, Laura, 150
Pazienza, Andrea, 25
Pierce, Tim, 241
Pink Floyd, 195
Polanski, Roman, 166
Police, 63, 68
Pooh, 73, 89, 100
Portera, Ricky, 37
Pratolini, Vasco, 164
Pravo, Patty (Nicoletta Strambelli), 169-170, 173, 202, 269
Presley, Elvis, 204
Prince (Prince Rogers Nelson), 99, 164, 219
Prodi, Romano, 257

Raimondi, Efrem, 210
Ramazzotti, Eros, 150
Rapallo, Mario, 39, 55-57, 61
Ravera, Gianni, 83, 98
Reed, Lou, 30, 61
Renga, Francesco, 158-159, 252
Renga, Jolanda, 158
Reznor, Trent, 203
Richards, Keith, 126
Righi, Andrea, 56, 102, 110, 121
Riva, Massimo, 29, 32, 36, 38, 49, 56, 69, 103, 122, 128, 134, 153, 155, 162, 190, 192, 195, 197, 199-200, 209, 269
Rocchetti, Alberto, 142, 192, 229

Rolfo, Roberto, 177
Rolling Stones, 25, 50, 126
Romani, Davide, 112
Romita, John jr, 16
Ronnie, Red (Gabriele Ansaloni), 31, 33-34, 130, 194
Rossi, Davide, 120, 152, 265-266
Rossi, Giovanni Carlo (detto Carlino), 20-21, 23-24, 53-55, 62-63, 78, 264
Rossi, Lorenzo, 152
Rossi, Luca, 152, 157, 166, 185, 208, 258
Rossi, Marco, 23
Rossi, Novella (nata Corsi), 19, 21, 23-24, 40, 50, 53, 61-62, 93, 95
Rossi, Valentino, 19, 177-180, 252
Rossi, Valeria, 211
Roth, David Lee, 255
Rovelli, Enrico, 121, 134, 139
Ruggeri, Enrico, 142

Sachs, Tania, 152, 224, 228, 249-251
Salvalaggio, Nantas, 58-62, 65, 70-71, 73-75, 107, 234
Salvati, Stefano, 254
Salvatores, Gabriele, 207
Salvetti, Vittorio, 69, 88, 129
Scandolara, Stefano, 37
Schmidt, Laura, 120, 136, 146, 152, 157, 166, 185, 238-239, 258
Sciò, Yvonne, 158
Scozzari, Filippo, 25
Serra, Lucio, 28
Sex Pistols, 30, 43, 50
Sid Vicious (John Simon Ritchie), 204
Silvestri, Sergio, 33
Sinatra, Frank, 146-147
Sklar, Lee, 241

Slash (Saul Hudson), 262
Solieri, Maurizio, 13, 32, 36, 38, 43, 48, 56, 71, 77-79, 103, 116, 122, 124, 134, 136, 138, 151, 153, 156, 229, 241, 248, 252
Spagnoli, Diego, 197
Spice Girls, 255
Spinelli, Andrea, 224
Springsteen, Bruce, 30, 56, 70
Stadio, 32, 37, 168-169, 236
Sterpa, Egidio, 61
Steve Rogers Band, 32, 38, 55-56, 58, 63, 65-66, 79, 87, 97, 99, 102, 110-112, 116, 119, 121-122, 128, 134, 136-137, 141, 151, 153
Stewart, Dave, 159
Sting (Gordon Summer), 191
Strummer, Joe, 51
Subsonica, 74

Taylor, Alan, 39
Tebaldi, Alvaro, 23
Tedeschi, Daniele, 110, 134, 142
The Doors, 204
Thompson, Michael, 241
Toccitto, Maria Pia, 236
Tondi, Beppe, 103-104, 111
Trevisi, Rudy, 77, 92, 102, 115, 121, 123
Trimpe, Herb, 16
Tuccino, Stefania, 120
Tunick, Spencer, 41
Turci, Paola, 170

U2, 204

Valentino, 98, 100, 202
Valisi, Severino, 23
Valli, Celso, 165, 183, 210, 239, 241
Valli, Paolo, 183
Venditti, Antonello, 129, 159, 230
Venegoni, Marinella, 183, 224

Vitolo, Ernesto, 112

Warhol, Andy, 87
Warren, Patrick, 241
Waters, Roger, 195
Wein, Len, 16

Wenders, Wim, 204

Zaccagnini, Paolo, 224
Zanotti, Fio, 112
Zucchero (Adelmo Fornaciari),
    74, 154, 171

INDICE

0 *A un minuto dalla fine (di questo libro)*   11

1 Da qualche parte bisogna pur cominciare   19

2 Radio Days   27

3 L'esordio: «Ma cosa vuoi che sia una canzone»   37

4 Vasco scopre la sua anima fragile   45

5 Tre è il numero magico   55

6 Arriva il primo manifesto, *Siamo solo noi*   65

7 Vasco va al massimo, non a Sanremo
  ma in classifica   73

8 Vedrai che vita (spericolata), vedrai   83

9 Va bene così, si fa per dire...
  Vasco e il suo Jailhouse Rock   97

10 Vasco ritorna in città   107

11 C'è qualcosa che non va,
   ma Vasco vola in classifica   119

12 Liberi sì, però Liberi da che cosa?   131

13 «Fronte del palco»: Vasco è vivo
   e lotta insieme a noi   141

14 Gli spari sopra sono per gli altri   149

15 Nessun pericolo, Vasco torna
   con un nuovo album   163

16 Addio Rock,
   ecco l'album coi capelli corti
   (ma è solo una finta)   175

17 Nessuna tournée per Vasco,
   solo un concerto
   da record: Imola 20 giugno 1998   189

18 Benvenuti nello Stupido Hotel del Blasco,
   dalle parti di Fabriano   201

19 Sulle tracce di Vasco Rossi,
   l'uomo dei record   213

20 Le tre giornate di Milano,
   quando Vasco conquistò
   definitivamente San Siro   221

21 Vasco santo subito,
   non importa se è buono o cattivo   233

22 Due anni difficili da scordare,
   il Buoni o Cattivi Tour '04-'05   245

23 L'avesse scritta lui, diremmo:
   la vita è adesso, il Vasco Rossi Tour 2007   257

24 *Perché Vasco?*
   Perché io?
   In altre parole, una postfazione o,
   se preferite, un bis   267

Discografia ufficiale   273

Bibliografia   309

Premi e riconoscimenti ufficiali   313

Vasco Rossi e il cinema   317

Indice dei nomi   319